U0917866

谢俊贵 主编

广州社会工作评论

SOCIAL WORK REVIEW IN GUANGZHOU (No.3)

（第3辑）

社会科学文献出版社
SOCIAL SCIENCES ACADEMIC PRESS (CHINA)

《广州社会工作评论》

主办单位

广州市社会工作研究中心（市人文社科重点研究基地）

广州市社会工作信息中心

广州大学公共管理学院社会学系

广州市广大社会工作服务中心

广州大学“广东省社会工作专业人才培育基地”

编辑委员会

· **调查研究**

· **人才培养**

· **短信专递**

卷首纪事

广州社会工作发展的“社工 +”浅议

谢俊贵

有人说，广州社会工作发展真是大手笔。2009 年，广州开始推进政府购买社会工作服务，而后陆续推出了“街道家庭综合服务中心”的综合性社会工作服务平台和项目。后来，广州又陆续推出了“青年地带”“精神健康综合服务中心”“社区矫正人员社会适应指导服务”等一系列专业性社会工作服务平台和项目。在《2017 年广州市政府工作报告》中，广州更提出“创新实施‘社工 +’”的社会工作发展目标。广州简直就像一个城市社会工作的领跑者和排头兵。在社会工作发展道路上，一步一个脚印，不断向前推进。

实在地讲，在 2017 年之前，即使查遍国内社会工作文献，也不容易找到“社工 +”的说法。国外文献无法查遍，估计也没这个概念。“社工”概念对于普通人来讲本就很新，“社工 +”更是一个彻头彻尾的新概念。那么，何谓“社工 +”呢？一般地说，“社工 +”就是社会工作服务在其传统实践领域获得较好发展的基础上，使其可能应用的领域不断得到拓展，使其可能服务的对象不断得以扩大，既促进相关领域事业的发展，也促进社会工作本身的更大进步，更促进社会工作服务覆盖更多有需要的人群的一种举措。

广州提出创新实施“社工 +”，并非别出心裁或把玩概念，而是有其扎实基础。2008 年以来，市委、市政府高位推动社会工作发展，制定出台 20 多份政策支持文件，社会工作制度框架基本建立；政府购买社会工作服务力度持续加大，累计投入经费 20 多亿元；发展民办专业社会工作服务机构近 400 家，培育持证社会工作专业人才 1.3 万多人，创建家庭综合服务中心 188 家，开展专项社会工作试点示范项目 40 多项；创造了项目化、市场化的政府购买社会服务方式。这些都为广州“社工 +”战略的推进打牢了坚实的基础。

广州提出创新实施“社工 +”，有一个“ +”什么和如何“ +”的问题。事实上，“社工 +”有两个面向三种方式。“两个面向”是指“社工 +”在取向上可以有个面向：一个是“社工 + X”，另一个是“X + 社工”，也即后

“+”还是前“+”的两个面向。“社工+X”中的“+”是“介入”之意，也即社会工作“介入”某个社会治理与社会服务领域，体现的是社会工作群体的主动性和能动性；而“X+社工”中的“+”是“纳入”之意，也即某个社会治理与社会服务领域将社会工作纳入其中，通常体现的是政府职能部门的主动性和能动性。

“三种方式”则是按照社会工作的结构性因素来划分的。社会工作有三个基本的结构性因素：一是社会工作主体，也即主持和承担社会工作的组织、群体和个人；二是社会工作客体，也即社会工作的服务对象、服务人群和服务领域；三是社会工作方法，也即有效开展社会工作的手段、工具和方式。按照这样三个因素来区分，“社工+”便可以区分为三种基本方式：一是社会工作主体“+”，二是社会工作客体“+”，三是社会工作方法“+”。按照这种区分，广州也就可以采用这三种方式来具体实施和推进其“社工+”战略。

一是社会工作主体“+”。关于社会工作主体“+”，具体一点就是有效动员或吸纳更多的政府部门、企事业单位、社会组织、社区组织和居民个人加入广州社会工作服务中，以壮大提供社会工作服务和推动社会工作发展的力量。现在，广州提供社会工作服务和推动社会工作发展的主要力量是特定的政府部门、企事业单位、社会组织、社区组织、专业社工，仍有大量的政府部门、企事业单位、社会组织、社区组织和居民群众尚未加入社会工作服务中，广州实施“社工+”战略，必然应更多重视社会工作主体“+”。

有关社会工作主体“+”的实践，广州并非未有过。广州较早就大力推动“三社联动”，“三社联动”具有社会工作主体“+”的意蕴，它使社区组织、社会组织、专业社工在党政部门的统一领导下协同工作，这使比较单纯的专业社工“孤军奋战”开展社会工作服务确实增加了不小力量，较好地促进了社会工作的快速发展。然而，社会工作主体“+”远远不止于“三社联动”一宗，以后还要“+”有必要或有能力拓展社会工作服务的相关政府部门、企事业单位和社会组织，以及尚可参与社会工作服务的群体甚至个人。

二是社会工作客体“+”。社会工作客体“+”也就是社会工作服务对象“+”，推而广之，也包括社会工作服务人群“+”、社会工作服务领域“+”。目前广州提出的“社工+”，核心是将社会工作理念和方法有机嵌入社会治理各个领域，以实现社会工作与社会治理的相互促进、联动发展、深度融合，推动社会治理工作创新，提升社会治理和社会服务水平。很明显，这种“社工+”就是“社会治理+社会工作”或“社会工作+社会治理”，所加领域显得相对具体，有着明确的针对性，基本上属于“社会工作服务领域+”。当然，无论广州的“社工+”如何具体，其基本意涵都属于对社会工作服务人群或领域的一种拓展。

从近年来社会工作发展的总体情况来看，广州不仅在基层社区服务、残障人士服务、精神健康服务、老年人服务、青少年服务等方面开展了基本的社会工作服务，而且在劳动就业、社区矫正等方面实行了“社工+”。广州目前提出的“社工+”也并非局限于“社会治理”这一领域，虽然这一领域已经足够宽泛。实际上，广州的“社工+”将是多方面或全方位的。从社会工作服务人群来看，扶贫帮困可能最需要实行“社工+”；从社会工作服务领域来看，除在社会治理诸领域实行“社工+”之外，社会建设领域、社会福利领域、社会保障领域甚至社会事业发展各分支领域，都有必要或有可能实行更多的“社工+”。

三是社会工作方法“+”。社会工作方法“+”主要是社会工作技术手段“+”。目前广州热议最多的社会工作方法“+”乃是“社会工作+互联网”或“互联网+社会工作”，这种社会工作方法“+”也可称为社会工作中的“互联网+”。其基本目标是：加快应用互联网、大数据、云计算等现代信息技术，创新实施网上社工项目示范工程，积极应对现代信息化对社会工作发展带来的新挑战和新要求，变革专业社会工作服务与管理的方式，探索开展基于互联网、虚拟社会的线上临床社会工作服务，创建广州社工网上服务平台。

当然，社会工作方法“+”不只是一个“互联网+”的问题，如何在现有的社会工作基本工作方法、主要工作模式的基础上，实现社会工作方法、社会工作模式的创新，也当是广州“社工+”的题中之义。举例来说，社会工作界通常认为，社会工作的基本工作方法有四种，即个案工作方法、小组工作方法、社区工作方法和社会行政方法，这四种基本工作方法可以说已被社会工作者奉为“教条”，这显然是不正确的。广州创新实施“社工+”战略，就应在社会工作方法的创新上真正有所作为，不断创新社会工作方法及模式。

总而言之，广州创新实施“社工+”战略，绝不是无源之水、无本之木。广州创新实施“社工+”战略，有其务实的思想基础、扎实的实践基础和厚实的经济基础。广州的“社工+”战略，既能抓住重点，也能照顾一般，对广州拓展社会工作服务领域和促进社会工作事业发展具有非常重要的现实作用。在推进“社工+”战略的过程中，广州可以通过前“+”和后“+”两个面向拓展社会工作服务，同时可以通过社会工作主体“+”调动各种积极因素，通过社会工作客体“+”拓宽各种服务领域，同时通过社会工作方法“+”创新社会工作方法及模式。如此，广州社会工作发展定将迎来一个新的跃升。

基础研究

从党的阶级路线、群众路线到全面建成小康社会的新举措

彭大成　周树辉*

摘　要　在中国革命战争时期，我们党形成了以工人阶级为领导、依靠贫下中农、团结中国最广大人民的阶级路线和一切“从群众中来，到群众中去”的群众路线。在全面建成小康社会的今天，我们必须继续坚持党的群众路线，坚持“以人为本”的科学发展观，走共同富裕道路，逐步缩小贫富差距，大力实施精准扶贫、脱贫，走新型城镇化、工业化、现代化道路，为在2020年全面建成小康社会而努力奋斗。

关键词　阶级路线　群众路线　小康社会

中国共产党自成立之日起，就明确了党的性质是代表中国工人阶级的革命政党，是中国工人阶级的先锋队。在后来的革命实践中，又进一步明确了中国共产党也是中国人民和中华民族的先锋队。在中国长期革命斗争中，我们党确立了“全心全意为人民服务”的根本宗旨，形成了一条坚定相信和依靠广大人民群众，一切“从群众中来，到群众中去”的群众路线，因而得到人民群众无穷无尽的支持与帮助，最终夺取了中国革命的伟大胜利。新中国成立后，中国共产党由过去的革命党变成执政党，在党的领导下，中国发生了天翻地覆的变化。特别是改革开放30多年来，中国经济与社会建设飞速发展，目前已成为仅次于美国的世界第二大经济体。广大人民群众的物质、文化生活水平也得到很大提高，正在由温饱型社会向全面建成小康社会迈进。但是，我们也应该清醒地看到，在大好形势下隐伏着某些不可忽视的社会危机。这就是在市场经济大发展中所出现的日趋严重的贫富两极分化问题。国

* 彭大成，湖南师范大学公共管理学院教授，博士生导师；周树辉，湖南大学马克思主义学院专任教师，中共党史专业博士。

家财政部的最新数据显示："在我国，10%富裕家庭的财产占城市居民财产的45%，而10%贫困家庭的财产只占城市居民财产的1.4%，已经超越欧美的社会分配不公和财产的两极分化。"[①] 很显然，这与我们党的性质、宗旨是相悖的。如果任其发展下去，很可能危及社会的安定团结、长治久安，甚至危及党的执政地位。本文准备从党所长期执行的阶级路线、群众路线这一关系立党之本、执政之基、力量之源的重大理论与实践问题出发，阐释当前中国全面建成小康社会的一系列重大举措及其伟大意义。

一 中国共产党的阶级路线与群众路线

中国共产党自成立之日起，就被称为"穷人的党"。她是代表中国工人阶级和广大受剥削受压迫的劳苦大众的党，是为中华民族和中国人民求解放、谋幸福的党。毛泽东在《中国社会各阶级的分析》一文中，一开始就明确提出："谁是我们的敌人？谁是我们的朋友？这个问题是革命的首要问题。"[②] 他通过对中国社会各阶级的精辟分析，得出了这样的结论："综上所述，可知一切勾结帝国主义的军阀、官僚、买办阶级、大地主阶级以及附属于他们的一部分反动知识界，是我们的敌人。工业无产阶级是我们革命的领导力量。一切半无产阶级、小资产阶级，是我们最接近的朋友。那动摇不定的中产阶级，其右翼可能是我们的敌人，其左翼可能是我们的朋友——但我们要时常提防他们，不要让他们扰乱了我们的阵线。"[③] 这段精辟论述实际上提出了中国共产党在中国民主革命中的阶级路线，即谁是中国革命的对象，谁是中国革命的领导阶级，谁是中国革命的依靠力量，谁是应该团结的力量。中国工人阶级，亦称为无产阶级，是中国革命的领导阶级。毛泽东在此文中明确指出："工业无产阶级人数虽不多，却是中国新的生产力的代表者，是近代中国最进步的阶级，做了革命运动的领导力量。"[④] 这是因为："他们所以能如此，第一个原因是集中。无论哪种人都不如他们的集中。第二个原因是经济地位低下。他们失了生产手段，剩下两手，绝了发财的望，又受着帝国主义、军

---

① 安立志：《"藏富于民"还是"藏富于国"》，《文萃报》2010年3月1日，第1版。

② 《毛泽东选集》第1卷，人民出版社，1991，第3页。

③ 《毛泽东选集》第1卷，第9页。

④ 《毛泽东选集》第1卷，第8页。

阀、资产阶级的极残酷的待遇，所以他们特别能战斗。”[①] 这就说明中国社会各阶级的反动性或革命性，主要是由他们所处的社会经济地位，即由财产占有的多寡所决定的。那些处于社会上层，占有大量生产资料、土地和财产的阶级，如“一切勾结帝国主义的军阀、官僚、买办阶级、大地主阶级”就是革命的对象、革命的敌人；而越是处于社会底层，生活贫困，一无所有的受剥削受压迫的劳动人民，就越具有革命性，是革命的依靠力量。除了工人阶级是中国革命的领导阶级、领导力量，城市广大其他贫苦劳工也值得重视。他们“以码头搬运夫和人力车夫占多数，粪夫清道夫等亦属于这一类。他们除双手外，别无长物，其经济地位和产业工人相似，惟不及产业工人的集中和在生产上的重要。中国尚少新式的资本主义的农业。所谓农村无产阶级，是指长工、月工、零工等雇农而言。此等雇农不仅无土地，无农具，又无丝毫资金，只得营工度日。其劳动时间之长，工资之少，待遇之薄，职业之不安定，超过其他工人。此种人在乡村中是最感困难者，在农民运动中和贫农处于同一紧要的地位”[②]。在中国共产党的早期领导人中，毛泽东是最早认识中国农民问题重要性的少数几个领导人之一（另一个是彭湃）。他在《湖南农民运动考察报告》中最先敏锐指出：“目前农民运动的兴起是一个极大的问题。很短的时间内，将有几万万农民从中国中部、南部和北部各省起来，其势如暴风骤雨，迅猛异常，无论什么大的力量都将压抑不住。他们将冲决一切束缚他们的罗网，朝着解放的路上迅跑。一切帝国主义、军阀、贪官污吏、土豪劣绅，都将被他们葬入坟墓。一切革命的党派、革命的同志，都将在他们面前受他们的检验而决定弃取。”[③] 毛泽东在那时就已清楚地看到，中国是一个现代工业十分落后的农业大国，农民占中国人口的90%以上，而其中70%～80%是无地少地的贫下中农，他们是中国革命的主要依靠力量。中国的工人阶级虽是革命的领导阶级，但当时的工业无产阶级人数很少，只有200多万，且大多数集中在帝国主义和反动统治阶级力量强大的大城市中，仅仅依靠工人运动很难取得革命的胜利。而在中国广大农村几亿农民当中蕴藏着无比巨大的革命力量，只要将他们发动起来，那就“其势如暴风骤雨，迅猛异常，无论什么大的力量都将压抑不住”，一切反动势力“都将被他们葬入坟墓”。毛泽东进一步指出：“乡村中一向苦战奋斗的主要力量是贫农。从秘密

① 《毛泽东选集》第1卷，第8页。

② 《毛泽东选集》第1卷，第8页。

③ 《毛泽东选集》第1卷，第12～13页。

时期到公开时期，贫农都在那里积极奋斗。他们最听共产党的领导……这个贫农大群众，合共占乡村人口百分之七十，乃是农民协会的中坚，打倒封建势力的先锋，成就那多年未曾成就的革命大业的元勋。”[①] 他由此得出结论：“没有贫农，便没有革命。若否认他们，便是否认革命。若打击他们，便是打击革命。他们的革命大方向始终没有错。”[②] 毛泽东发动和领导的轰轰烈烈的湖南农民运动，为北伐军迅速攻克湖南、湖北提供了强大的人力支援，也为大革命失败后党的武装斗争的开展奠定了深厚的群众基础。在1927年“八一南昌起义”爆发后，毛泽东又于9月发动和领导了“秋收起义”，当秋收起义的部队进攻平江、浏阳等县城受挫之后，毛泽东果断地放弃了原定攻打长沙的计划，带领剩余的部队开向井冈山，建立农村革命根据地，从此开辟了一条“农村包围城市，武装夺取政权”的中国革命唯一正确的道路。

毛泽东在创建工农红军和中央苏区革命根据地、进行激烈的反“围剿”军事斗争的同时，也从来没有忘记为广大农民谋幸福，关心他们的生活，解决他们的困难。当时共产党发动农民参加革命最激动人心的口号就是：“打土豪，分田地。”也就是进行农村土地革命，推翻中国几千年的封建地主土地私有制，实行“耕者有其田”的政策。这也是亿万农民拥护共产党、热爱共产党、积极参加红军、勇于浴血奋战的巨大动力源。为了把这种革命热情持久保持下去，毛泽东清醒地看到，我们不仅要以“分田分地”来发动广大农民“参军参战”，还要以发展生产来提供革命战争所必需的人力、物力、财力；以“关心群众生活”温暖广大人心，给群众以看得见、摸得着的“物质利益”。毛泽东指出：“我们现在的中心任务是动员广大群众参加革命战争，以革命战争打倒帝国主义和国民党，把革命发展到全国去，把帝国主义赶出中国去。谁要是看轻了这个中心任务，谁就不是一个很好的革命工作人员。我们的同志如果把这个中心任务真正看清楚了，懂得无论如何要把革命发展到全国去，那末，我们对于广大群众的切身利益问题，群众的生活问题，就一点也不能疏忽，一点也不能看轻。因为革命战争是群众的战争，只有动员群众才能进行战争，只有依靠群众才能进行战争。”[③] 为此，毛泽东进一步提出：“如果我们单单动员人民进行战争，一点别的工作也不做，能不能达到战胜敌人的目的呢？当然不能。我们要胜利，一定还要做很多的工作。领导农民的

① 《毛泽东选集》第1卷，第20～21页。

② 《毛泽东选集》第1卷，第21页。

③ 《毛泽东选集》第1卷，第136页。

土地斗争，分土地给农民；提高农民的劳动热情，增加农业生产；保障工人的利益；建立合作社；发展对外贸易；解决群众的穿衣问题，吃饭问题，住房问题，柴米油盐问题，疾病卫生问题，婚姻问题。总之，一切群众的实际生活问题，都是我们应当注意的问题。假如我们对这些问题注意了，解决了，满足了群众的需要，我们就真正成了群众生活的组织者，群众就会真正围绕在我们的周围，热烈地拥护我们。"① 毛泽东认为，只有千百万真心实意拥护革命的群众，才是我们"真正的铜墙铁壁"，这种"真正的铜墙铁壁"，是"什么力量也打不破的"，"反革命打不破我们，我们却要打破反革命"。②

正是在毛泽东的倡导和领导下，中央苏区革命根据地工农业生产蓬勃发展。当时由于很多青壮年男子参加红军，为了不耽误农业生产，很多地方的妇女也参加了田间劳动，到处传唱着这样的民歌："春风吹来百花鲜，多少细妹学犁田，妇女赛过男子汉，多打粮食上前线。""多铲草皮多开荒，粮丰林茂人畜旺。自种棉花自织布，自造枪炮熬硝盐；赤色农民总动员，支援红军把敌歼。"在根据地内，生产合作社、犁牛合作社、供销合作社、消费合作社、粮食合作社、信用合作社等各类合作社普遍建立。兵工厂、织布厂、被服厂、草鞋厂、造纸厂、农具厂等也开办得红红火火。为了发展文化教育事业，提高红军官兵和人民群众的文化水平，中央苏区还在瑞金创办了红军大学、苏维埃大学等十几所高等和中等专业学校，其他各地也开办了很多列宁小学、农民夜校和扫盲识字班。中央苏区的文艺、新闻、卫生等事业，也有较快的发展。毛泽东当时以中华苏维埃主席的身份，与广大群众同甘共苦，身体力行，吃红薯，穿草鞋，和群众一起开荒种菜，熬制硝盐，亲自带领瑞金沙洲坝百姓开挖水井，解决当地饮水困难；还经常帮烈军属挑水劈柴，插田割禾；和群众一道车水抗旱，真正与人民群众打成一片，同呼吸，心连心。当"左"倾机会主义路线开始占据全党统治地位，排斥毛泽东的正确领导之后，中央红军在第五次反"围剿"中遭到惨败，红军被迫进行二万五千里长征，中央苏区损失殆尽，毛泽东在中央苏区所进行的经济文化建设事业也随之中断。

伟大的抗日战争开始以后，为了实行抗日民族统一战线，团结社会各阶级、各阶层人士共同抗日，同时又要减轻广大农民的经济负担，调动农民的

① 《毛泽东选集》第1卷，第136～137页。

② 《毛泽东选集》第1卷，第139页。

生产积极性，我们党把在十年内战时实行的“没收地主土地”的政策改为“减租减息”的政策，减租的办法是“二五减租”（即把原租额减少25%），减息的办法是规定年利率一般为一分（即1/10），最高不得超过一分半，此外的杂租、劳役和各种形式的高利贷一律取缔。经过减租减息，农民不仅得到经济实惠，而且增强了自己的政治优势，大大提高了农业生产积极性。在提高农业生产的基础上，敌后抗日根据地特别是陕甘宁边区，工业生产和各项经济事业也有了发展。同时文化教育事业也有了新发展，在延安创办了抗日军政大学、鲁迅艺术学院、陕北公学，还成立了自然科学研究会和自然科学院，培养了一大批抗日军政人才、文学艺术人才及科学技术人才。

当抗日战争进入战略相持阶段，日本帝国主义对我各敌后抗日根据地进行反复的军事扫荡，实行残酷的“三光”政策；国民党顽固派也不断掀起反共高潮，对中共领导的抗日根据地特别是中共中央所在地陕甘宁边区实行严酷的经济封锁，企图把抗日根据地的军民“困死”“饿死”。为了克服极端严重的物质生活困难，毛泽东在做出“精兵简政”的重大决策之后，又发出“自己动手，丰衣足食”的伟大号召，这就是开展军民大生产运动。大生产运动的总方针是“发展经济，保障供给”。针对以个体经济为基础的、被敌人分割的、进行游击战争的农村环境，中共中央还制定了一系列具体方针：在各项生产事业中，实行以农业为主，农业、畜牧业、工业、手工业、运输业和商业全面发展的方针；在公私关系上，实行“公私兼顾”和“军民兼顾”的方针；在上下关系上，实行统一领导、分散经营的方针；在生产和消费的关系上，实行努力生产、厉行节约的方针；在组织经济中，实行经济互助、开展生产竞赛、奖励劳动英雄的方针。

当时大生产运动的一个伟大新创造，就是军队、党政机关和学校自己开荒种地、纺纱织布，发展自给经济，以减轻人民的负担，并改善自身的生活。1941年，中共中央命令八路军359旅开赴南泥湾，实行军垦屯田。他们在缺乏生产资金和生产工具的极端困难的情况下，发扬自力更生、奋发图强的精神，自制生产工具，学习耕作技术，动手开荒种地，把过去荒无人烟的南泥湾变成“到处是庄稼，遍地是牛羊”的富饶美丽的江南。与此同时，在延安的党政军学各界数万人投入大生产运动。毛泽东、朱德、周恩来、任弼时等中央领导人，亲自参加生产劳动。陕甘宁边区和敌后抗日根据地的大生产运动，成果显著，不仅摆脱了军民都将挨饿的困境，而且大大改善了边区居民的生活，减轻了人民的负担，促使农业和工商业迅速发展。1942～1944年的

3 年中，陕甘宁边区共开垦荒地 200 多万亩。到 1945 年，边区农民大部分做到“耕三余一”，即耕种三年庄稼，除消耗外，可剩余一年吃的粮食。八路军 359 旅，到 1944 年，除吃用全部自给外，达到“耕一余一”，成为全军大生产运动的旗帜。陕甘宁边区的农民所交的公粮，1941 年占总收获量的 13.58%，1942 年降为 11.14%，1943 年降至不足 9%。从 1943 年起，敌后各根据地的机关一般能自给两三个月甚至半年的粮食和蔬菜，而当地人民的负担也只占总收入的 14% 左右，按当时的生活水平，实现了“自己动手，丰衣足食”的目标。

在伟大的人民解放战争中，为了进一步调动广大农民的生产积极性，使人民解放战争从中国亿万农民那里获得源源不断的人力物力支持，1946 年 5 月 4 日，中共中央发布《关于土地问题的指示》（即“五四指示”），这标志着党的土地政策从实行“减租减息”到实现“耕者有其田”的转变。到 1947 年下半年，解放区三分之二的地方解决了土地问题，共有 60 万农民参军，6000 万人支援前线。随着人民解放战争的胜利发展，各解放区的土地改革也不断深入发展，二者紧密联系，相互促进。在东北地区实行土改以后，3 年之中就有 150 万翻身农民参加了人民解放军，为东北全境的解放发挥了无比巨大的作用。在淮海战役中，翻身农民共出动民工 543 万余人，其中随军常备民工约 22 万人，二线转运民工约 130 万人；出动担架 20 余万副，大小车辆 88 万余辆，挑子 30 余万副，船 8500 余艘，筹运粮食 9.6 亿斤。陈毅曾形象地说：淮海战役的胜利，是人民群众用小车推出来的。

正是在中国革命的长期实践中，形成了我们党的阶级路线和群众路线。党的阶级路线是以工人阶级为领导阶级，以贫下中农为依靠力量，团结中农和城市的小资产阶级，团结和提防具有两面性的民族资产阶级，打倒帝国主义、封建地主阶级和官僚资产阶级。这就是毛泽东在人民解放战争时期所总结的：“无产阶级领导的，人民大众的，反对帝国主义、封建主义和官僚资本主义的革命，这就是中国的新民主主义的革命，这就是中国共产党在当前历史阶段的总路线和总政策。”[①] 党的群众路线，就是坚定地相信和依靠人民群众，全心全意地为人民服务，一切“从群众中来，到群众中去”，和人民群众保持最密切的联系，从人民群众中吸取无穷无尽的智慧和力量。正因为我们党在过去的一切实际工作中，坚持和贯彻了党的阶级路线，坚持和运用了群

---

① 《毛泽东选集》第 4 卷，第 1316 ~ 1317 页。

众路线这一最根本的领导方法和工作方法，坚定地站在最广大人民群众一边，始终代表了最广大人民群众的根本利益，因而也得到人民的无限热爱、坚决拥护与无与伦比的巨大支持，从而战胜了内外一切强大敌人，推翻了“三座大山”的剥削和压迫，取得中国新民主主义革命的伟大胜利。

二　新中国广大工农大众当家做主的幸福感与自豪感

新中国的成立，使过去被压在社会底层的亿万工农劳苦大众获得解放，成为新中国的主人。这种解放，首先是政治上的解放。不仅大批在过去长期革命斗争中参加革命的千百万工人、农民、革命知识分子走上党、政、军的各级领导岗位，在新中国成立之初的政权建设、恢复生产、土地改革、“三反五反”、镇压反革命的各项运动中，又涌现出了千万工农积极分子，成为工会、农会的中坚骨干，被光荣地吸收加入共产党，成为新中国各级人民代表大会中最主要的代表来源，也为各级党和政府组织输送了源源不断的新生力量，奠定了中国共产党长期执政的最广大深厚的群众基础，也是中国共产党最强大最基本的依靠力量。所以，广大工农大众最热爱共产党、拥护共产党。早在大革命时期，广大农民所唱的：“往日穷人短三寸，如今是顶天立地的人!”现在完全变成了现实。他们深有感触地说：“旧社会我们不如路边一棵草，新社会把我们当成宝。”他们齐声高唱：“东方红，太阳升，中国出了个毛泽东，他为人民谋幸福，他是人民大救星。”“共产党像太阳，照到哪里哪里亮。哪里有了共产党，哪里人民得解放。”“天大地大，不如共产党的恩情大；爹亲娘亲，不如毛主席的恩情深。”

同时是经济上的解放。新中国成立之后，党在全国范围内进行更大规模的土地改革，到 1953 年春，全国除部分少数民族地区外，土地改革基本完成，全国有 3 亿多无地少地的农民（包括老解放区农民在内）无偿地分到约 7 亿亩土地和大量生产资料，免去了过去每年向地主缴纳的约 700 亿斤粮食的沉重地租。在中国延续了几千年的封建统治基础——地主阶级土地所有制，被彻底消灭了。

随着政治上和经济上的解放，经济生产的恢复和发展，广大工人和农民的生活也逐步得到提高与改善。1952 年与 1949 年相比，全国职工总数由 800 万人增加到 1600 万人，职工平均工资提高了 70%，先后在企业中实行了劳动保险制度，在公教人员中实行了公费医疗制度。同期农民的收入，一般增长30%以上。

为了把中国尽快建设成一个社会主义现代化的工业国，党中央在1953年提出党在过渡时期的总路线，这就是："在一个相当长的时期内，逐步实现国家的社会主义工业化，并逐步实现国家对农业、手工业和对资本主义工商业的社会主义改造。"在这条总路线的指引下，中国运用合作化运动实现了对个体农业和个体手工业的社会主义改造；运用"公私合营"等国家资本主义形式，实现了对私营资本主义工商业的改造；将原定10年至15年完成的社会主义改造，提前在3年之内即1956年就顺利完成，标志着社会主义制度在中国基本确立。这是中国历史上从未有过的社会制度大变革，极大地解放和发展了中国的社会生产力。到1957年，中国第一个"五年计划"胜利完成，各项经济指标都大幅度地超额实现。其中工业生产总值达到783.9亿元，超过原定计划的21%，比1952年增长128.3%，平均年增长18%；农业总产值达604亿元，比1952年增长26%，平均每年增长4.7%。这种工业增长速度，不仅超过了旧中国的一百年，同世界其他国家工业起飞时期增长速度相比，也是名列前茅的。当时中国的农业发展速度与工业相比，虽然相对落后了，但跟世界同期各国相比，则并不低。与此相联系，全国人民的生活水平也有了新的提高，居民平均消费水平达到102元，比1952年的76元提高1/3，其中职工平均消费水平由148元提高到205元，提高38.5%，农民平均消费水平由62元提高到79元，提高27.4%。当时老百姓都充满幸福感地说："新社会的日子越过越好，好比芝麻开花节节高。"

三　全面建成小康社会的新举措

1978年12月召开的党的十一届三中全会，实现了新的伟大历史转折。我们党终于从长期"以阶级斗争为纲"的迷误中转移到"以经济建设为中心"的健康轨道上来。经过30多年的改革开放和社会主义现代化建设，中国的经济建设已得到飞速发展，已超过了世界经济强国日本，成为仅次于美国的世界第二大经济体。广大人民的生活水平也得到前所未有的提高。革命战争年代很多革命战士所憧憬的"楼上楼下，电灯电话"早已成为过去式。新中国成立初直至20世纪80年代初中国普通老百姓省吃俭用努力追求的自行车、缝纫机、收音机也早已被摩托车、电视机、电冰箱所取代。原来只有高级干部才能享用的小轿车，已成千上万地驶入寻常百姓家。但是，由于社会经济发展的不平衡性，地理、气候等各种自然条件的差异，及各种历史因素，中国中西部地区特别是其中的老、少、边、穷地区，与东部沿海经济发达地区，还存在很大差距。到21世纪初，这些地方还有几千万没有脱贫的农民。在很多城市，特别是东北老工业基地，由于产品老化，没有销路；资源枯竭，生产难以为继，加上国有企业改制，大量企业"关、停、转、并"等各种原因，20世纪末至21世纪初，中国又出现了几千万下岗失业职工，造成一个前所未有的城市贫困居民群体。这些新老问题叠加在一起，确实潜伏着严重的社会危机，以至于当时国际上出现了一股甚嚣尘上的"中国即将崩溃"的鼓噪言论。

久经考验的中国共产党，始终没有忘记共产党人的奋斗目标，始终没有忘记开国领袖毛泽东所提出的"全心全意为人民服务"的党的根本宗旨。党的第二代领导核心邓小平，始终抓住经济建设这个中心，强调"发展是硬道理"，明确指出："贫穷不是社会主义，社会主义要消灭贫穷。"① "社会主义的本质，是解放生产力，发展生产力，消灭剥削，消除两极分化，最终达到共同富裕。"② 正是在邓小平理论的指引下，我们党坚持不懈、奋发图强地进行了30多年的改革开放和社会主义现代化建设，开辟了一条建设中国特色社会主义的崭新道路。围绕党的奋斗目标与根本宗旨，以江泽民为核心的党的第三代领导集体提出"三个代表"重要思想，即"始终代表中国先进生产力的发展要求，代表中国先进文化的前进方向，代表中国最广大人民的根本利益"，并明确指出这是"我们党的立党之本、执政之基、力量之源"③。此后，以胡锦涛为总书记的党中央，进一步提出"以人为本"的科学发展观，提出："必须坚持以人为本。全心全意为人民服务是党的根本宗旨，党的一切奋斗和工作都是为了造福人民。要始终把实现好、维护好、发展好最广大人民的根本利益作为党和国家一切工作的出发点和落脚点，尊重人民主体地位，发挥人民首创精神，保障人民各项权益，走共同富裕道路，促进人的全面发展，做到发展为了人民，发展依靠人民，发展成果由人民共享。"④ 以习近平为核心的新一届党中央，坚持以民为本、以人为本的执政理念，把民生工作和社

---

① 《邓小平文选》第3卷，人民出版社，1993，第116页。

② 《邓小平文选》第3卷，第373页。

③ 《江泽民论有中国特色社会主义（专题摘编）》，中央文献出版社，2002，第579页。

④ 《中国共产党第十七次全国代表大会文件汇编》，人民出版社，2007，第17页。

会治理工作作为社会建设的两大根本任务，高度重视，大力推进。习近平在党的十八大当选为总书记第一次同中外记者见面时，就明确指出："我们的人民热爱生活，期盼有更好的教育、更稳定的工作、更满意的收入、更可靠的社会保障、更高水平的医疗卫生服务、更舒适的居住条件、更优美的环境，期盼孩子们能成长得更好、工作得更好、生活得更好。人民对美好生活的向往，就是我们的奋斗目标。"①

正是始终坚持"全心全意为人民服务"的根本宗旨，坚持"代表中国最广大人民的根本利益"，自党的十届三中全会以来，我们历届党中央、国务院，都紧紧抓住经济建设这个中心，以快速发展的生产力来不断满足和提高人民的物质、文化生活需求，先后实施了"西部大开发战略""振兴东北老工业基地战略"以及一系列"扶贫攻坚计划"，采取的措施包括：实施规范的中央财政转移支付制度；优先在中西部地区安排资源开发和基础设施的建设项目；鼓励国内外投资者到中西部地区投资；理顺资源性产品价格体系；有步骤地引导东部某些资源初级加工和劳动密集型产业转移到中西部地区；东部经济发达地区对口支援中西部地区和少数民族地区。在20世纪90年代就实施了这样对口支援的具体安排：北京帮内蒙古，天津帮甘肃，上海帮云南，广东帮广西，江苏帮陕西，浙江帮四川，山东帮新疆，辽宁帮青海，福建帮宁夏，深圳、青岛、大连、宁波帮贵州。中央还专门制订了帮扶西藏的长期计划。通过实施连续不断的"扶贫攻坚"计划，中国农村贫困人口从1978年的2.5亿人减少到1993年的8000万人。

2002年召开的党的十六大，进一步提出两个一百年奋斗目标，即到2020年，建党一百年的时候，全面建成惠及十几亿人口的更高水平的小康社会；到21世纪中叶，新中国成立一百年的时候，基本实现现代化，把中国建成富强民主文明和谐的社会主义现代化国家。十六大以后，以胡锦涛为总书记的党中央，创造性地提出科学发展观，紧紧抓住发展这个党执政兴国的第一要务，坚持以人为本，坚持全面、协调、可持续的发展观，统筹城乡发展，统筹区域发展，统筹经济社会发展，统筹人与自然和谐发展，统筹国内发展和对外开放，坚持走新型工业化道路，大力实施科教兴国战略和人才强国战略，推进经济结构的战略性调整，大力加强农业的基础地位，积极推进西部大开发，发挥中部地区综合优势，振兴东北等老工业基地，鼓励东部有条件的地

① 《习近平总书记系列重要讲话读本》，学习出版社、人民出版社，2016，第212页。

区率先基本实现现代化。在大力发展经济，做大蛋糕的同时，我们党更加注意分好蛋糕，努力实现社会公平公正。党的十七大在社会收入分配制度方面进行了一项重大改革，这就是从过去的“效率优先，兼顾公平”改变为“初次分配与再分配都要处理好效率和公平的关系，再分配更加注重公平”。并明确提出：“逐步提高居民收入在国民收入分配中的比重，提高劳动报酬在初次分配中的比重。着力提高低收入者收入，逐步提高扶贫标准和最低工资标准，建立企业职工工资正常增长机制和支付保障机制。创造条件让更多群众拥有财产性收入。扩大转移支付，强化税收调节，打破经营垄断，创造机会公平，整顿分配秩序，逐步扭转收入分配差距扩大趋势。”[①] 党中央和国务院大大加强了对中国社会底层贫困群体的关爱力度：在城市，连年提高企业在职职工与退休职工的工资和养老金；在农村，较大幅度地提高粮食和牲畜等农副产品的收购价格，实行“种粮直补”。其中最大的一项惠农措施，就是免除了农业税，使在中国奉行了几千年的“种田交皇粮”的国家主要税种从此成为历史。同时还实施了“村村通”工程，即村村通公路，村村通电线。经过国家近十年的连续不断的巨大投资，如今，从中国最遥远的边疆地区到最偏僻的山区农村，基本上实现了村村通公路，村村通电线。千万普通农民、牧民、渔民，从内蒙古大草原、新疆天山南北、“世界屋脊”西藏，到茫茫大海中的孤岛，都已实现电灯照明，能看上电视，用上手机，能够随时听到党中央的声音，了解党的政策，并与外面的世界联系得更加紧密。

从党的十八大开始，以习近平为核心的党中央，将十七大提出的“全面建设小康社会”的目标调整为“全面建成小康社会”。一字之差，反映了党中央必须在21世纪头二十年把中国“全面建成小康社会”的坚定决心！这是一个必须完成的“军令状”，是对全国人民的庄严承诺。到2020年全面建成小康社会，这在中华民族发展史上，甚至在世界发展史上，都具有极为重大的意义。几千年来，丰衣足食、安居乐业一直是中国老百姓最朴素的愿望与追求。从1840年鸦片战争以来，中国人民从维新变法、辛亥革命一直到新民主主义革命，从社会主义改造到改革开放、社会主义现代化建设，一直在为过上幸福美好的生活而努力奋斗。全面建成小康社会目标实现之时，中国经济总量将达到17万亿美元，中国人民将在全面解决温饱问题的基础上，普遍过上比较殷实富足的生活。这将是中国历史上从未有过的伟大跨越，也是中国

① 《中国共产党第十七次全国代表大会文件汇编》，第37～38页。

对人类社会的伟大贡献。

当前，中国全面建成小康社会的最大瓶颈，就是实行了几十年的城乡有别的户籍制度，以及因之形成的中国的城乡二元结构。在改革开放以前，城乡居民是很难互相流动的。城市居民有每月定量的粮、油、猪肉以及各种副食品计划供应，可以在城市就业、读书，享有企业的固定工资、劳保福利等待遇，而这一切都是农村居民所没有的。这就造成了所谓的“城里人”与“乡里人”。改革开放以前，中国的农民主要是贫下中农虽然政治地位很高，但经济生活是比较贫困的，与城市职工是有一定差距的。所以，改革开放以来，有几亿农民进城打工，特别是到东南沿海经济发达地区打工，从而形成世所罕见的农民工进城潮，到春节等节假日期间又出现农民工返乡潮，造成农村出现大量“留守老人”和“留守儿童”，以及大量土地搁荒，并由此产生海量社会问题。因此，党的十八大做出了一个重要战略决策，就是推动“城乡发展一体化”。十八大报告指出：“解决好农业农村农民问题是全党工作的重中之重，城乡发展一体化是解决三农问题的根本途径。要加大统筹城乡发展力度，增强农村发展活力，逐步缩小城乡差距，促进城乡共同繁荣。坚持工业反哺农业、城市支持农村和多予少取放活方针，加大强农惠农富农政策力度，让广大农民平等参与现代化进程、共同分享现代化成果……加快完善城乡发展一体化体制机制，着力在城乡规划、基础设施、公共服务等方面推进一体化，促进城乡要素平等交换和公共资源均衡配置，形成以工促农、以城带乡、工农互惠、城乡一体的新型工农、城乡关系。”同时，“加快改革户籍制度，有序推进农业转移人口市民化，努力实现城镇基本公共服务常住人口全覆盖”①。2013 年召开的党的十八届三中全会通过了《中共中央关于全面深化改革若干重大问题的决定》（以下简称《决定》），其中一项重大改革举措就是“健全城乡发展一体化体制机制”。《决定》指出：“推进农业转移人口市民化，逐步把符合条件的农业转移人口转为城镇居民。创新人口管理，加快户籍制度改革，全面放开建制镇和小城市落户限制，有序放开中等城市落户限制，合理确定大城市落户条件，严格控制特大城市人口规模。稳步推进城镇基本公共服务常住人口全覆盖，把进城落户农民完全纳入城镇住房和社会保障体系，在农村参加的养老保险和医疗保险规范接入城镇社保体系。建立财政转移支付同农业转移人口市民化挂钩机制，从严合理供给城市建设

---

① 《中国共产党第十八次全国代表大会文件汇编》，人民出版社，2012，第 21 ~22 页。

用地，提高城市土地利用率。”[①] “坚持走中国特色新型城镇化道路，推进以人为核心的城镇化。”“赋予农民更多财产权利。保障农民集体经济组织成员权利，积极发展农民股份合作，赋予农民对集体资产股份占有、收益、有偿退出及抵押、担保、继承权。保障农户宅基地用益物权，改革农户宅基地制度，选择若干试点，慎重稳妥推进农民住房财产权抵押、担保、转让，探索农民增加财产性收入渠道。建立农村财产流转交易市场，推动农村产权流转交易公开、公正、规范运行。”“推进城乡要素平等交换和公共资源均衡配置。维护农民生产要素权益，保障农民工同工同酬，保障农民公平分享土地增值收益，保障金融机构农村存款主要用于农业农村。健全农业支付保护体系，改革农业补贴制度……统筹城乡基础设施建设，推进城乡基本公共服务均等化。”

与这一系列改革措施相配套，以习近平为核心的党中央进一步加大了扶贫攻坚的力度。截至2014年底，中国仍有7000万农村贫困人口，不少群众贫困程度还很深，新时期脱贫攻坚的目标，就是到2020年按现行标准确保农村贫困人口实现脱贫，确保全国所有贫困县全部脱掉贫困帽。脱贫攻坚已经到啃硬骨头、攻坚拔寨的冲刺阶段。习近平总书记最近指出：“脱贫攻坚战的冲锋号已经吹响。我们要立下愚公志，咬定目标、苦干实干，坚决打赢脱贫攻坚战。”并提出：“必须在精准施策上出实招，在精准推进上下实功，在精准落地上见实效。”[②] 为此，党中央进一步完善了中央统筹、省（自治区、直辖市）负总责，市（地）县抓落实的扶贫开发工作机制，把脱贫攻坚作为“十三五计划”期间第一民生工程来抓。并要求各级党委与政府，层层签订脱贫攻坚责任书，立下军令状，保证在2020年前，自己管辖的地区，实现全部脱贫。党中央、国务院还决定实施“五个一批”工程，即发展生产脱贫一批，易地搬迁脱贫一批，生态补偿脱贫一批，发展教育脱贫一批，社会保障兜底一批。同时解决好“如何退”的问题，加快建立反映客观实际的贫困县、贫困户的退出机制，努力做到精准脱贫。把革命老区、民族地区、边疆地区、集中连片贫困地区作为脱困攻坚的重点地区，加快这些地区的经济发展。从2014年开始，国家把每年的10月17日设立为“扶贫日”，进一步显示了我们党和国家对扶贫攻坚的高度重视与坚强决心。

农村地区、贫困人群之所以贫困，就是所受的教育落后，“乡里人”与

---

① 《中共中央关于全面深化改革若干重大问题的决定》，《潇湘晨报》2013年11月16日。

② 《习近平总书记系列重要讲话读本》，第220页。

"城里人"不能受到同等的优质教育。对此，党的十八大提出："大力促进教育公平，合理配置教育资源，重点向农村、边远、贫困、民族地区倾斜，支持特殊教育，提高家庭经济困难学生资助水平，积极推动农民工子女平等接受教育，让每个孩子都能成为有用之才。"[①] 我们国家早在20世纪80年代就实施了"希望工程"，号召社会各界献爱心捐资在农村贫困地区创办"希望小学""希望中学"，资助贫困学生。2000年又出台了向贫困家庭学生"免费提供教科书、免收学杂费并逐步提高补助寄宿生生活费"的政策，2010年又制定了《国家中长期教育改革和发展规划纲要（2010—2020年）》，提出"建立城乡一体化的义务教育制"，大幅度提升了农村教育福利水平。例如，在全国贫困地区对贫困家庭学生建立精准扶贫免费资助体系；大面积推行"学生营养改善计划"，为千百万贫困中小学生提供免费营养餐；在城市实行农民工子女就近入学读书；重点大学增加在中西部贫困地区招生录取名额；强化对口支援，实施国家藏区"9+3"免费中职教育项目；长期开办内地西藏、新疆中职班和高中民族班；等等。为了提升劳动者的综合素质，促进贫困人口掌握脱贫致富的本领，阻断贫困代际传递，党中央、国务院正在做好教育精准扶贫的顶层设计，构建覆盖学前教育、义务教育、普通高中教育、职业教育、高等教育、民族教育、教师队伍、学生资助、考试招生等全方位的精准扶贫、脱贫体系，实施"由点到面"的一揽子计划，确保教育精准扶贫、脱贫政策惠及广大贫困群众，整体提升贫困地区的教育发展水平。

同时，农村的社会保障体系也在不断地健全与提高。第一，在面向全体的农村社会保障制度方面，新农合（新农村合作医疗）参合率不断上升，从2007年的86.2%上升到2013年的98.7%，补偿受益人次达19.42亿，到2015年，国家财政对参合农民医疗的补助标准为每人每年380元，较2007年增长了8.5倍。农村社会养老保险参保人数也不断增加，至2011年底，参保人数已达32643.5万，达到领取待遇年龄的参保人数为8921.8万。第二，在有限范围享受农村社会保障制度方面，农村最低生活保障制度的覆盖人数不断增加，至2014年底覆盖人数达5207.2万，与2007年相比增长46%，农村低保平均标准也从2007年每人平均840元提高到2014年每人平均2777元。农村社会保障受益群体的范围正在不断扩大。

---

① 《中国共产党第十八次全国代表大会文件汇编》，第32页。

近年来，随着农业人口的快速转移和城镇化的快速推进，中国城市的低收入群体不断增加，城市贫困问题也日益成为令人关注的问题。至2014年，全国农民工总量达2.74亿人，其中外出农民工为1.68亿人，本地农民工为1.06亿。农业转移人口不仅是中国城镇化的重要推动力，也是中国城市贫困群体的重要来源。根据世界银行提供的数据，2010年，中国人均GNI为4260美元，2012年为5740美元，已经进入中等偏上收入经济行列。从城镇化水平来看，中国自2012年以常住人口口径计算的城镇化率超过50%，2014年则达到54.77%，中国正逐步从农村型社会向城市型社会转变。如何解决日益突出的城市贫困问题，已经受到党中央、国务院的高度关注。党的十八大就已经明确提出："推动实现更高质量的就业。就业是民生之本。要贯彻劳动者自主就业、市场调节就业、政府促进就业和鼓励创业的方针，实施就业优先战略和更加积极的就业政策。引导劳动者转变就业观念，鼓励多渠道多形式就业，促进创业带动就业，做好以高校毕业生为重点的青年就业工作和农村转移劳动力、城镇困难人员、退役军人就业工作。加强职业技能培训，提升劳动者就业创业能力，增强就业稳定性。健全人力资源市场，完善就业服务体系，增强失业保险对促进就业的作用。健全劳动标准体系和劳动关系协调机制，加强劳动保障监察和争议调解仲裁，构建和谐劳动关系。"① 在党中央的决策引领下，一个大众创业、万众创新的热潮正在中国出现。近十年来，中国每年新增城市就业人员都在数百万人之上。中国企业退休职工的养老金近十年来每年得到一定比例的提高，基本上解决了城市居民的温饱问题。

关于全国人民包括城市居民的社会保障问题，党中央明确提出："统筹推进城乡社会保障体系建设。社会保障是保障人民生活、调节社会分配的一项基本制度。要坚持全覆盖、保基本、多层次、可持续方针，以增强公平性、适应流动性、保证可持续性为重点，全面建成覆盖城乡居民的社会保障体系。改革和完善企业和机关事业单位社会保险制度，整合城乡居民基本养老保险和基本医疗保险制度，逐步做实养老保险个人账户，实现基础养老金全国统筹……完善社会救助体系，健全社会福利制度，支持发展慈善事业，做好优抚安置工作。建立市场配置和政府保障相结合的住房制度，加强保障性住房

① 《中国共产党第十八次全国代表大会文件汇编》，第32~33页。

建设和管理。”[①] 最近，党中央、国务院又进一步做出“社会政策托底”的重大决策。这就是要托保障和改善民生的底，托全面建成小康社会的底，托社会和谐稳定的底，托转变社会经济发展方式的底。通过“社会政策托底”，来保障全体人民特别是贫困群体的基本生活和各种权利，缩小贫富差距，实现社会公平，减少社会矛盾冲突，解决改变经济发展方式过程中出现的困难和问题，促进社会和谐稳定发展。

为了取缔非法收入，遏制社会贫富两极分化，保护人民的根本利益，我们党一直坚持惩治腐败不放松。以习近平为核心的党中央，进一步加强了反腐治腐的力度，以坚定不移的决心，保持惩治腐败的高压态势，提出“坚持零容忍的态度不变，猛药去疴的决心不减，刮骨疗毒的勇气不泄，严厉惩处的尺度不松”，坚持老虎、苍蝇一起打。不仅在中央的党、政、军领导层揪出了一些“大老虎”，更在全国各层级党政军机关里揪出了一大批中老虎、小老虎，而且惩处了成千上万发生在人民群众身边的吸血虫、小蚊子。同时还推行和强化了中央和省市巡视制度，推进巡视和派驻监督全覆盖。近年还推行了海外追逃、“猎狐行动”，编成反腐治腐的天罗地网，让腐败分子无处藏身。一个“不敢腐、不能腐、不想腐”的有效机制，正在逐步形成。这就能有效地堵住国家财产、人民血汗大量流失的一个巨大漏洞，保障了社会的公平正义，也保证了党和国家永不变色。

中国共产党是中国工人阶级的先锋队，同时是中国人民和中华民族的先锋队。党在革命战争时期依靠工人阶级和亿万劳苦大众夺取了全国政权。在革命胜利之后，党又依靠和代表工人阶级与全国人民执掌政权。中国共产党执政 60 多年来，尽管很多具体的方针政策随着时代的变迁已经发生了很大的变化，今后还会根据客观形势的发展，进行不断的改革创新。但是，党的“全心全意为人民服务”的宗旨永远不能变，党的“从群众中来，到群众中去”、紧密联系最广大人民群众的群众路线永远不能丢。在我们迈向全面建成小康社会的新征程中，我们一定要始终坚持信念，牢记宗旨，不忘初心，在以习近平为核心的党中央领导下，团结一致，奋发图强，为实现中华民族伟大复兴的中国梦，为全体中国人民共同过上更加幸福美好的生活而努力奋斗！

---

① 《中国共产党第十八次全国代表大会文件汇编》，第 33 ~ 34 页。

From the Party's Class Line and Mass Line to A New Measure of Building A Well-off Society in An All-Round Way

Peng Dacheng　Zhou Shuhui

Abstract: During the China's Revolutionary War, our party has formed the class line of leading by the working class, relying on the poor and lower-middle peasants, uniting the overwhelming majority of Chinese people, and the mass line of everything coming from the masses and going to the masses, maintaining close ties with the broadest masses of the people. So, in today's building moderately prosperous society, in order to building a well-off society in an all-round way in 2020. we must continue to adhere to the party's mass line, we must persist the people-centered scientific development concept, we must strive to take the road of collective prosperity to gradually narrow the current gap between rich and poor, we must vigorously implement poverty alleviation strategy, and take a new road to realize the urbanization, industrialization and modernization.

Keywords: Class Line; Mass Line; Well-off Society

治理理念下灾后住房重建问题与模式优化*

——以 G 省为例

段华明　杨旭鹏**

摘　要　灾后住房重建是受灾地区群众最关切的难点问题，政府层面存在“全倒户”核定专业性不强，倒损状况难界定；资金援助程序冗杂，到位较慢；完成验收偏重速度，忽视质量等问题；家户层面存在居民冒充“全倒户”、封建迷信、选址耽搁等问题。基于治理理念，应当改变灾后住房重建中政府单一科层制管理模式，建构政府、市场、社会组织、居民个人多元主体参与住房重建协作模式，即政企社人协作模式。

关键词　灾后住房重建　政企社人建构　协作模式

一　灾后住房重建问题缘起

为获取防灾救灾第一手材料，笔者挂职 G① 省民政厅救灾处半年多，其间亲历 2016 年“妮妲”“电母”“海马”“莫兰蒂”“莎莉嘉”台风、洪涝和低温冷冻等自然灾害。笔者以救灾部门工作人员的身份参与灾前防灾备灾、灾中报灾救灾、灾后查灾核灾及住房重建等具体工作，并数次到受灾地区实地踏勘，督查倒房重建情况，在此实际过程中形成对灾后住房重建优化的一些策略思考。

灾区住房重建作为灾后救助的基本组成部分，是救助灾区受灾群众基本生活的最低指标，是政府民生兜底的最低保障。2016 年 8 月 5 日，在“妮妲”

---

*　国家哲学社会科学基金项目“我国灾害损失评估的社会学研究”（12BSH024）阶段性成果。

**　段华明，广东省委党校现代化战略研究中心主任，教授，研究方向为灾害社会学；杨旭鹏，广东省委党校硕士研究生。

①　文中出现人名、地名，出于研究伦理考虑，故用字母代替。

台风过境后，笔者随省民政厅查灾核灾组赴 M 市 G 市（县级市）受灾地区查灾核灾，一位头须发白的老汉站在自家倒塌的废墟上给我们讲述家庭受灾情况，情至深处，潸然泪下，使在场人无不动容。中国人传统观念里“家”的载体就是住房，不仅是栖身之地，更是心灵归属。房子倒塌对一个家庭来说，其打击之大可想而知。其他人会产生灾后快速有效救助房屋倒塌群众的紧迫感，援助其建筑房屋，早日重返家园。当然，笔者在受灾地区还看到很多重建起来的房屋大门贴上了感谢党、感谢政府的对联，如“天灾无情人有情，乔迁新居谢党恩”“新居落成全靠政府帮，举家乔迁感谢党恩情”等。

现实情境使笔者一直纠结：时至今日，政府部门在灾后住房重建中究竟如何扮演好主导角色，采取何种方式帮助受灾群众重建住房。

中国传统体制下的灾区住房重建，基本是政府单一的科层制行政管理的程式，从“全倒户”核定，资金援助，到监督管理，再到完成验收，全过程政府部门包揽一切事务，扮演全能型角色，甚至越俎代庖。这样的模式存在效率低下、决策机制不畅、监督机制不完善、重速度轻质量等问题。

灾害社会学研究表明，灾后重建过程中的资源配置受到“相对需求法则”（rule of relative needs）和“相对优势法则”（rule of relative advantage）的共同作用。[①]“相对需求法则”是根据受灾者的需求强度分配资源，强调“谁最有资格获得”；而“相对优势法则”是指根据受灾者获取资源的能力差异分配资源，说明“谁最有能力获得”。Michael Zakour 和 Evelyn Harrel 也指出，弱势群体特别是隐蔽的弱势群体在获取灾后服务上面临着阻碍。面对拥有相对弱势人力资本的受灾者，如何有效实现灾后获取服务均等化推送，也成为一大挑战。[②]

注入治理理念，建构政府、市场、社会组织、居民个人多元主体协作参与的灾后住房重建模式，转变政府对灾后重建大包大揽，将市场能办的交给市场，如微观经济层面的事务以及市场竞争、资源配置等方面的事务；将社会能做的还给社会，对其进行社会权利的让渡，打开社会组织的发展空间，充分遵循重建户主（个体）意愿，形成多元主体共同治理格局。

---

① Drabek T. E., Key W. M., *Conquering Disaster: Family Recovery and Long-term Consequences*, New York: Irvington, 1984.

② 文军、吴越菲：《社区为本：灾害社会工作服务及其本土实践——以云南鲁甸地震灾区社会工作服务为例》，《河北学刊》2016 年第 5 期。

二　G省灾后住房重建现状与问题

笔者通过关注灾后住房重建文件，参阅基层上报材料，到受灾地区面对面访谈基层干部群众，新媒体（微信、QQ）咨询访问一线工作人员，了解G省各地灾后"全倒户"重建情况，总结出G省灾区民房重建存在的主要问题。

（一）政府层面行政管理欠优化

灾后住房重建过程中的政府行为，主要可分为四个步骤：一是"全倒户"核定；二是下发补助资金；三是重建督导；四是完成验收。

1."全倒户"核定：专业不强，倒损难界

每次突发自然灾害稳定后，各级民政部门便组织力量，开展房屋损毁的统计、核定。由县级民政部门在灾后10个工作日内对本行政区域逐村逐户调查、登记，填写《倒房户恢复重建汇总表》上报地级市民政部门；市级民政部门在10个工作日内进行抽查、汇总，上报省民政部门；省级民政部门在接到市级上报材料于10个工作日内进行抽查、核实，上报民政部。各级民政部门在核查期间，发现问题需在5个工作日内重新核实上报。

整个"全倒户"核定过程，全部由民政干部调查核实，由于民政人力资源有限，常常导致速度过慢，耗时较长，尤其是专业性不强的问题长期存在，在核灾过程中由于民政部门缺乏专业的技术人员鉴定房屋损坏程度，"严损房屋"与"全倒户"比较难以清晰界定。

2.资金援助：程序冗杂，到位较慢

访谈Q市一位民政局救灾科干部LD，他向笔者抱怨住房重建资金文件下发过慢：

> ——建议以后省厅的资金下拨文件要快点发。现在我们这边按程序来，先上局长办公会议，再征求财政局意见，然后报市政府，副市长审批，最后再到财政局，下达到县，县、镇也要走程序，实在是拖得太长了！（C－Q 161228）[①]

---

① 引文代码是根据引文性质、来源、获得时间进行编码的。引文性质包括访谈内容（C）和公文材料（D）两类，Q指代源于Q地级市，161228指访谈或公文材料时间，即2016年12月28日。访谈资料中括号内注释的内容是为方便理解，根据访谈上下文内容而添加的注释。

政府部门为规范每一项资金的使用，从下拨到支付都要经过多重而严格的程序，省、市、县各级做方案、上党组会、报政府审批拨付等程序。这样的程序看似合规合条，其实并非合情合理，住房重建资金到达受灾户手中需要较长时间，影响受灾户动工和建设的进度。

3. 重建督导：方式欠妥，站位失当

政府部门开展“全倒户”重建督导，主要通过领导讲话、召开会议、下发文件、察看检查等方式。有一些乡镇干部为了催促受灾群众尽快重建，以便能按时完成上级交办任务，有意散布“要快点动工，不然晚了，就拿不到补贴了！”灾后由政府或经由政府向受灾者提供的资金、物资等被布化为某种“施舍”，而不是政府兜底帮助受灾群众的义务。在灾后住房重建过程中，资源的可获得性的确定程度是不一样的，不确定性越高，人们越可能采取短期行为，落袋为安。在接受施舍和享受权利的不同框架中，某些政府官员弱化了获得救助的权利含义，把享受权利曲解为道德施舍，实际上增加了物资分配过程中的不确定性，并试图掌握对不确定性的解释权。灾害社会学注重“非常态”社会情境中的诸行动者参与灾害应对的意愿及其行动能力与方式的分析。政府部门的工作方式涉及如何界定政府在灾害救助过程中的站位——是否符合现代社会中公民的基本权利，是否可能引发行政干预的道德风险。

4. 完成验收：偏重速度，忽视质量

《G 省灾区民房恢复重建工作规程》规定全省重建工作的完成期限：原则上，前汛期（6 月以前）“全倒户”限定于当年完成重建，后汛期（6 月以后）“全倒户”限定在次年春节前完成重建任务。灾后住房恢复重建任务，是作为中国一项重大的政治任务，属各级党委和政府重大问责事项，所以层层督责，力保按时完成。然而在实际的工作当中，过分强调速度，容易忽视完成质量和受灾群众满意度。如 2016 年 G 省民政厅共三次下发《受灾民房恢复重建工作进展情况的通报》，皆只是对重建的速度做了要求。

（二）家户层面重建干扰因素多

灾后住房重建方式通常有公房重建、自家重建、社区重建三种。[①] 公房重建是由政府负担建筑费用、兴建住房，并以较低价格出售或出租给受灾居民

---

① 李连祺：《国际灾后住房重建政策的比较研究——以日本、俄罗斯与美国的住房重建为例》，《今日南国》2010 年第 9 期。

的一种重建方式；自家重建是个人以市场方式开展自力重建，居民能够获得喜欢的房屋样式和更好品质的居住环境，可以加速灾后重建，但建房成本受市场影响较大、受灾居民承受压力也大，即使政府提供补助资金帮助重建，仍有部分中低收入者无力实施重建；社区重建是一种自下而上的住房重建方式，以受灾地区的居民为中心，成立中小型规模的社区重建组织，居民共同参与重建工作，制订重建计划，政府审查认定重建计划后，派遣专家给予支持的重建方式。政府根据受灾区的具体状况，综合运用三种重建方式，从而形成一套整合性的重建机制。

笔者观察到的G省实际状况是，在重建住房方式的选择上，由于受灾户需要快速地重建住房，但他们担心政府统一选址、设计方案和图纸、组织施工，在协调上更是麻烦，住房重建的速度更慢。在对部分受灾户进行访问时，都谈到对各种形式“统建”的施工进度、施工质量的不放心，因而受灾群众更倾向于选择自家重建，但在自建的过程中又出现诸多问题。

1. 农村存在封建迷信，建房选年择月

农村地区建房普遍存在选择“良辰吉日”观念，“信风水”思想根深蒂固，部分受灾户选择重建动工时间偏晚，动工进度较慢，导致工程推进受阻。

> ——我们县里现在有一户“全倒户”就是不肯动工，户主DL说请了风水先生看了日子，今年没有合适的日子，最快也要明年3月才有开工的“好日子”，我们县民政局、镇政府几次入户劝他动工，好说歹说，就是不肯动工。这样下去恐怕很难完成任务呀！（C－S160923）

这是笔者访问S市R县的民政局干部，他讲述本县“全倒户”重建中存在的困难——群众封建迷信思想问题，这是在“全倒户”重建工作中存在的一个现实问题。在中国乡土社会，建房是件大事情，在建房过程中的很多关键环节，像新房奠基、安装房门、封顶等，都要择个“良辰吉日”进行。对于新房入住的时间，也得要选个“好日子”。

2. 受灾“全倒户”多属偏远山区，施工难度较大

地处边远山村的重建户，由于道路交通不便，运输建筑材料困难，影响整体的重建进度。

> ——我们市今年的受灾点比较分散，“全倒户”基本上是在较偏远山

村，现在农村里的劳动力稀缺，施工机械有的地方进不去，有的是施工方不愿意进场，这就造成重建人工成本比较高，工作开展缓慢。还有一部分“全倒户”本身家庭经济困难，自筹资金难，造成个别“全倒户”拿到重建资金却又不想建房。（C－H161114）

笔者随省民政厅查灾核灾组到H市，访谈救灾科的LY时，他谈的关于重建进度缓慢的情况比较现实：台风、洪涝灾害致房屋倒塌的基本属于泥砖瓦房，又多处于偏远的山区，原址重建，交通不便，建筑材料难以进去；异地重建，需要村民置换土地，沟通协商耗时长久，或要购置地皮，这需要额外的开支，本已就贫困又刚遭受灾害的家庭，大多没有能力。

3. 为谋取补助冒充“全倒户”

根据《G省灾区民房恢复重建工作规程》，受灾“全倒户”的核定有严格的程序，需经“户报、村评、镇核、县定”，并做张榜公示、登记造册、建档立卡和上报等工作。

灾后核定受灾“全倒户”，关系到恢复重建补助资金的多寡问题，部分房屋有所受损的群众有意钻空子，或故意少报自有房产，设法把自己确定为“全倒户”，以多领取恢复重建补助资金。

——S市X县L镇LB户主重建面积过小，X县民政局多次入户劝其整改未果。经进一步调查，发现该户另有一套住房，不符合全倒户条件。X县政府决定核减该户重建资格，并对相关责任人进行处理。（D－S170124）

户主LB刻意隐瞒自己房产情况，申领重建补助资金，把房屋建得小于标准，省下重建资金另谋他用。

4. 重建房屋地皮选址耽搁

灾后住房重建被受灾群众视作一个“发展机会”（opportunities of development），把目标定在“好于灾前”，动用自己的全部社会资本进行灾后重建。[①] 部分受灾户选择重建时，便会在搬离易灾易险地区避免二次受灾的前提下综合考量“风水”、交通等多项因素，把房屋迁址重建在地理位置较为优越的

① 卢阳旭：《灾害干预与国家角色》，博士学位论文，中国社会科学院研究生院社会学系，2012，第27页。

地方。

> ——户主YG居住的房屋（三房一厅，共73.8平方米）因2016年4月26日遭受大暴雨倒塌，申请全倒户房屋重建资金补助。户主夫妇育有2个儿子，小儿子从小给人抱养，户口不在本地。大儿子于2005年建有楼房一层，面积约110平方米。因户主YG不愿在原址重建（交通不便），重建新址选在临本村公共墓地的公路边，遭到村民小组长和大部分村民的坚决反对。7月和10月两次动工，都被村民阻止。多次协调，户主YG仍不愿原址重建，最后选择放弃重建补助资格，住在大儿子家中。（D－S170117）

户主YG拒不原址重建，行政公务人员虽有劝说却无功而返，这是否还有进一步做工作的余地？譬如选择另外的地方重建，行政人员再做细致到位的工作，引入社会组织、社会工作者做户主的工作。

基于以上问题调查，笔者认为在灾后重建住房过程中引入市场（企业）、社会组织，发挥市场（企业）、社会组织的优长，能提升住房重建的速度、质量和受灾群众满意度。

三　建构政企社人共同参与的灾后住房重建协作模式

灾后住房重建，传统的政府单一科层制行政管理模式已难以适应当前需求，市场机制的作用及社会力量的活跃，为灾后住房重建提供了灾害治理新思路。政府、市场、社会组织是现代社会资源配置的三大主体，相互渗透、相互补充、相互依赖，均可以作为灾区住房重建服务的供给者。十八届三中全会明确提出，加强党委领导，发挥政府主导作用，鼓励和支持社会各方面参与，实现政府治理和社会自我调节、居民自治良性互动。因此，优化灾后住房重建的模式，可以建构政府主导、市场配置、社会参与、遵循个人意愿的多元参与协作模式，即灾后重建政企社人协作模式。

（一）注重参与治理主体多元化

社会建构主义认为，灾害“是一种社会建构，反映社会结构和社会系统中的弱点（weaknesses）”[①]。事实上，被描述为社会性异常状况的灾害，究其致灾因子、孕灾环境、承灾体和灾害后果，都不是一个与更大的社会语境脱离的离散事件，要把灾害形成的原因、灾后恢复的机制等均置于特定的社会情境中来考察。因此，链接更多社会资本投入灾后住房重建中更有利于提升灾后复原力。

政府单一行政手段管理会出现服务难以到位，过分追求速度而忽视重建质量等诸多问题。一方面完全以政府为主导自上而下地推动灾后重建，体制的结构因素势必导致效率下降，灾后重建难以实现高绩效；另一方面灾后住房重建服务的多样性和复杂性，在客观上要求参与主体的多元性，才能提供不同层次和类型的专业服务。以受灾群众需求为导向，形成自上而下和自下而上相结合的灾后住房重建多元主体协作网络，通过整合灾后恢复过程中影响资源实际配置的诸因素，让能够提供服务的社会力量参与进来，才能够准确地调校“相对需求法则”和“相对优势法则”间的组合样式，构建政府干预和社会参与相协调，共同形成应灾合力的灾害干预制度安排。

参与治理主体多元化的政企社人协作模式，是由原有的政府直接单向管理个人，改变为引入市场和社会组织多元协作共治，使得在充分尊重个体的前提下发挥企业和社会组织的专业性以高绩效完成住房重建。

（二）倡导各方参与职能专业化

灾后住房重建须倡导灾害治理专业化。灾后住房重建需要面对庞大社会需求，政府专业救灾人力十分有限，而项目委托方式无疑是一种较好解决问题的途径。政府通过购买专业性社会组织服务来办理各种灾后重建业务，通过规划“公私协力”机制让社会组织参与进来，实现优势互补，有效克服“失灵”现象，从功能上讲，社会组织起到补充性（supplementary）作用。[②]灾后重建体制制度的完善，要求摒弃以往的单一式、粗放型、统一式，向精细化、高效化转换，按照受灾群众需求激发社会力量与市场需求，引入专业性社会服务组织和企业，形成竞争机制，是实现灾后住房重建实现专业化、

---

① Quarantelli, E. L., “A Social Science Research Agenda for the Disasters of the 21st Century,” in Perry, R. W. & Quarantelli, E. L. (Eds.), *What is A Disaster? New Answers to Old Questions* (Philadelphia: Xlibris., 2005), p. 345.

② 周利敏：《公私协力：非协调约束下公私救助困境的破解》，《中国地质大学学报》（社会科学版）2009 年第 2 期。

高品质的有效路径。

在灾后住房重建中，引入市场机制，在一定程度上可以解决资金困难与提升工程进度的难题，是对灾后住房重建效率的一种良性刺激。例如，有的县把灾后住房重建任务按照竞标形式，通过竞争机制选择有实力的建筑公司明确按时按质按量完成，有利于解决政府资金到位较慢、受灾群众自建影响工程进度等问题。如前所述核灾过程中出现“全倒户”与“严损户”难界定，验收阶段轻视房屋质量等问题，这类情况可引入专业第三方评估机构解决，避免政府在评价体系中既定规矩又当裁判，其实质是一种更客观的社会监督。

社会组织在灾后住房重建中作为一个不可或缺的主体，将成为灾后救助体系的生力军。现阶段民间救灾救助类社会组织发展方兴未艾，引导更多的专业社会组织参与灾后住房重建，能够与政府优势互补。社会组织的公益性决定了其参与灾后住房重建的责任，加之社会组织诞生、形成、发展于基层社会，能够相对高效和准确地把握居民的需求，可以针对性地有效解决灾后住房重建中的三类问题：群众封建迷信、社会矛盾纠纷和重建效率低下。

灾后住房重建涉及任务繁多、内容细杂、人群多层，社会组织可以提供专业和精细的服务，如基金会具有较为丰富的资金源，可为住房重建提供资金支持，而社会贤达一般具有较强的号召力和影响力，且拥有广泛的社会资源，政府向社会组织购买服务有助于灾后住房重建供给与需求的契合，实现住房重建效率与质量的提高。

（三）搭建平台沟通协作体制化

在以“快”为要旨的灾后重建中，受困于传统政府强大行政惯性影响，政府、社会、市场、受灾群众的沟通存在障碍，各方诉求难以被充分考量，表现为自下而上的民意表达机制和渠道不顺畅，受灾群众实际需求难以在重建规划和方案中被充分考虑和体现。这些需求如若缺乏有效引导会消解公共部门权威和弱化政府社会治理能力，以致负向社会情绪的恶性蔓延，引发群体性事件和暴力冲突事件。

当前社会情境中，以“管控”为基本特征的传统管理方式已逐渐失效，政府需要重视并建构多渠道利益表达机制，维护受灾群众的参与权、表达权和监督权。在“非常态”的灾后住房重建中，搭建“多元协作对话平台”实现扁平化“网络治理”，各主体充分表达要求与诉求，参与重建研究与决策，协调自上而下和自下而上的机制性对接，使得横向层面的社会资源和纵向层面的行政干预形成灾后救助合力。

在灾后重建“多元协作对话平台”中，政府、企业、社会、个人均是“主角”，政府应作为对话平台的发起人，而不是话语权的主导者，其余三方积极协同参与，各抒己见，不再是过去政府纯粹行政干预“唱独角戏”“一言堂”。在这样的机制下赋予各方充分参与灾后重建的权利，在允许和鼓励充分表达各方需求与关切的基础上，寻求能够达到共识的对话协作，且该对话平台应在灾情稳定后，与开展灾后救助及重建工作同时响应，并在救助及重建过程中体制化运转。

（四）住房灾害保险运行常态化

“十二五”期间，民政部联合财政部、保监会试点推行农房灾害保险，协同有关部门加强巨灾保险制度建设。截至2015年12月31日，G省农房保险累计参保农户1156.25万户，累计提供风险保障金额1213.47亿元，缴纳保费9318.99万元，参保率达到99.40%（引自省金融办统计数据）。

政府部门（主要是民政）的补助为救济性质，在受灾过程为民众提供临时的食物、住所及必要的临时医疗救治，并保障灾后的民生兜底，帮助重建家园；而商业保险则可根据其经营运作上的专业性，其目标指向是承保灾害损失，为投保人提供相应的损失补偿，从资本市场分散灾害风险及灾害损失，并协助政府提供专业领域的风险管控，提供减轻灾害损失的预防措施。

常态化运行“国家主导+商业化运作”住房灾害保险制度，有利于发挥住房灾害保险风险保障作用，能有效提高抵御强灾害的能力，帮助受灾群众尽快重建住房。在灾后定损补偿方面，商业保险公司借助其在受灾地区的网点，可以及时进行损失核查，专业的定损人员可迅速定损，帮助受灾群众尽快得到补偿，同时使得补偿更加公平。此外，保险公司通过各种融资渠道，向国内外再保险市场分保，扩大承保能力和灾害保障。2015年10月，超强台风“彩虹”给G省西部地区的农房造成严重损坏，人保财险G省分公司立即启动应急预案，保险公司快速开展查勘理赔，调动全省系统力量组织开展工作。人保财险G省分公司在抗击强台风“彩虹”中，投入查勘人员11000多人次、查勘车辆近4000台次，共查勘定损倒塌或损坏农村房屋3.88万间，赔付金额1506.86万元（引自省金融办统计数据）。住房灾害保险制度作为一项灾害风险管理手段，其意义不仅在于灾后补偿、社会维稳，更重要的在于其对灾前风险管控的效用，即运用保险激励民众避开风险区，有效降低灾害降临时常出现的为了抢救财产而导致人员伤亡事件的发生概率。

政企社人协作模式能够实现公共效益的最大化，是灾后住房重建的一种目标模式。政府让渡其有关权力，将灾后住房重建工作中企业和社会组织能够承担的方面转交出去，鼓励和激发与住房重建有关联的一切力量，共同参与灾后住房重建工作，逐步形成“责权明确、有序参与、相互支持、共同协作”的多元共治灾后住房重建格局。

The Problem and Model Optimization of Post-Disaster Housing Reconstruction under the Governance Concept: Take G Province as An Example

Duan Huaming　Yang Xupeng

Abstract: Post-disaster housing reconstruction is a difficult problem for the people's greatest concern in the disaster-affected area. There are some problems in the government and the affected households. To the government, firstly, it is not professional about how to evaluate "the whole houses fell down", so the status of loss can't be defined clearly; secondly, because the financial aid program is complex and low-efficient, the money arrive too slowly; thirdly, the government put more importance on finishing the test without caring the quality and so on. To the household, there exist some problems like pretending as the full back door location and superstition. Otherwise, multiple factors lead to delaying location. Base on the concept of governance, we should take the all-around-collaboration-mode to replace the single hierarchical management system after the disaster-household rebuilt, which is include the government, market, social organization, and residents.

Keywords: Post-disaster Housing Reconstruction; All-Around-Collaboration-Mode; Cooperation Model

场域理论下的社会工作服务机构发展路径探析

——以广州市 H 机构为例

王建平　雷梓霖*

摘　要　本文选取广州地区的 H 机构作为具体研究对象，梳理 H 机构的生发历史，得出其发展的渊源，在历史话语当中理解 H 机构的背景企业向社会服务领域转向的动力与逻辑。H 机构的历史发展是偶然的，是在集体企业、家政企业以及服务社的过程中不断摸索前进，是非意识选择的结果。本文在场域理论的指导下，将 H 机构的诞生、发展历程在场域、资本以及惯习三个关键概念下进行分析，总结出其能够快速发展的因素与条件。H 机构是以集体企业为背景的一种机构生发模式，在实践中将本土的、传统的价值整合进社会工作价值中的尝试。

关键词　社会服务机构发展模式　场域理论　资本　惯习

为了大力推动社会工作，广州市政府在 2010 年于全市各区、县级市确定了 20 个街道作为启动社区家庭综合服务中心建设的试点。2011 年 7 月，广州市委印发《中共广州市委广州市人民政府关于全面推进街道、社区服务管理改革创新的意见》，明确提出要求在 2012 年上半年前，每个街道都必须建立家庭综合服务中心。广州市政府将为承接家庭综合服务中心服务的机构提供每年 200 万 ~300 万的经费支持。

自此，广州市的社会服务机构迎来了一个巨大发展机遇，社会服务机构如雨后春笋般成立起来。H 机构则是其中发展起来的一个典型。

本文试图以 H 机构作为研究个案，兼以分析其生发的背景，探索与回答以下几个问题：第一，H 机构作为集体企业中的一个部分，是如何由经济价

* 王建平，华南农业大学公共管理学院社会学教授，研究方向为社会治理与社会组织；雷梓霖，华南农业大学社会工作硕士研究生，研究方向为社会服务机构发展。

值认同转变到社会价值认同，从而与社会工作服务结合起来的，其中的机理和逻辑是如何存在与成立的；第二，集体企业背景给 H 机构带来了哪些社会资源与资本，以及 H 机构是如何使用这些资源与资本来完成植根于本土的机构发展的；第三，H 机构的生发背景会给 H 机构本身带来哪些发展上的惯习影响，以及在未来可能会对其产生的正负面影响。

一 H 机构的发展历史

（一）H 机构的背景：集体企业

作为 H 机构的生发背景，B 区供销总公司有其深厚的历史沉淀。因为其特殊的集体企业背景，B 区供销总公司的发展沿革可以嵌入中国社会主义历史中进行话语叙述。其企业的前身最早可以追溯到 1953 年 10 月成立的 B 区供销社。当时 B 区主要的经济生产模式为农业，B 区供销社是广州的四大农村供销片区中的一块，服务“三农”是 B 区供销社的宗旨与使命。

在历史上看，供销社在体制中承担着重要的社会经济职能，不仅获得了政府的信任，而且把供销社这块牌子打造成了民众可以信任与信赖的符号。在长期服务“三农”的过程中，供销社形成了为农服务的基础与传统。

改革开放改变了供销社在社会物资供应与流通的地位与模式，供销社提供的物资不再具有唯一性。在市场开放的浪潮底下，供销社系统经受了巨大的冲击　供销社内部僵硬的体制、僵硬的管理不再适应新的社会发展要求，供销社不断亏损。在迅猛城市化的过程中，B 区大多数的农民已经洗脚上田成为居民，供销社服务“三农”的使命已经渐渐式微。缺乏实际经营项目的供销社系统，被当时的广州市政府评价为“收租子、守摊子、混日子”。

来自政府的压力和来自供销社内部的自我价值危机感共同营造了一种紧张的氛围。供销社系统亟须在社会发展与转型过程中找到自己的位置和方向。

（二）H 机构的起点：家政服务

作为 B 区其中一个供销社基层社——X 供销社，其总经理 PC 深感压力。B 区的供销社系统已经在 1999 年全面退出流通领域，重回商品流通领域与灵活的个体户、体量巨大国际零售业大亨进行同台竞争几乎没有任何优势可言。但是主任 PC 认为中国的经济社会发展已经进入了一个新的发展阶段，社会的矛盾十分突出、新形成的城市社区急需配套的服务。

PC 认为 X 供销社未来的方向要面向社区，决定开始探索社区服务领域，并在这个市场领域当中寻求盈利点。市场探索的初衷是盈利导向的。

依靠供销社系统与政府的长期合作关系的关系网络，PC 计划与基层的街镇政府合作在社区层面提供社区服务。2006 年 7 月，HF 家政信息咨询有限公司由 X 供销社出资成立，与 B 区 XS 政府合作开办了首个社区服务中心——XS 社区服务中心。

社区服务中心的主要功能十分繁杂，只要居民有任何需要的服务，社区服务中心基本上提供——保姆、钟点工、家教介绍；家电维修服务；办理牌照以及代记账。[①] 在随后的实践中，供销社利用自有物业优势，进一步与更多街镇政府进行合作，将社区服务中心进一步扩张到 B 区的 JG 镇、JH 街道以及 SJ 街道。在社区服务的过程当中，事实上积累了很多社区服务的探索经验。但是对于一个以利润最大化为原则的营利机构而言，这个社区服务中心是不合格的。提供社区中介服务所能获得的利润甚至不能抵社区服务中心雇员的薪金支出。在做社区中介服务这条道路上走不通后，PC 接纳了来自人社局、民政局的建议，转向劳务服务行业。

2007 年 1 月，HH 人力资源公司在 X 供销社的出资下成立。在劳务服务市场的开拓当中，X 供销社实现了良好的创收。

2008 年 1 月，B 区完成“一区一社”的供销社改革部署，撤销了所有的乡镇一级供销社，合并整理成 B 区供销联社；根据“社企分开”原则，在供销联社的背景下成立 B 区供销总公司承担经营业务。B 区供销总公司在成立之初就确定了未来发展的“四轮驱动”战略，其中的一轮就是根据 2006 年开始的社区服务尝试而制定的发展“社区综合服务产业”战略。

（三）H 机构的转身：社区服务

早在 2006 年，X 供销社已经在主任 PC 的领导下，进行了社区综合服务产业的探索并获得了很多有益的经验。在供销社合并之后，执行“社区综合服务产业”战略的主要负责人，主任 PC 也就成了不二人选。

同年 11 月，H 机构以社会服务机构身份成立。当时 H 机构只有 2 名社工

---

① 广州市白云区供销社：《创建社会工作服务社　延伸供销社服务功能——广州市白云区供销联社开展社区综合服务案例》，《广东合作经济》2013 年第 4 期。

和其他人员共 18 人，开展的活动主要为社区家政服务、代办牌照、兴趣培训以及社区活动等。2009 ~2010 年，H 机构所开展的与社会工作相关的社区服务都是探索性的、零散性的。

具有突破意义的是，2010 年 H 机构与 B 区 JX 街达成合作共识，共同筹建 JX 街社区服务中心，将居家养老服务、文化建设、娱乐休闲、社工进社区等内容相互结合，力图打造 B 区示范性社区服务中心。在没有提出政府购买服务之前，与街道共同合作筹建社区层面上的服务组织是领先于政策步伐的。[①]

值得指出的是，H 机构在社区的前期切入为日后社区服务项目的承接获得了事实优先权。

（四）H 机构的发展：承接家综

2010 年，广州市政府开始进行社区家庭综合服务中心的试点工作。当时广州市政府虽然将部分街镇纳入试点名单当中，但由于社会工作的概念在当时并未为人所熟知，而且街镇甚至不知道应该向哪些机构寻求服务的合作。所以没有很多街镇大力地将政府的试点工作落到实处。为了解决这个服务需求方与服务提供方的信息不对称的问题，广州市在 2010 年举办了首次政府购买服务供需见面会。由于需要在政府购买服务供需见面会上获得 B 区 J 街的需求资讯，H 机构准备发挥自己在 B 区中的本土优势，展开投标。2011 年 3 月，H 机构成功承接了机构成立以来第一个政府购买服务项目——B 区 J 街的家庭综合服务中心项目。B 区 J 街的家庭综合服务中心也是广州市 20 个列入试点的家庭综合服务中心之一。

2011 年 7 月，广州市委、广州市政府下发《中共广州市委广州市人民政府关于全面推进街道社区服务管理改革创新的意见》（以下简称意见）。家庭综合服务中心作为意见中要求建设的“一队三中心”的其中一个中心，各个街道都必须在意见所规定的 2012 年上半年全部完成。这就意味着在意见下发后，全市 100 多个街道都将展开家庭综合服务中心项目的招标工作——巨大的需求使得广州市地区的社会工作服务机构如雨后春笋般建立与发展起来。

2011 年 8 月，中共中央原总书记胡锦涛在原广东省委书记汪洋、省长黄

---

① 广州市白云区供销社：《紧跟城市化步伐 开辟社区服务的“蓝海”——白云区供销联社关于社区综合服务社建设情况介绍》，《广东合作经济》2011 年第 5 期。

华华等人的陪同下，前往参观视察服务广州市保障房社区的 JS 街家庭综合服务中心。此行后，H 机构在包括行政系统、供销社系统以及非营利组织在内的社会各界中建立了巨大的声誉与知名度。

面对来自上级机关的家庭综合服务中心项目招标工作任务，各街镇政府有完成招标工作任务的压力。街镇政府本身，存在作为行政利益主体的考虑——应该顺利、高效地完成上级传达的招标任务，并产生一定的业绩效果。而拥有本地社区社会服务历史、机构背景经济实力强大、机构背景值得信赖的 H 机构可以解决 B 区内所有街镇政府的利益考虑。所以在 2011 年下半年到 2012 年上半年的家庭综合服务中心全面推行期间，H 机构在 B 区中共投得 7 个家庭综合服务中心的政府购买服务项目。

（五）H 机构的壮大：稳中求进

在 2012 年的高速扩张时期，H 机构除了快速发展以外，还留下了巨大的隐患——机构迅速扩张所带来的管理制度缺失、专业人才缺乏、机构体制管理落后、资金流动困难等一系列问题。在2011～2012 年的家庭综合服务中心评估中，H 机构所承接的服务项目的评价均在良好以下。H 机构的企业的生发背景以及不尽如人意的评估成绩，都让 H 机构在一段时间内成为业界争议的焦点。

针对面临的机构困境，H 机构在 2013 年实施机构内部整顿与制度建设，提高了机构的专业化程度以及整体的服务质量。

2012 年所承接的家庭综合服务中心政府购买项目到 2015 年合约到期。H 机构辖下的 8 个家庭综合服务中心全部能够再次承接家庭综合服务中心的服务项目。以新一轮的家庭综合服务中心政府购买服务项目的结果来看，H 机构的服务质量与服务成果得到了政府与民众的肯定。

二　场域理论视角下对 H 机构发展的分析

对 H 机构的发展历程进行分析，首先要对其生发的背景和其发展所用的资源做梳理与分析。以场域概念对 H 机构进行分析，可以得出从企业到服务社的发展导向的实践理性逻辑；以资本概念对 H 机构进行分析，可以梳理总结并分解出 H 机构的优势与长处；以惯习概念对 H 机构进行分析，可以理解 H 机构的整体运营模式的内在机制。

（一）场域：从企业到服务社

1. 场域转换的动力逻辑

作为企业，B 区供销总公司自 2008 年成立以来所做的所有的决策导向都是面向营利部门场域的。在供销系统业务贫乏、活力减弱的大背景下，作为 B 区供销联社的经营实体的 B 区供销总公司提出“四轮驱动”发展战略——以资产经营为基础，以商贸流通为依托，重点发展再生资源回收与利用产业、社区综合服务产业。四个经营与发展的战略都指向营利部门场域中的经济利益。H 机构作为 B 区供销总公司的“社区综合服务产业”战略中的一个实施单位，在总体的企业营利目标中占据一定的地位并扮演特定的角色。特别是在 H 机构的发展初期，其未来的发展与定位没有完全明确时，业务上还会包含代办牌照与兴趣培训之类的营利项目。

> 我们在讲投入产出的时候，最初它（B 区供销总公司）也要求有经济回报的，因为以企业的逻辑来说，即使我们说企业社会价值也好，这个只是白讲的而已，因为对于企业来说，是不会介意钱赚得多的，但是它会介意钱赚得少的。(H 机构总监 BP)

在 2009 年、2010 年两年间，H 机构的发展并不尽如人意。B 区供销总公司给 H 机构的大量投入没有收到对等的利益或体现对等的利益潜力。但在 2011 年，一个非预期性事件改变了 B 区供销总公司对 H 机构的经济利益导向的总体要求，促使 H 机构彻底从营利部门场域中转变到非营利部门领域中来。

> 在探索几年都是先投资，扔了很多钱进去，入不敷出。2009 ~ 2010 年很辛苦。JH 街和 JX 街已经在做服务了，是要比 JS 要早的，只是没有政府购买服务而已。2011 年接了 JS 街之后就有了政府购买服务，胡锦涛来了，我们就松了一口气了。三年最后一年成功了。如果我们再不出成绩的话，我们就要解散了。(B 区供销总公司前主任 PC)

在国家最高领导人考察与访问后，H 机构在行政系统以及业界内收获了巨大的关注与声誉。关注与声誉通过子公司与母公司之间的联系进行体系性的反馈，进一步对 B 区供销总公司的业务发展、企业声誉起到一个促进作用。

在这种正向的回馈当中，B 区供销总公司调整了对 H 机构的整体要求——对于作为社会服务机构的 H 机构而言，其最优的发展方向并不是以追求利润为目标，而是追求社会效益。

非预期事件所带来的巨大实际利益成为一种推动力，将做企业的 B 区供销总公司的发展眼光推出了自身场域外的视野。在场域内的社会关系力量对比其实际的紧张状态发生了一定的扰动，场域转变的逻辑就成为可能。值得强调的是，这种场域的转向并非人为设计的结果，而是作为场域中的参与主体在特定的历史时空下做出的实践选择的结果，完全是无意识的产物。

2. 场域转换的利益导向

促使以经济利益为导向的企业将其公司的体系伸展向其他领域，并将营利部门场域的资本向非营利部门场域中进行转移的，是在转移过程中所能增加的资本的总量。这种转移从企业经营的角度出发，事实上的运作模式是通过现有的资本进行资本的生产和再生产。从单一场域而言，作为企业的 B 区供销总公司消耗一部分经济资本向非营利部门场域进行投资，完成营利部门场域资本向非营利部门场域的资本的转移。但从复合场域来分析，事实上是增加了 B 区供销总公司体系下的各个场域中拥有的各种社会资本的持有量。

在企业的角度出发，通过经济资本在场域之间的转移，B 区供销总公司的知名度与影响力得到巨大的提高。

> （H 机构）作为供销社一个企业形象，一个社会责任的彰显，一个品牌的提升。它不希望你挣钱，实际上也赚不到钱。不过供销社是一个几十年的老企业，也要有社会责任，一些公益的事业有义务去参与。就是这样的一个定位。（B 区供销总公司理事长 BL）

从实施“社区综合服务产业”战略的主任 PC 个人的情怀角度出发，通过经济资本在场域之间的转移，其个人的情怀与价值得到实现。

> 为什么我们有这个服务呢，就是一直为政府为农民，所以有做一个传承。
>
> 企业的中高层领导都经历过供销社的历程，现在的日子好过，要有回报，一方面回报社会，另一方面对得起下岗的同事们。他们走了，你们现在光享受不做事。（B 区供销总公司前主任 PC）

总体而言，B 区供销总公司所拥有的经济资本通过场域之间的转移过程，进行了有效的增殖。从企业发展与社会工作机构发展的角度看，增加了企业的影响力、壮大了作为社会工作机构的 H 机构；从政府治理与社会福利的角度来看，B 区供销总公司进行的跨场域资本转移协同了政府管理，增进了社会整体的福利。

（二）资本：本土网络与资源

1. 社会资本——渠道与网络

渠道与网络的构建是复杂的社会互动的函数的积分，只能在长期的社会实践中完成。作为在 B 区扎根提供服务有 60 多年历史的 B 区供销社，在长期的社会实践中构建了多样而复杂的渠道网络。

以交流与合作的履历上考察 B 区供销总公司的社会资本，在历史的发源上，供销社系统与政府行政系统的渊源十分深厚。计划经济时期，供销社是体制设计中承担农村地区商品流通的枢纽和主要抓手。以信任程度以及信任期望考察 B 区供销总公司的社会资本，在事实的合作中，H 机构因为其机构背景获得来自政府的无条件的信任。[①]

> 广州市 2011 年铺开 20 条街之后，要求全市 130 多条街当时要求完成。区民政局也要完成任务啊。那你要在 B 区找新的力量呢，又很弱，又没有底。有是有的，但是他们（政府）也不放心。但是对我们供销社下的 H 机构就很放心。（B 区供销总公司前主任 PC）

虽然目前 B 区供销社的事业功能与实体经营功能已经通过独立法人注册的公司进行拆分，但是事实上整体的管理隶属关系并没有发生根本性的变化。在 H 机构与 B 区供销总公司或 B 区供销社之间进行的社会资本的转换、传递之所以成为可能，是因为三者在管理关系上存在紧密的纽带性。

2. 经济资本——资金与场地

在业务还处于萌芽期的时候，H 机构的所有的经营投入都来自 B 区供销总公司。作为服务购买方的街道政府对资金支持充足的 H 机构表示了欢迎。

---

① 邢晓雯：《供销社孵出“社会服务的蛋”政府购买服务催生的广州供销社转型样本》，《广东合作经济》2013 年第 2 期。

其原因在于，服务购买资金从政府财政下拨到服务提供方上存在一定的时间差。有能力提供场地并先垫付部分资金的社会工作服务机构，就意味着必定能够赶在政府上级规定的时间前提供服务。在购买方的立场进行考察，是符合以政绩为导向的行政思维的。

> 我们做了一两个试点之后，他们觉得我们自己的确是做得不错的。当然好啦，我们的装修费，比如JS他（当地街道办）出一部分，我们出了很多钱的，几十万元。但是你那些其他的小的弱的机构哪里能做得到呢？无缘无故扔几十万元出来，JX家综所有装修是我们给的，200万元的装修费是我们给的。JH场地都是我们的。本来场地应该是政府给的，不要说装修了，场地都是我们的。就是我们有这些条件。（B区供销总公司前主任PC）

在资金流上，B区供销总公司能够通过短期拆借的方式，向H机构补充暂未到位的政府购买服务款项。H机构的企业背景为其提供了较为充足的资金支持，不仅在周转资金上有良好的可得性，在获取周转资金的成本上也较为低廉。资金链的连续性保证了薪资支付的可靠性，相比起其他运营资金单一且主要依赖政府购买服务款项的社会工作机构，具有巨大的优势。

> 其他机构仅仅靠政府的拨款，政府一旦延迟一点，员工就不能出工资了，或者要滞后。H机构，有供销社这个企业作为背景呢，一些资金的周转啊，财务上有供销社上的一个补足。比如政府的资金是没有到位的，供销社可以借给你。借款的时候给一点点利息就可以了。因为财务制度是这样的。（B区供销总公司理事长BL）

3. 符号资本——企业声誉

B区供销社在B区提供服务的历史一直可以追溯到1953年，在60多年的地区服务中，B区供销社系统在地方积累了良好的口碑，打造了优秀的企业品牌。在长期服务“三农”的过程当中，在农民心目中树立了声望的同时，形成了广泛的认知度与坚实的信任感。在城市化的过程中，农民成为居民，但在其对供销社的基本认识并没有发生改变。在改革开放前，供销社系统作为体制的一部分，承担着政府下达商品流通的任务。由于在历史上曾经与政府有紧密合作关系，所以供销社在这个合作的过程中获得了一定的权威溢出效应。

> 还有由于供销社有这样的一个历史，在地缘，供销社一直都有很好的口碑。在诚实经营上啊，卖的东西都是有质量保证的，没有造假侵袭的。一提到供销社，从政府部门到市民，现在叫市民，当时叫村民，都认可。供销社在乡镇一级里面相当长的一段时间里面都是“金字招牌”。而且有些不认识的，一知半解的，还以为供销社是政府部门。其实我们是企业。（B区供销总公司前主任PC）

由于与B区供销社在背景上存在强大的联结，H机构在企业形象、企业成绩上的符号资本都可以与B区供销社进行互通、共享。

（三）惯习：企业的运作思维

企业的经营思路从集体企业进入非营利企业，是通过来自集体企业的机构高层来完成其物理传达以及延伸的。即使身处的场域发生了变化，但是作为具体的个人与社会各界的交往方式以及发展思路已经融合到对事物本质以及事物发展的认识当中，从而在机构治理和经营上，对H机构产生了巨大的影响。

1. 企业治理逻辑的复制

H机构作为一个社会工作服务机构，内部机构治理的逻辑可以总结为其生发背景的企业的治理逻辑的一种跨场域传递。在对组织的治理理念上是一脉相承的——讲求效率、讲求激励、讲求绩效。

在实践中，H机构是通过一个实践的过程，在机构发展与扩张当中，从企业治理的思路来发展其自身的机构治理工具。

> （管理）一个社工机构跟管理一个企业是一样的。对人员的考核、工资绩效、团队的管理、企业文化等，这跟企业有很多相似的地方。你不能脱离企业的一套。……其实不同于企业的就是，企业就是以经济效益为第一，但我们就是以服务质量，能够完成我的服务指标为最大的一个目标。（B区供销总公司理事长BL）

在绩效考核方面，H机构所选用的方法是在企业常用的绩效方法KPI（Key Performance Indicator）的基础上，在社会工作工作与理念上进行的一个改革方法。在兼顾政府购买服务所规定的指标任务分配、员工个人素质评价、员工关系以及优势价值发展四个维度后，通过将评估权力分配到多个参与主体中进行评估过程，最后得出员工的绩效成绩。在绩效评估上的整体思路是，除了要实现社会工作专业领域的员工价值评估的效度与信度以外，也要鼓励和体现员工工作的积极性与参与性。在组织效率效能和专业价值体现中，H机构通过自己的实践得出了一个可接受的平衡点。

在员工激励方面，H 机构基本遵循企业的激励方式与原则对员工进行激励。将非营利组织成员看作公益人，强调其自愿为人民服务，自愿为社会进步贡献自己的时间和精力，重视对其进行精神激励，忽视物质激励[①]，是一种对非营利组织以及其员工价值认识的错误。在物质层面上的激励，是作为企业背景的 H 机构所重视的。在目前的非营利组织中，H 机构大胆地将营利机构的治理思路运用到非营利组织治理上，实属领先。H 机构通过完善的薪酬管理机制以及评价合理的绩效机制，达到保持员工队伍稳定性、培养长期从业人员的目的。

> 我付出了要有合理的回报。我的队伍里面的人都要吃饭的，他们也要讲福利的。我经常说，带兵要爱兵。社工也是人，跟着你，整天讲奉献，不讲福利、不讲报酬、不讲尊重，谁跟你？队伍稳定性就低了。这就是带队伍。所谓爱兵不是仅仅画饼给他，而是真正把福利给他。这样才可以持久。（B 区供销总公司前主任 PC）

社会工作者作为一种职业，其本身走向专业的道路急需去道德化过程。这就意味着道德获得感能够作为薪资不足的一种补充，但不能替代薪资本身。作为 H 机构的主要负责人没有从宏观的角度对去道德化问题做一个部署，但在事实上通过企业的惯常逻辑对这个问题在机构内部进行了解决。

2. 企业经营思路的延伸

作为社会服务机构的 H 机构在经营的事业上，有深厚的商业经营哲学做支撑——类似于商业互动中的“交换”思维在 H 机构的经营中有重要的位置和巨大的作用。H 机构在与各方进行合作时，由于其对于利益的定义的空间和维度是基于对未来的预期的一个综合考虑，所以在短期合作上以非对等的利他投入获得他者的信任，从而在长期的合作过程中获得更多资源调动能力

① 孙越：《中国非营利组织职员激励机制研究》，硕士学位论文，西南交通大学，2008，第 30 页。

和合作优先权。需要注意的是，相比起其他背景的社会服务机构，这种经营思路的实现是以H机构的企业背景资源为基础的。

在作为社会服务机构的发展与经营上，H机构的运营手法是基于企业视野的。在社会工作概念被普及之前，政府购买服务未曾进入社会视野中时，H机构在社区中探索社区服务已经使用了基于企业视野的运营手法——无偿服务结合低偿服务。这种结合是社会话语与社会实践没有得到很好匹配的产物，体现了实践理性的紧迫性、不可预见性。从后观的角度对其实践活动进行考察，其实践行动具有超前性。在社会服务机构日益依赖政府拨款的今天，H机构在诞生之初就已经开始探索自身的造血功能与能力。H机构的探索在受场域结构推动的同时，也是被作为其企业背景的惯习所影响的，其自身并没有意识到这是企业视野的运作手法，也没有对“造血功能”有自我认知。总体而言，是惯习融汇于对事物的认识中，是无意识的产物。在对无意识产物进行总结、归类后，H机构将无意识选择具象化为有意识选择。其主要措施包括对社会工作理念与工作方法与有偿服务结合的探索，以及成立有营利功能的分支公司或组织以承担提供发展性资金的功能。

在H机构成功承接第一个家庭综合服务中心政府购买服务后，其面向社区的非社会工作类型的低偿服务基本退出。而最开始作为探索社区综合服务产业而成立的HF家政信息咨询有限公司的实际功能已经被HH人力资源有限公司与H机构所承担，其不再承担具体的职能或事务。HF家政信息咨询有限公司实际上作为H机构与HH人力资源有限公司之间的关系与枢纽，将H机构与HH人力资源有限公司统合成实际功能类似于社会企业的实体 在资金上，作为企业注册的HH人力资源有限公司向H机构输送部分营利所得以满足H机构的发展需要，作为民非企注册的H机构向HH人力资源有限公司提供合作平台和合作机会以扩大其影响力。自2011年以来，H机构与HH人力资源有限公司已经结合形成了事实上的社会企业。

历史的遗留以及企业的背景，在主体的无意识下造成了事实上的社会企业。这个思路得到整理后，进一步具象化为有意识的发展尝试——成立有营利功能的分支公司或组织以承担提供发展性资金的责任。

3. 企业文化价值的传递

H机构所持有的价值观念是作为母公司的集体企业所传递的。在城市化的过程中，以第一产业作为主要经济来源的B区向第二产业和第三产业发展，大量农业人口转变为城市居民。在这个过程中，供销社从“服务三农”的工作重心转向了“服务社会”，而工作重心的转向则催生了H机构——H机构事实上承担着供销社的部分服务功能、践行着供销社的部分宗旨。从“服务人群”的大概念上，从集体企业到社会工作服务社的价值是一脉相承的。

作为新时期产物的社会工作机构，其机构所追求的价值是对具有浓重本土色彩、中国特色色彩的母公司的继承。价值观念需要在历史话语和历史沿革中找到材料以及依据，其建构才能成为可能。相比起其他生发背景的社会工作服务机构，H机构的价值观念可以融汇到长久的历史话语中进行叙述，其价值观念的形成是有根源的。在抽象的“社会正义”“社会公平”话语面前，有具体历史感的价值观念在实践中更容易被理解与接受，在使用与传播的时候更具有竞争力。

值得注意的是，H机构与B区供销社之间的纽带关系，不是董事会组成人员的身份与立场使得其联结成为可能，而是通过价值的认同度与文化的共同性。

三 H机构发展路径的优势与局限

综合前文，可以发现在讨论H机构的生发与发展的同时，不可避免地要加入对B区供销社和B区供销总公司的讨论。从各种的案例说明了事实上H机构并不是一个完全独立的机构——在运作过程中，必须依赖作为背景的企业去处理部分实际问题；在发展的过程中，因为其背景所给H机构所带来的路径和思维方式也对其形成了很大的影响。

H机构在发展的过程中对其生发背景的依赖是一把“双刃剑”，给自身既带来了优势也带来了局限。

（一）优势：资源与路径

1. 网络优势的互通

H机构与B区供销社、B区供销总公司的相互结合存在优势共享，在依赖、结合的过程中产生了“1+1>2”的加和效应。

首先，B区供销总公司能够为H机构提供足够的体制能量与政策敏感度。作为事业单位的供销社，与党政机关的合作更加紧密，其行政距离也更加接近。一方面，供销社与H机构名义或实际上存在的联结，为政府给予社会工作机构的信任提供了担保；另一方面，H 机构服务居民的业绩可以作为供销社服务社会使命的体现。相互需要、相互依赖的关系使得二者的结合关系更加稳固。

其次，B 区供销总公司作为地区性的大型企业，拥有多个不同的经营板块，板块之间存在相互合作与相互补充的关系（见图 1）。H 机构作为 B 区供销总公司战略部署中的一员，可以有效地使用 B 区供销总公司辖下的其他公司的财力资源、人力资源与渠道资源，促成合作与互补以达到增强其工作效果的目的。结合 H 机构的具体项目，可以寻求 B 区供销总公司相关板块的专业人士进行强有力的合作。

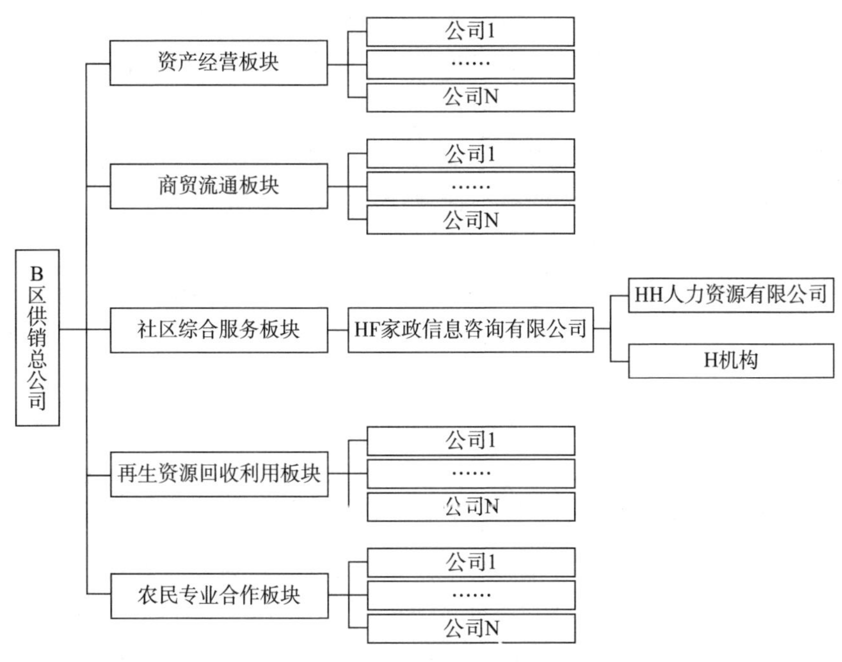

图 1　B 区供销总公司服务板块

2. 资本优势的共享

以资本转移的角度进行考察，H 机构在 B 区供销总公司的战略部署当中相当于一个“公共关系管理部门”的角色。H 机构通过与 B 区供销总公司之间的关系与纽带，不断向 B 区供销总公司输送知名度、社会声誉等符号资本。另外，作为公共关系的成本支出或曰资本转移的成本，B 区总公司向 H 机构提供资本支持——包括低成本的资金拆借，每年向 H 机构提供的人力成本补贴等。在独立个体的考察当中，可以发现 H 机构与 B 区供销社在资本转移的过程当中达到互利互惠。

对H机构与供销总公司这对关系进行考察发现，B区供销总公司与H机构在合作的关系的互动过程中使得总体的资本收益都有了提升；从社会总体福利的增进与提高方面进行考察，B区供销总公司与H机构的互动关系更有效地利用了社会资源，并提供了更多的社会服务。在资本优势的共享过程中不但产生了良好的经济效益，而且产生了良好的社会效益。在二者的平衡中，资本优势的共享产生了双赢的结果。

3. 效率意识的传递

H机构生发自营利部门场域，其主要的负责人都在营利部门场域有深厚的资历。而营利部门场域核心的竞争要件就是经营的效率。对于效率的重视与认识通过主要负责人作为载体，注入了H机构的总体经营哲学中。

在机构的总体发展上，在H机构创业之初，社会工作的投入和产出概念就已经成为H机构的一个重要考核指标，一旦遇到不可逆的风险或者发展困难，机构已经有资源回撤的期限与计划；在机构的内部治理上，H机构通过建立一套行之有效且符合机构实际情况的员工绩效体系，让每一个参与社会服务的社会工作者都能获得有效的激励，从而提高机构的发展能力和人力的使用效率。

4. 经营手法的开放

不同于其他生发背景的社会服务机构，H机构在经营的手法上更加多元、更加开放。这与H机构的生发背景以及发展路径有很大的关系。目前一般的社会工作机构的经营思路是非市场化的，甚至对市场化的筹资模式有天然的抗拒。但H机构在经营的选择上敢于开拓创新，尝试多元的筹资模式以支持机构的服务和机构的发展。

其经营手法开放性的来源有以下几点。首先，其主要负责人在营利部门场域有深厚的资历，对社会实践以及社会运行的方式比单一专业背景的机构负责人的理解要更丰富。其次，在H机构发展的初期，广州地区社会机构发展的环境还没有完全成熟，所以H机构出于机构生存与发展的考虑，在经营上已经摸索出“政府资金投放与自筹资金”的混合型筹资模式。在日后“广州家综模式”成熟后，H机构在原有的基础上推出“低偿服务与无偿服务相结合”的服务体系，有着自然的实践路径可以遵循。最后，H机构在员工的专业背景构成上更加多元，在员工参与机构经营的过程中能够迸发出更多单一专业背景的机构所不能触及的火花与想法。

（二）局限：认同性与独立性

1. 认同性的缺乏

在认同性的缺乏上，可以分为两个方面进行叙述。

认同性缺乏的第一个方面，是H机构面临着非营利部门行业中的认同缺乏。H机构虽然能够由其生发背景获得很多的支持与帮助，在资金与网络的优势上是得天独厚的。但是作为以营利部门场域为生发背景的非营利机构，在外界的印象上不能脱离营利部门的固有属性——资本的逐利性。在非营利部门行业的认同中，H机构被认为是某种“他者”的存在。其“他者”认同的来源主要有两个：首先，H机构在某些具体的议题中有不同于其他机构的处理方法，例如对机构结余或利润的使用方法问题、对员工的激励性管理方法问题以及是否使用低偿收费发展模式等；其次，H机构生发自营利性机构。

认同性缺乏的第二个方面，是H机构在专业性符号上的认同缺乏。相比起以高校、政府为背景生发的机构而言，H机构的生发背景不能给其带来专业性符号的背书。在以生发背景或以专业性资源作为依托的关系进行顺序排列时，H机构始终会处于末尾。就生发背景的局限而言，以企业为生发背景的H机构的先天劣势就是其非专业性符号标签。

2. 运营资金的非独立性

H机构的局限也来自自身对于B区供销社、B区供销总公司的依赖。虽然H机构是由独立法人注册成立的社会服务机构，但由于其生发背景与其本身的关联性非常强，因此其独立性处于一种微妙的平衡状态。

H机构在运营资金上不是独立的。H机构的运营资金方面没有完全独立于B区供销总公司的系统。即使H机构成立至今已经7年，年总收入达到千万元级别，但仍然需要B区供销总公司每年向其提供一定的运营资金以及人员薪资补助以填补其支出的缺口。

3. 方向的不稳定性

H机构在管理上不是完全独立的。H机构整体的独立性是基于目前B区供销社、B区供销总公司的领导层与H机构的负责人达成了某种战略共识，所以H机构得以在营利部门的支持下，遵循社会工作机构的发展路径，发展非营利的服务与事业。这是作为集体企业背景的H机构得天独厚的优势。H机构在机构管理上不是完全独立的，作为其生发背景的企业对其有很大的影响力。一旦其企业背景要求或影响H机构向逐利方向发展，其自身的优势将会消失殆尽——机构管理的独立性不足的劣势在于，B区供销总公司领导层的人员更替以及战略方向的变化会对H机构产生不可预测的影响。

4. 受行政力量影响

由于H机构的生发背景不仅有企业属性，而且有事业单位属性，所以在某种程度上其与以事业单位为主线而存在的供销社系统存在潜在的影响与被影响关系。在某些比较关键的利益取向中，H机构在做出选择时必须考虑与接受来自母系统的影响。

在H机构成功地将机构的知名度与影响力建立起来后，供销社系统希望H机构可以将影响力与知名度复制到其他同样以地区供销社为背景而建立起来的社会服务机构中。其复制的方式是，各地区供销社以自身所处的地区名称与H机构的机构名称相结合组成新的机构名称并进行注册。对于这种来自供销社母系统的知名度与影响力的复制，囿于系统内部的关系与张力，H机构没有更多的拒绝权和商议的余地。结果就是H机构的知名度成果被系统内部所稀释，H机构建立的符号特征要承担更多的品牌风险。

Research on the Development Path of Social Work Service Organization under Field Theory: Taking H institution in Guangzhou as an example

Wang Jianping　Lei Zilin

Abstract: This paper chooses H institution in Guangzhou region as the object of study, combs the origins of H institution, draws the origin of their development, and analyzes the motive and logic of the background of H institution to social service in historical discourse. The development of H institution is accidental. It goes through a constantly exploring process of collective business, housekeeping enterprises and finally to become asocial service agencies. It is the result of unconscious choice. Under the guidance of field theory, this paper analyzes the birth and development of H institution under the three key concepts: field, capital and habit, and summarizes the factors and conditions that can be developed rapidly. H institution is a kind of development model with collective enterprises background. It makes good attempts to integrate local and traditional values into social work value.

Keywords: Social Service Institution Development Model; Field Theory; Capital ; Case Study

基于扎根理论的农村社会工作者胜任力模型试探*

——以广州市民政局中新镇农村社会工作服务试点项目为例

苏志豪　张兴杰**

摘　要　伴随着现代化、城市化的发展，中国的广大农村正处于社会转型的阵痛期，大量的人口迁移使家庭、宗族等传统组织单位的功能弱化，农村问题变得复杂多样，急需大量的农村社会工作人才介入。然而当前中国的农村社会工作仍处于初级发展阶段，社会各界对农村社会工作者应该具备哪些素质的问题均不太明确。鉴于此，本文采用扎根理论研究方法，分析广州市中新镇农村社会工作服务项目14名社会工作专业实习生的实习报告，最终提炼出以心理意识、人际关系、农村本土特性认识、服务开展这四个维度所构成的农村社会工作者胜任力模型，为培育农村社会工作者提供参考。

关键词　农村社会工作者　胜任力模型　扎根理论

社会工作者被视为推动中国现代化进程、建设和谐社会的重要主体，如何更好地培育社会工作专业人才，成为国家工作的重点之一。2010年颁布的《国家中长期人才发展规划纲要（2010—2020年）》把社会工作人才队伍列为中国需要重点建设的六大人才队伍之一，其中明确要求中国的社会工作专业人才总量在2020年要达到300万人。为了实现这一目标，国家民政部等部门相继出台《关于加强社会工作专业人才队伍建设的意见》《社会工作专业人才队伍建设中长期规划（2011—2020年）》，对今后一个时期内社会工作专业人

---

* 项目来源：广州市民政局中新镇农村社会工作服务试点项目（0851－1261GZ46C107），2012～2015年，总经费390万元。

** 苏志豪，男，广东东莞人，华南农业大学公共管理学院社会政策与社会管理专业硕士研究生，研究方向为农村社会工作、社会管理；张兴杰，男，四川达州人，华南农业大学公共管理学院教授，研究方向为农村社会学、社会政策。

才队伍建设的指导思想、培育原则、核心任务、制度建设、保障措施等做了周密部署。

中国仍有约5.9亿人生活在农村，城市化进程中农村问题变得复杂多样，农民、农村面临着一系列挑战，因而农村社会工作具有巨大的发展潜力，将成为中国推进社会工作专业本土化的重要领域。古学斌先生认为，农村社会工作指专业社会工作者和民间社会工作者（政府或准政府农村社会工作者）合作，以村庄为基础，根据农村特殊性开展相关服务，提升村民资本，改善村内建设，维护社会公正，最终实现农村和农民的可持续发展。[①] 本文所讨论的农村社会工作者特指受过正规社会工作专业教育和训练，在农村地区提供专业的社会工作服务的人员。

受城乡二元结构体制的影响，政府在农村社会工作领域投入的人力、物力、财力均较少，近十年来全国只有云南省平寨村（壮族少数民族村落）[②]、江西省万载县[③]、广东省珠海市[④]等少量农村社会工作试点项目，农村社会工作者缺少实践的机会。此外，开设社会工作专业的高校少有教授农村社会学、农村社会工作方面的课程，相关教师往往也不清楚农村社会工作者的合格标准。总体而言，农村社会工作仍处于初级发展阶段，培育相应人才的经验更是匮乏。

农村与城市属于不同的场域，有其独特的运作逻辑，这会对社会工作者的素质提出差异性的要求。沿用“城市思维”培育的社会工作者，到农村地区开展服务时，将面临尴尬的境遇，例如仅凭借专业身份难以发动村民主动接受服务；无法处理好与村干部等权力主体的关系，合法性身份受到质疑；提供的服务、开展的活动与当地风俗不相适应，村民参与度不高；对农村的相关政策了解不到位，无法得到政策资源的支持。因此，农村社会工作者需要具备哪些素质，值得探讨。

1973年，戴维·麦克利兰（David McClelland）主张用胜任力（Competence）代替过去的智力测量，寻找绩效优异者与绩效平凡者之间的显著性素

---

① 古学斌：《本土中国社会工作的研究、实践与反思》，社会科学文献出版社，2004。

② 古学斌、张和清、杨锡聪：《专业限制与文化识盲：农村社会工作实践中的文化问题》，《社会学研究》2007年第6期。

③ 田先红：《农村社会工作的万载试验》，《决策》2012年第Z1期。

④ 向羽：《从“服务”到“发展”：农村社会工作发展路径探析——对珠海农村社会工作发展的反思》，《社会工作与管理》2016年第3期。

质差异。[①] 胜任力模型便是胜任力的结构形式，指担任某一特定角色所需要具备的胜任力的总和，主要包括知识、技能等外显特征以及动机、自我认知等深层次特征。[②] 研究农村社会工作者的胜任力模型，挖掘从事该项服务的必备素质，对明确农村社会工作者的培育方向，推动农村社会工作事业的发展有重要的意义。

一 农村社会工作者胜任力方面的文献综述

国外一般将农村社会工作称为乡村社会工作（Rural Social Work），农村社会工作者除直接介入酗酒、家庭暴力、心理创伤、药物滥用等危机外，还要合理配置社区资源，协调社区事务。[③] 综合来看，国外的农村社会工作主要针对的是实现了现代化或受城市化影响较大的村落，他们的服务内容可能更符合中国城市居民的需求，与中国村情不太吻合，因此借鉴意义并不大。中国农村社会工作者的培育工作需坚持走本土化之路，发展出符合中国农村实际的素质体系和培育路径。

国内的部分学者在把握中国农村特性的基础上，试图从具体素质要求、扮演角色、研究能力等方面对农村社会工作者的胜任力进行探索。例如李锦顺、毛蔚用知识结构（农村社会学知识、社会工作相关理论与方法）和能力结构（社会交往能力、组织能力、决断能力）这两个维度构建农村社会工作者素质模型。[④] 杨发祥、闵慧则更侧重服务方法和技巧，认为农村社会工作者应该掌握分析技巧、关系建立技巧、组织技巧、农村小组工作、农村社区工作等手法。[⑤] 谭铁军主张将农业技术和社会服务结合起来，农村社会工作者要熟悉农村，了解农业技术，同情农民，这样才能真正造福农村。[⑥] 古学斌等反思了云南省平寨的实践经验，警示农村社会工作者要摆脱专业术语束缚，学

---

① D. C. Mc Clelland, "Testing for Competence Rather Than for 'Intelligence'," *Journal of American Psychologist* 1 (1973).

② 胡艳曦、官志华：《国内外关于胜任力模型的研究综述》，《商场现代化》2008年第31期。

③ 钟涨宝：《农村社会工作》，复旦大学出版社，2011。

④ 李锦顺、毛蔚：《农村社会工作：知识与能力结构及其课程、实习开发》，《社会工作》2008年第2期。

⑤ 杨发祥、闵慧：《中国农村社会工作发展探析》，《福建论坛》（人文社会科学版）2011年第1期。

⑥ 谭铁军：《农村社会工作：高等农业院校社会工作专业发展特色定位》，《社会工作》2013年第4期。

习当地语言，适应当地惯习。[①] 徐选国、杨絮则在服务视野方面提出要求，农村社会工作者要实现“双重嵌入”，将微观主体与宏观的社区情境、社区网络以及社会结构等要素相联系，关注农村社会治理结构的形成。[②]

在角色扮演方面，聂玉梅、顾东辉认为农村社会工作者要扮演直接服务者、资源专家、协调者、与权力结构联系者等角色[③]；另有学者补充了情感支持者、社区培育者的角色定位[④]。陈涛在分析国内成效较为显著的农村社会工作服务项目后，指出它们的优胜点在于社工做到照顾者角色和陪伴同行者角色。[⑤]

在研究能力上，朱浩通过对实习生进行个案访谈，得出农村社会工作者要有推动农村社会工作事业发展的兴趣，具备在农村调研的基本能力，以及要了解当地的人口、性别、年龄、文化、卫生、历史、宗教、社会结构等情况的结论。[⑥] 程毅则在大量问卷调研结果的基础上，得出农村社会工作者要有扎根农村的思想，以及最好能有血缘和地缘优势的结论。[⑦]

上述专家学者的探索为后续研究积累了宝贵的经验，加深了人们对农村社会工作者的理解和认识。但综合上述研究发现，国内学者所提炼的农村社会工作者各个素质之间的联系不够紧密，缺乏划分的维度和标准，从而难以形成一套逻辑比较严谨的胜任力模型，现实应用价值不高。此外，上述研究虽采用了问卷法、访谈法等研究方法，但资料和结论之间缺少必要的推导过程，仍带有研究者自身较强的主观性。由此，本文拟使用扎根理论研究方法，分析广州市中新镇农村社会工作服务项目 14 名社会工作专业学生的实习报告，尝试从一线资料自下而上地抽取素质维度，构建具有中国特色的农村社会工作者胜任力模型，为农村社会工作者的培育提供参考。

---

① 古学斌、张和清、杨锡聪：《专业限制与文化识盲：农村社会工作实践中的文化问题》，《社会学研究》2007 年第 6 期。

② 徐选国、杨絮：《农村社区发展、社会工作介入与整合性治理——兼论我国农村社会工作的范式转向》，《华东理工大学学报》（社会科学版）2016 年第 5 期。

③ 聂玉梅、顾东辉：《增权理论在农村社会工作中的应用》，《理论探索》2011 年第 3 期。

④ 李建玲：《农村社会工作人才队伍建设刍议》，《天中学刊》2013 年第 5 期。

⑤ 陈涛：《农村社会工作及其主体角色定位》，《湖南农业大学学报》（社会科学版）2014 年第 3 期。

⑥ 朱浩：《农村社会工作实习札记》，《社会工作》2004 年第 6 期。

⑦ 程毅：《建构与增能：农村社会工作视域下大学生村官的角色与功能——基于上海市 X 区的实证调查与分析》，《华东理工大学学报》（社会科学版）2013 年第 5 期。

二　扎根理论研究方法和广州市民政局中新镇农村社会工作服务试点项目概况

扎根理论研究方法最早由格拉斯（Barney Glaser）与施特劳斯（Anselm Strauss）于1967年的《扎根理论的发现：质化研究策略》中提出[①]，它是一种运用归纳而非“假设—演绎”逻辑对资料加以分析，自下而上地提炼和发展出暂时性的理论，架起经验资料和理论模型之间桥梁的研究方法。从资料产生理论、对理论保持敏感、不断地比较、不断地理论抽样、灵活运用文献是该研究方法的重要特征。[②] 扎根理论研究方法主要由开放式编码（Open Coding）、主轴式编码（Axial Coding）和选择式编码（Selective Coding）三个核心技术组成。开放式编码是将资料打散，对现象命名，并提炼出初始概念和初始范畴。主轴编码是建立初级范畴与主范畴之间的联系，这些联系主要包括因果关系、情景关系、功能关系等。选择式编码则是要找出统领所有范畴的核心范畴。将扎根理论研究方法应用在建构农村社会工作者的胜任力模型上，有助于增强研究结论的客观性和严谨性，提高应用价值。

2012～2015年，华南农业大学中标了广州市民政局试点的广州市中新镇农村社会工作服务项目，负责组织社会工作专业学生到该镇35个行政村开展农村社会工作服务，目的是发动村民参与村务管理，培育农村社区组织，提升村“两委”班子的工作能力。在3年服务期内，项目超额完成指标任务，取得良好的服务效果，受到项目购买方、服务对象和第三方评估机构的一致好评（每次评估均获得优秀）。

本文的分析材料正是该项目第一批14名（6男8女）社会工作专业实习生的实习报告，他们分别在4个行政村（田美村、三迳村、乌石村、团结村）中实地驻村2个月，在村内积极地为服务对象提供社会工作服务，实习报告蕴含着他们对整个服务过程的切身体会。直接采用实习报告作为分析样本，能有效地规避研究者的主观预设；此外，作为第一批驻村学生，其服务并没有成熟的模式可循，因此形成的感想和体验有更多的可能性，这有助于“刺激”相关理论的产生和提炼。用扎根理论研究方法分析这些材料，挖掘实习

---

① B. G. Glaser, A. Strauss, *The Discovery of Grounded Theory: Strategies for Qualitative Research*, New York: Routledge Press, 1999.

② 陈向明：《扎根理论的思路和方法》，《教育研究与实验》1999年第4期。

生视野下关于农村社会工作者论述背后的深层含义，发现各项资料之间的联系，从而能相对科学地推导出农村社会工作者的胜任力模型。

三　农村社会工作者胜任力模型的构建

本部分主要依据扎根理论研究方法，对实习报告资料进行开放式编码、主轴编码、选择式编码，最终构建农村社会工作者胜任力模型。

（一）开放式编码

开放式编码的核心目标是挖掘初始范畴，其具体步骤是将收集到的资料打散，并逐句编码，对原始资料语句进行初步概念化，最后将初始概念进一步范畴化。因此，本环节把 14 篇实习报告逐句打散，为了避免研究者个人的偏见，尽可能使用实习报告原话作为标签以明确初始概念，最终得到 428 条有意义的原始资料语句及其相应的初始概念，并将这些初始概念深入提炼为 38 个初始范畴。表 1 为所得的初始范畴和初始概念，为了节省篇幅，本文只节选了 20 个初始范畴，每个初始范畴展示两条原始资料语句及其初始概念。

表 1　开放式编码示例（节选）

初始范畴	原始资料语句（初始概念）
农村事业认识	A07 当前村民对农村社会工作的认知度较低，要想得到广大村民的认同，农村社会工作者仍需加倍努力，促进农村社会工作的发展任重而道远（加倍努力） A08 在农村地区开展社会工作服务，需要对专业伦理和服务方法进行适当的本土化改造（本土化改造）
社工价值观认识	A06 我们要接受每个人均有缺点的事实，要接纳村民，发挥他们的长处（认同接纳理念） A10 必须有的工作理念就是要认同社会工作专业的助人自助精神（认同助人自助精神）
用心	A01 服务一定要用心，不能为了尽快地完成服务指标任务而马虎了事，要让村民看到我们的努力和苦心（用心服务） A09 但在交流过程中，我能清晰地感受到这位老奶奶内心的喜悦，因为以前很少有人来探望她，而我们却对她嘘寒问暖，愿意倾听她的心声（让服务对象感受到关爱）
热情	A03 在农村地区开展工作，我们不能自我封闭，也不用害怕，村民普遍还是比较淳朴的，我们要大胆地跟村民接触，让他们感受我们的热情，正所谓“礼多人不怪”（勇于敞开心扉） A12 在村内，无论见到什么人，我们都热情地与他们打招呼，他们也会积极响应，我们与村民之间的关系自然而然地拉近了（热情地与村民打招呼）

续表

初始范畴	原始资料语句（初始概念）
沟通频率	A01 正是因为我们经常在村内走访，跟村民聊天，村民看到我们的次数多了，逐渐不把我们当外人了（多与村民接触） A07 实践发现，当我们离开村落一段时间后，村民跟我们前期建立的关系会减弱，要想充分取得村民的信任，必须保持长期的交流（与村民保持长期交流）
沟通技巧	A02 例如我跟村里的包主任比较熟悉，我私下会称呼他为“包大人”，跟他聊许多关于自己家乡、家庭的事情（适当地自我表露） A11 在沟通过程中，总会有一方把握着主动权，而我们社工要把握住这个主动权，不要被案主牵着鼻子走，不能被案主的消极情绪所影响（把握话语主动权）
外部沟通作用	A03 村民生活在一个较小的圈子中，往往依据社工与其私人关系的亲密程度而选择相应的行动方式，一般而言，私人关系越好，则越容易引导他们理解和接受社会工作服务（与村民建立私人关系的重要性认识） A08 其余的村民都是被邀请参与的，也就是靠关系、靠面子换来的（通过私人关系发动村民参与服务）
内部沟通作用	A09 我们一般会在晚饭后开展团队分享会，这可让信息快速传递，也可以避免发生组织懒散现象（团队分享会促进信息流通） A14 要认识到内部沟通的重要性，只有深入地理解他人的看法，才能让自己的观点与他人达成一致，从而形成合力（团队内部沟通以达成一致意见）
公共资源	A02 村委楼旁边有一个篮球场，场地较为宽阔，我们可以在此举办社工活动（活动场所情况） A13 村内曾经有一所小学，但后来因为生源逐步减少，被撤掉了，因此，如果村里的孩子到上学的年纪，则必须坐校车到附近村落的小学进行学习（教育资源情况）
迫切问题	A01 村里的奶牛厂将废弃的粪便直接排向水沟，导致村内部分植物死亡，滋生了各种蚊虫，对村民的健康造成不良影响（农村环境污染） A10 村内有许多古建筑，极具历史文化价值，村民曾考虑以此为基础发展农村生态旅游项目，可缺乏启动资金，也没有链接相关资源的渠道（缺乏发展所需的资源）
村民性格	A06 由于文化水平较低，村民普遍目光短浅，一般注重眼前的利益和物质享受（目光短浅） A09 极少服务对象是主动求助的，因为村民深受传统文化的影响，认为家丑不能外传（被动接受服务）
村民活动方式	A02 村民的娱乐方式十分单一，主要是打麻将、看电视（村民娱乐方式） A03 他们在早上 6 点多便会起床，到田地里忙活，晚上 10 点基本所有人都会睡了，路上看不到一个人（村民作息规律）
走访社区	A07 我们做得最多的工作便是在社区内进行走访（走访社区的重要性） A10 不断地走访能让村民理解我们的动机，深入认识我们的服务内容，我们也能通过这种方式收集村落信息和村民需求（走访社区的作用）

续表

初始范畴	原始资料语句（初始概念）
阅读书籍	A01 对于这些问题，如果我实在想不明白，就会查阅书籍以补充相关的理论知识（学会查阅书籍） A05 老师也给了我们一些描写中国农村的书籍，如《乡土中国》《金翼》等，并定期开展读书分享会，这种训练让我们对农村有了更深刻的认识（开展读书分享会）
前期准备	A01 我们认识到，一个社区活动的顺利开展需要有充足的策划和准备（前期准备的重要性） A11 只要每个细小的程序不出错，整个活动就会很顺利，在写策划书的时候就要落实好活动的每个细节（注重前期策划）
文书总结	A02 活动结束后，要做好活动的总结以及后续的文书工作，反思不足，这让我们迅速成长（通过文书总结反思不足） A07 服务后要及时填写相关的资料，这既能记录服务的情况，也能作为保障社工自身权益的证据（及时记录服务情况）
符合村民习惯	A06 例如这个村的客家人比较多，如果我们到他们家里做客，就不能表现得扭扭捏捏、文绉绉的样子，他们对此很反感（以村民熟悉的方式展开接触） A10 社工要身体力行，在村里贴告示，或在社区走访的时候进行宣传，然后让村民口口宣传（接地气的宣传方式）
搭建资源网络	A02 我们联合了村委会、镇妇联一起举办了六一游园活动，村委会提供了金钱资助，镇妇联提供了一些活动物资，此外，我们也叫了村内的志愿者帮忙（链接人力、物力资源） A06 也可以通过加入 QQ 群，寻找村内本已存在的社会组织，像阳光服务队这种内生社会组织便是社工可利用的力量（运用网络工具链接资源）
应急能力	A04 要关注活动细节，提前考虑可能出现的突发情况，并且想好相应的应急方案（应急预案） A08 每次活动均要安排一位机动人员，专门处理突发情况（应急措施）
语言能力	A05 我们邀请当地的学生担任志愿者，跟随我们一起到老人家里打扫，让学生帮我们翻译，这能在语言上给予老人更多的亲近感，拉近彼此的距离（本土语言的作用） A13 所说的话语应该尽量贴近当地生活，避免使用太过专业的语言（使用接地气的话语）

注：A ** 为第 ** 位对象的原始资料语句，每个语句末尾括号中的内容是对该原始资料语句进行归纳得到的初始概念，下同。

（二）主轴编码

主轴编码的核心目标是发展主范畴，深入扩展范畴的性质和维度。本环节基于开放式编码得到的所有初始范畴，寻找各个初始范畴之间的内在联系，特别是依据相互关系把初始范畴归纳为二级范畴（比“初始范畴”更高一层的归纳），进而提炼出主范畴，从而实现分散资料的重新整合。经过深入分析后，共得到 10 个二级范畴，并进一步归纳为心理意识、人际关系、农村本土特性认识、服务开展这 4 个主范畴，详情如表 2 所示。

表 2　主轴编码形成的主范畴

主范畴	二级范畴	初始范畴	具体内涵
心理意识	农村社会工作认识	农村事业认识	认同农村事业的价值，坚持投身其中，推进社会工作本土化建设
		社工价值观认识	认同社会工作专业接纳、助人自助等价值理念
	服务态度	用心	用心服务，让服务对象感受关爱
		热情	打破自我封闭，保持主动性和积极性
		尊重	尊重村干部与村民的意见，定期向他们反馈工作动态
		负责	工作有条理，及时汇报工作，坚持完成任务
人际关系	沟通方式	沟通频率	与各方保持持续的、高频率的沟通与互动
		沟通技巧	掌握自我表露、把握话语主动权等沟通技巧
	沟通成效	外部沟通作用	通过私人关系发动村民理解和参与社工服务
		内部沟通作用	通过内部沟通解决团队冲突，提升凝聚力
农村本土特性认识	村落客观环境认识	历史文化	了解村落历史、传说、节庆风俗等历史文化信息
		地理环境	了解区位、地形、所辖面积等地理信息
		经济状况	了解经济结构、收入来源、特色作物等经济信息
		人口状况	了解人口数量、结构、结派等人口信息
		居住状况	了解房屋类型、居住分布、交通、治安等居住信息
		公共资源	了解学校、篮球场、老人活动中心等公共设施状况
		迫切问题	了解征地补偿、环境污染等村民高度关注的问题
	村民特征认识	干群关系	了解村民对村干部的看法，以及双方的互动关系
		村民性格	了解村民重视物质、被动性等性格特征
		村民活动方式	了解村民的工作和娱乐方式、日常作息等规律
	认识渠道	走访社区	通过在村内走访了解村落信息
		阅读书籍	通过阅读书籍增进农村方面的知识储备

续表

主范畴	二级范畴	初始范畴	具体内涵
服务开展	服务过程	前期准备	认识前期策划的重要性，做好充足的准备工作
		活动宣传	认识活动宣传的重要性，掌握宣传的技巧
		文书总结	认识文书总结的重要性，详细记录服务情况
	服务策略	把握村民需求	活动内容符合村民的需求，与村民的利益相一致
		符合村民习惯	根据村民习惯调整社工的作息、宣传、活动形式
		改善干群关系	协助村干部建立良好形象，创造村干部与村民交流的机会和平台
		培养本土领袖	发动参与积极性高的村民担任本土领袖，引导自主开展活动
		搭建资源网络	深入挖掘内部资源，广泛链接外部资源
		加强政策宣导	拓宽村民的信息获取渠道，促进他们了解相关政策
	服务能力	专业知识	灵活掌握农村社会学、农村社会工作等专业知识
		服务经验	丰富的农村工作经验有助于提升服务成效
		协调能力	协调村干部与村民，以及各个利益主体之间的关系
		创新能力	敢于尝试，打破惯性思维
		合作能力	主动寻求合作机会，学会与他人协作完成任务
		应急能力	做好应急预案，制定应急措施，应对各种风险因素
		语言能力	学习和运用当地语言，避免使用专业术语

（三）选择式编码

经过开放式编码和主轴编码，所有潜在范畴均已明晰，选择式编码则是在此基础上，进一步提炼核心范畴，系统处理范畴之间的关系，并用“故事线”串联，这里的“故事线”主要指主范畴的典型关系结构。如表 3 所示，分析资料后，共得到典型关系结构 6 项，由于篇幅有限，每个典型关系结构展示两条原始资料语句。

表3 主范畴的典型关系结构

典型关系结构	关系结构的内涵	原始资料语句（提炼的关系结构）
心理意识→服务开展	社工对农村社会工作事业和专业价值观的认识，以及服务态度等积极心理意识因素，会从内在层面提升服务效果，是服务开展的基础	A01 通过这个个案，我认识到其实做社工并不一定要使用很多的技巧，有时候用心的交流反而更重要（用心交流优于服务技巧） A13 在带领小组时，我们这些实习生与经验丰富的社工确实存在差距，而这些差距是如何形成的，便是值得我去反思的问题，诚然经验是一个重要的因素，但我们热情的态度能在一定程度上弥补经验的不足（热情可弥补经验的不足）
人际关系→服务开展	社工通过积极、有效的沟通方式，与村民、团队成员等主体形成良好的人际关系，会从外在层面推动服务的开展	A03 村干部是村内重要的权力主体，跟他们建立常规的沟通机制，寻找合作的机会，在互动中宣传社会工作服务项目，能让更多村民了解社工的角色以及服务，在村干部的支持下，我们的服务将更容易得到村民认可（与村干部合作有助于获得合法性地位） A07 农村是一个熟人社会，跟村民熟悉后，他们能帮助我们挖掘潜在服务对象，宣传活动信息，或担任志愿者协助服务的开展，解决了人力、物力短缺的问题（与村民的良好关系能调动村民参与服务）
农村本土特性认识→服务开展	社工掌握农村客观环境、村民特征等农村本土特性，能保证服务符合服务对象的需求，并有助于调动一切可用于促进农村发展的要素和资源	A05 我觉得进入一个村落，首先要做的就是通过走访了解这个村的基本情况，明白它的历史、人口分布、经济产业、村民文化活动等情况，这些信息能帮助我们更好地明确服务方向，避免做无用功（了解农村本土特定有助于明确服务方向） A08 在我们村内，每到下午总有一群老人在榕树头下休息，恰好这个村正面临着征地补偿问题，我们认为这两点可以结合利用起来，便发动这些老人共同商讨征地补偿问题，把形成的意见反馈给村干部，这些老人在活动中收获良好的参与体验，从而愿意组成榕树头议事小组（把握农村契机成功培育社会组织）
心理意识→人际关系	农村社会工作服务的对象多是留守老人、妇女、儿童，社工秉承着社会工作专业价值观，端正服务态度，才能更好地与他们沟通，获得信任	A02 对于我们这些外来人员，村民还是心存防备的，他们在情感方面较为敏感，因此，社工不能表现得高高在上，歧视他们，这会使我们跟他们的关系恶化（歧视等不良态度影响人际关系） A06 相对于服务成效，村民更看重我们的服务态度，如果我们全心全意地为他们服务，他们总会有所感受，从而愿意把我们当作他们的好朋友（良好的服务态度能促进双方关系的建立）

续表

典型关系结构	关系结构的内涵	原始资料语句（提炼的关系结构）
心理意识→农村本土特性认识	社工唯有认可社会工作专业价值观，热爱农村社会工作事业，才会主动、认真、深入地了解农村本土特性，真正扎根于农村	A09 相比于城市，农村的环境十分艰苦，没有网络，我们还要自己做饭，洗衣服，可当我们转变想法，不再把服务当作任务，而是热爱我们所做的事情，我们的生活开始变得精彩，认识了许多村民，也深入他们生活的各个方面，在村内发现了许多有趣的事物（热爱农村社会工作事业推动挖掘农村特性） A14 在驻村一段时间后，我们逐渐把这个村当作自己的第二故乡，一个明显的转变是，在跟其他人提起这个村的时候，我们会自然而然地用“我们村”代之，我们用心地为村民服务，他们看在眼里，记在心里，也就更乐意跟我们分享村里的事情（较强的认同感促进农村信息的获取）
人际关系←→农村本土特性认识	一方面，良好的人际关系能帮助社工更好地获得农村的各种信息；另一方面，知晓农村本土特性，依据对象习以为常的方式与他们进行沟通，将促使双方建立良好的互动关系	A10 我们以朋友身份跟村民接触，在接触过程中，他们开始理解我们到村里的目的，便很热情地欢迎我们，我们经常到村内的小卖部跟村民聊天，或到村民家里做客，因此，了解到很多之前不知道的信息（良好的人际关系提升信息获取的深度和广度） A11 我们在一些相熟的村民那里了解到该村的基本情况，并学习了一些本地常用的俗语，在跟其他村民沟通时，我们如数家珍地跟他们诉说这个村的情况，他们逐渐把我们当作自己人，认为我们懂得他们（了解农村本土特性能强化沟通效果）

结合以上的典型关系结构，提炼出“农村社会工作者胜任力”这一核心范畴，逐步构建如图 1 所示的农村社会工作者胜任力模型。在构建理论模型时，要注意囊括所有主范畴，确保各主范畴之间的关系完备①，不断地在资料和理论间来回互动，直到理论饱和②。

① 朱荣：《基于扎根理论的产业集群风险问题研究》，《会计研究》2010 年第 3 期。

② 仓平、王素芬：《基于扎根理论的大学产业集群形成机理研究——以同济大学建筑规划产业集群为例》，《同济大学学报》（社会科学版）2008 年第 2 期。

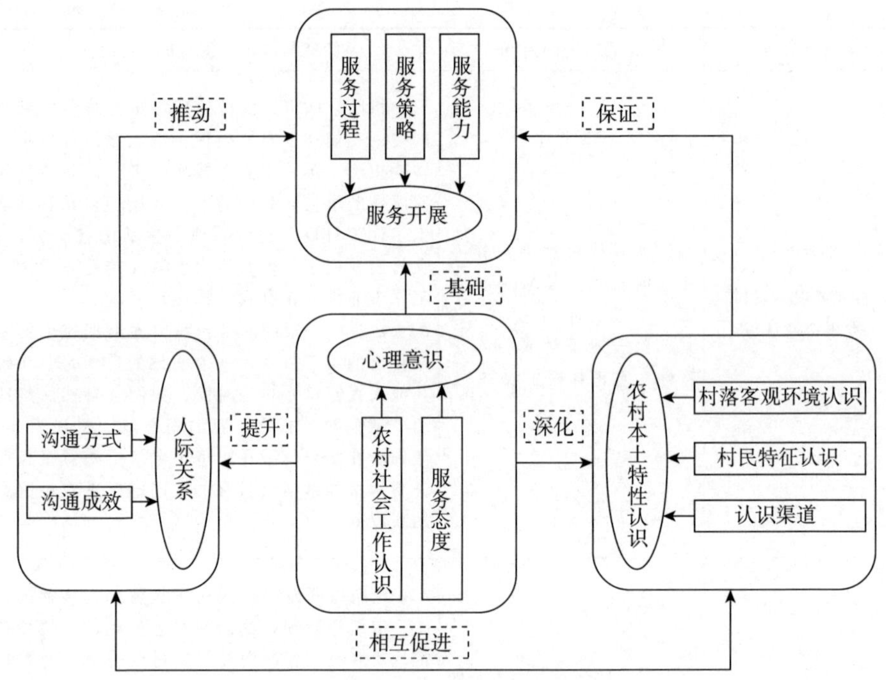

图1 农村社会工作者胜任力模型

四 农村社会工作者胜任力模型带来的启示

根据上述使用扎根理论研究方法构建而成的农村社会工作者胜任力模型，进一步阐释该模型带来的四点重要启示，期望能在一定程度上解答农村社会工作者应该具备哪些素质，以及如何培养农村社会工作者的问题。

（一）积极的心理意识是服务开展的坚实基础

心理意识从内在层面影响人的行为，而社会工作专业是一个高度重视专业价值与伦理的专业，在心理意识方面对从业者提出较高的要求，因此心理意识将是农村社会工作者的首要胜任力因素，引导农村社会工作者树立积极的心理意识，是优质服务的基础。心理意识主要包括农村社会工作者对农村社会工作的认识、服务态度以及情绪体验。

综合来看，中国农村社会工作仍处于初级发展阶段，该领域虽然极具发展潜力，可当前各种保障条件不甚成熟，尤其需要的是能认同社会工作专业价值观、愿意为农业事业奉献的社会工作者，这样才能持之以恒地奋斗，扩展农村社会工作的发展空间。服务态度优于服务技巧，让服务对象感受社工的真诚，是服务开展的前提。农村社会工作者需要用心、主动地为服务对象提供帮助，尊重和聆听他们的意见，工作认真负责。秉承这些良好的服务态度，将提升社工与服务对象的关系，深化社工对农村的认识，从而更好地把握村民需求，明确工作方向。此外，相对于城市，农村条件艰苦，生活单调、苦闷，村民对社会工作专业的认知度较低，常常怀疑社工的服务成效，这难免会使年轻的农村社会工作者感到迷茫与失落。唯有调适自身的不良情绪，以微笑面对服务对象，才能最大限度地发挥农村社会工作者的潜能。

（二）以良好的人际关系推动服务对象参与服务

伴随着现代化、城市化进程，农村的年轻劳动力被吸引往城市流动，大量的人口迁移弱化了农村的家庭、宗族等传统组织单位的功能，人与人之间的联系不如过往那么紧密。即便如此，相对于城市以契约精神为核心的运作逻辑，当前中国农村仍然是一个人情社会，显现差序格局特征，服务对象主要依据跟农村社会工作者私人关系的亲密程度而做出行动选择。这就使农村社会工作者陷入专业关系与私人关系相互交织的双重关系困境中，社会工作专业伦理强调社会工作者不能与服务对象发生专业关系以外的联系，然而在村民对社会工作专业认知度较低的背景下，农村社会工作者仅凭借专业身份将难以发动村民参与社工服务，更不必说认识社会工作专业的内涵。从以上提炼的胜任力模型可以看出，良好的人际关系将推动服务对象理解和参与社工服务，因此，在不违背服务对象利益的前提下，农村社会工作者可适当地与服务对象发展私人关系，以私人关系促进专业关系的建立。

这就要求农村社会工作者需要掌握在农村环境中与服务对象建立人际关系的技巧。在农村开展社工服务，不能像城市家庭综合服务中心的社工那样在办公室等着服务对象上门，而应该更加主动，来往于田地间，与服务对象平等、自由地沟通。实习报告资料还显示，中断与服务对象的沟通，会使双方的关系弱化，甚至出现倒退，因而农村社会工作者需要与服务对象保持高强度的互动频率，让村民习惯社工的存在，促使社工把自身当作农村的一分子。在面对村民请吃饭、送礼物等情境时，不少农村社会工作者都感到困惑，担心这会破坏社会工作专业伦理。但结合农村社会特征，农村社会工作者必须对社会工作专业伦理进行本土化改造，接纳村民的日常习惯，入乡随俗，用村民熟悉的方式进行互动。在服务过程中，农村社会工作者尤其要扮演好陪伴者、同行者角色，与服务对象共同经历和感受变化，这种相互陪伴的生活体验将推动专业关系的发展，帮助农村社会工作者调动一切积极的力量参与农村建设，使农村重新焕发活力。

（三）了解农村本土特性有助于保证服务成效

当前开设社会工作专业的高校少有设置农村社会工作方向，其培育的社会工作人才缺少农村方面的理论知识和实践技能。在实际驻村前，农村社会工作者一般不了解村落的具体情况，只能通过以前的知识索引获得对事物的基本认识，难免会将在城市的服务经验生硬地复制到所服务的村落，从而引发各种不适应问题，例如提供的服务因不符合村民需求而无人问津，组织的活动因触发村民悲伤的回忆而产生反效果。因此，充分了解农村本土特性是农村社会工作者重要的胜任力之一，结合农村的优势和资源，寻找村民的活动规律，将使社工服务更有针对性，保证服务成效。

了解农村本土特性主要包括对农村客观环境以及村民特征的认识。农村社会工作者进入农村的首要工作便是进行大规模的走访活动，向农村各主体了解村落的历史文化、地理环境、经济状况、人口状况、居住状况、公共资源、村民正面临的迫切问题等客观信息，并绘制社区地图，把村内各个自然村的分布，学校、祠堂、篮球场、聚集地等资源进行标示，从而发现农村的核心问题以及可被社工运用的内生力量和资源。对村民性格、活动方式的把握，有助于农村社会工作者提供符合村民需求和习惯的服务，进一步保证活动的覆盖面和村民的参与度。由于村民有较强的戒备心理，走访调研时需要循序渐进，农村社会工作者一般会先询问村落的基础资料，再了解村民自身的情况，最后掌握村民间的互动网络，从获取外沿信息逐渐过渡到获得与被访谈对象密切相关的信息。除此之外，农村社会工作者还可通过阅读书籍的方式增强对农村本土特性的认识，如阅读《乡土中国》《金翼》《崖边报告》等刻画中国农村的著作，并定期召开读书分享会，增强理论储备，将书本的知识应用于实践，在实践中反思和修正理论的不足，从而实现更好的成长。

（四）服务开展需要一定的策略和能力做支撑

审视当前国家在农村的战略布局和政策导向，从工作内容出发，农村社会工作者的一个核心使命便是推进农村社会治理。农村社会工作者胜任力模型显示，要想更好地实现这一目标，农村社会工作者需要掌握下列服务策略。例如把握村民需求，结合契机开展活动，引导服务对象关注农村社会治理议题。根据村民的活动规律和日常习惯调整社工的作息、宣传、活动等方式，提高村民的参与度，从中培育他们形成积极参与的习惯。与村干部合作开展活动，改变村民对村干部的刻板印象，创造能让双方平等、自由沟通的平台，重塑干群关系。挖掘和动员参与积极性高的村民担任本土领袖，给予有针对性的培训，提升他们的知识和能力，让他们成为推动农村社会治理的重要力量。为农村搭建社会支持网络，充分调动内、外部资源。拓宽村民的信息获取渠道，增强他们对政策信息的理解，获取相关政策资源的支持。

在农村开展社会工作服务，还要求社会工作者具备扎实的专业知识，丰富的服务经验，较强的协调能力、创新能力、合作能力、应急能力以及语言能力。专业知识能保证服务不偏离轨道，能以社会工作的理念和方法有效地协助村民解决问题。丰富的服务经验能使农村社会工作者更快地适应农村生活，在旧有服务经验的基础上进行本土化改造，将进一步提升服务效果。农村是一个联系紧密的关系网，各个主体之间既有合作又有冲突，作为第三方的农村社会工作者，需要具备一定的协调能力，引导农村各主体形成合力，共同为建设美丽乡村而奋斗。农村社会工作者还要有创新能力，学会借鉴城市的社会工作开展模式与方法，进行本土化创新，勇于尝试，建立开展农村社会工作服务的新路径。个体的力量总是微弱的，农村社会工作者要加强与团队成员、村干部、本土领袖的合作，以集体的力量开展服务。村落环境的特殊性和村民参与行为的随意性使服务的开展存在较高的不确定性，农村社会工作者要思考方案的每个细节，制定应急预案，积极应对各种风险。此外，农村社会工作者在与村民交流时，要尽量避免使用专业术语，这容易引起村民的反感，农村社会工作者可向某些参与度较高的村民请教，学习和使用当地语言，让村民感受到尊重和亲切感。当然最好能培育本地村民成为农村社会工作者，因为他们源于本土，对家乡有满腔热忱，熟悉村落情况，掌握本土语言，提供服务的效果将更佳。

Research on Competency Model of Rural Social Workers Based on Grounded Theory: A Case Study of Rural Social Work Service in Zhongxin Town, Guangzhou City

Su Zhihao　Zhang Xinjie

Abstract: With the development of modernization and urbanization, the vast rural areas of our country are in the process of social transformation. The large number of population movements weaken the functions of traditional organizations such as family and clan, and the rural problems become complicated and diverse, which is in urgent need of a large number of rural social workers to intervene. However, the rural social work in China is still in the primary stage of development, the community have no idea of the problem that what qualities should a rural social worker have. So this paper used the research method of grounded theory , analyzed the internship reports of 14 interns in Zhongxin Town rural social work service project of Guangzhou City. Finally, the rural social workers' competency model, which was composed of four dimensions of psychological consciousness, interpersonal relationship, rural local cognition and service development, was designed to cultivate the direction of rural social workers.

Keywords: Rural Social Worker; Competency Model; Grounded Theory

社会组织发展路在何方：社会组织与政府关系的再探讨

梁祖荣　黄　伟*

摘　要　中国正处于社会转型的新时期，社会组织的发展也需要适应这一变化。如何找到适合中国社会组织发展的有效路径，是一个迫切需要解决的问题。本文主要从政府与社会组织的“可能性共生”关系的探究出发，通过分析并比较“法团主义”“分类控制体系”与“非协同治理－策略性应对”这三种主流的探究政府－社会组织关系的理论解释框架，思考并指出政府与社会组织之间“可能性共生”关系的构建。这种“可能性共生”是尝试缩小政府与社会组织之间相互怀疑的可能性，并增加彼此相互需要的可能性。最后，笔者在分析政府与社会组织关系的基础上，尝试从改善生存土壤、培养专业人才、深入了解社会现实三方面为社会组织的发展提出可行性的建议。

关键词　政府　社会组织　可能性共生

一　问题的提出

对于社会组织及其与政府关系的研究，相关论文已十分充足，其所持的观点可概括总结为两类。其一认为在现行的社会组织管理体制下，由于政府的管理与约束，社会组织在登记、注册、成立及资源获取方面均受到诸多限制，因而在这一制度环境下，社会组织便表现出缺乏活力、过分依赖政府及对体制依附性强的特点①②③。另一种观点则认为不同的社会组织类型不同，

---

* 梁祖荣，南京大学社会学院社会工作与社会政策系硕士研究生；黄伟，南京大学社会学院社会工作与社会政策系硕士研究生。

① 王名、贾西津：《中国 NGO 的发展分析》，《管理世界》2002 年第 8 期。

② 严振书：《现阶段中国社会组织发展面临的机遇、挑战及促进思路》，《北京社会科学》2010 年第 1 期。

③ 黄晓春：《当代中国社会组织的制度环境与发展》，《中国社会科学》2015 年第 9 期。

性质不同，与国家的关系远近亦有所差别，总体表现出“依附性自主”的特点[①]。我们不能因现今中国政府较强大的管理模式而否认社会组织的活力，而是需要看清社会组织发展面临的“实际激励与约束”之间的关系，从而更好地把握“社会组织的发展特征”[②]。无论是何种观点对社会组织生存状况的解释，都需要看清社会组织对政府管理的推动作用及其作为弥合政府与社会之间重要“黏合剂”的作用[③]。这也是本文讨论的关键与重点。

Anthony J. Spires 曾在一篇关于中国社会组织现状的文章中，探讨了中国国家治理背景下，中国 NGO 组织的生存现状及其与政府的关系。文章首先对两种观点提出质疑，一种是托克维尔式的民主观点，该观点认为托克维尔在其著作《论美国的民主》中一再强调社会组织与民主的关系，并认为自由与自愿的组织，是美国民主诞生最有力的基础[①]，且这种对自组织民间社会的动态和影响的强有力的分析近年来已经产生了大量研究，涉及当代美国及其他发达民主政体。在托克维尔之后，Foley 和 Edwards 更是强调，正因为民间社会作为一个独立于国家的行动领域，其有能力与一种严格的制度进行抗争。[②] 而另一种观点则是法团主义理论，法团主义理论又可进一步细分为社会法团主义与国家法团主义，而 Schmitter 对法团主义的理解则更多偏向于国家法团主义，认为单数、非竞争性、分级有序的代表性的法团，是由国家的辅助和从属“器官”创造和保持的。[③]

Anthony J. Spires 在对上述两种观点进行简单论述后，提出社会组织与政府之间存在的可能性共生（contingent symbiosis）关系的理论，并从经验数据、政府碎片化解释、国内资讯限制及给予政府官员政绩面子的角度进行阐释。其实所谓可能性共生关系，正如 Anthony J. Spires 所言，是政府与社会组织之间既互相猜疑（mutual suspicion）又互相需要（mutual need）的一种微妙、不稳定的相处关系，而正是这种关系的存在，使社会组织既不得不在夹缝中

---

① 王诗宗、宋程成：《独立抑或自主：中国社会组织特征问题重思》，《中国社会科学》2013 年第 5 期。

② 黄晓春：《当代中国社会组织的制度环境与发展》，《中国社会科学》2015 年第 9 期。

③ 文军：《中国社会组织发展的角色困境及其出路》，《江苏行政学院学报》2012 年第 1 期。

① Tocqueville, Alexis, de, *Democracy in America*, translated by George Lawrence, Edited by J. P. Mayer (New York: Harper Perennial, 1988).

② Foley, Michael W., and Bob Edwards, "The Paradox of Civil Society," *Journal of Democracy* 7 (1996): 38 - 52.

③ Schmitter, Philippe C., "Still the Century of Corporatism?" *Review of Politics* 36 (1974): 85 - 131.

生长，同时在如此艰难处境中，仍能获得一定的发展空间。

基于对上述观点及理论的分析，笔者对社会组织及政府的关系进行再思考：在现今中国国家治理背景及政府对自我角色定位的前提下，社会组织与政府的关系是如何表现的呢？依旧以西方传统理论对中国的政府－社会组织关系进行解释是否缺乏本土化的实践？社会本身对社会组织未来的发展又是持何种态度与希望的？本文正是从“传统”的各种有关政府－社会组织关系的分析出发，通过对这些关系理论的回顾，并结合当下国内的社会现状，参照 Anthony J. Spires 的分析思路，试图通过“可能性共生关系”的理论，分析当下国内政府与社会组织之间的关系，并提出社会组织未来可能的发展道路与方向。

二　政府－社会组织关系的回顾

自改革开放以来，中国学界对社会组织与政府之间关系的研究十分丰富。由于政策层面趋于利好以及政府职能的有效转变，中国社会组织继 20 世纪改革开放之后，于 21 世纪头一个十年，又一次迎来了发展的高峰。与实践层面的社会组织井喷式发展相伴，在社会科学领域，对社会组织的研究成果也汗牛充栋[①]。而且学者对社会组织研究的理论架构较多立足于西方的社会组织理论，如由西方引入的“法团主义”理论强调国家对于社会空间的介入、参与、控制与管理，以及国家与社会之间制度化的联系渠道，它是自由民主主义与权威主义的结合。而依照法团主义的权威学者 Schmitter 的解释，法团主义具有以下六大特征：（1）在某一社会类别中社团组织的数量有限；（2）社团组织形成非竞争性的格局；（3）社团一般以等级方式组织起来；（4）社团机构具有功能分化的特征；（5）社团要么由国家直接组建，要么获得国家认可而具有代表地位的垄断性；（6）国家在利益表达、领袖选择、组织支持等方面对这些社团组织行使一定的控制。[②] 而法团主义根据其与国家的关系及国家的介入程度，又可进一步细分为“社会法团主义”与“国家法团主义”。对于这两种分类的区别，有部分学者认为是在上述所谈及的六大特征上的区别，

① 葛亮：《精英依赖——一个社会服务型社会组织的运行逻辑》，《浙江工商大学学报》2017 年第 3 期。

② 顾昕、王旭：《从国家主义到法团主义——中国市场转型过程中国家与专业团体关系的演变》，《社会学研究》2005 年第 2 期。

即从团体数量、竞争性、等级性、功能分化程度、垄断性及国家的控制介入程度上进行区分；[①] 有另外的学者则认为应从形成特征的过程上进行区分——国家法团主义主张“国家自上而下强力干预形成”社团组织，[②] 即强调社团的合法性由国家赋予，竞争性社团没有合法地位；而社会法团主义则主张“社团享有的特殊地位是通过自下而上的竞争性淘汰过程形成的，同时竞争性社团的出现在国家的法律监管体系中并没有得到禁止”。[③] 法团主义最大的特点，或许是法团主义虽也获得国家不干预的自主空间，然而国家却可通过立法干预功能性组织，从而拓展其政府的影响力。上述对国家法团主义的区分，在中国的治理背景下，或许国家法团主义的“授权、控制和垄断性”[④] 更为契合其治理逻辑，也更符合当下中国社会组织的生存处境。

虽说法团主义理念是对非政府组织与政府之间关系描述的较为经典也是占据主流地位的理论体系，但并不代表这种理论对中国社会组织发展的分析是恰当的。如何在中国社会治理的背景下，找寻中国社会组织与政府间关系的本土化分析框架，也是学界关注的焦点。相关研究者在主流理论研究的基础上，提出了“分类控制体系”[⑤] 与“非协同治理-策略性应对”理论解释框架[⑥]，既对国家对社会组织管理上的创新进行了分析，又对中国社会组织在宏观政策环境下所表现出的自主性进行了分析。

“分类控制体系”的核心观点为政府管理社会组织的手段不是“单一的”，而是“多元的”，即对提供不同公共物品及公共服务的社会组织采取不同的管理方式与控制手段。顾昕、王旭将社会组织分为“功能性组织”“社区性组织”“宗教组织”“NGO”及“非正式组织”五大类，进一步考察了政府控制社会组织的指标体系，通过对不同社会组织类型的典型调查，从而得出

---

① 张静：《法团主义——及其与多元主义的主要分歧》，中国社会科学出版社，1998，第9~10页。

② 顾昕、王旭：《从国家主义到法团主义——中国市场转型过程中国家与专业团体关系的演变》，《社会学研究》2005年第2期。

③ 顾昕、王旭：《从国家主义到法团主义——中国市场转型过程中国家与专业团体关系的演变》，《社会学研究》2005年第2期。

④ 范明林：《非政府组织与政府的互动关系——基于法团主义和市民社会视角的比较个案研究》，《社会学研究》2010年第3期。

⑤ 顾昕、王旭：《从国家主义到法团主义——中国市场转型过程中国家与专业团体关系的演变》，《社会学研究》2005年第2期。

⑥ 黄晓春、嵇欣：《非协同治理与策略性应对——社会组织自主性研究的一个理论框架》，《社会学研究》2014年第6期。

不同组织类型与控制方式的对应关系。[①]“分类控制体系”的提出，其实质是对社会涌现的多元化利益需求及大量出现的社会组织的积极回应，其实从另一个侧面反映了中国社会组织的复杂性与多元性。正是其这种特性，才使社会组织在权威主义政府下显现出其“双重属性”——它既是一种“挑战力量”，同时是一种“辅助力量”。[②]虽然“分类控制体系”的本质仍然是国家对社会的控制，然而控制的方式趋向于缓和性与灵活性，需要对社会组织进行严格控制则给予严格控制，可进行放松控制则放松控制，可给予其自由发展则给予充分自由发展。在这一体系中，公民结社享有自由，社会组织也有一定的生存空间，但国家仍然对其享有控制权。政府正因为面对着具备双重力量的社会组织，才会产生如 Anthony J. Spires 在文中所述的对政府与社会组织之间既“相互猜疑”，同时又“相互需要”的心态。

而“非协同治理 - 策略性应对”的理论解释框架则是作者站在社会组织自主性的角度进行考察的，在对“自主性”这一概念分解为三个维度进行分析后——分别为在多大程度上可以自主决定提供产品的范围（活动领域）、组织活动的地域范围（活动地域）及组织内部的运作过程（运作过程），作者提出“条”“块”和党群部门这三种不同的“制度生产主体”。[③]所谓的“条”，是指从中央到地方业务内容相同的各级职能部门的统称。在“条”的制度逻辑中，社会组织是政府服务的承接者与协助者，它们承担政府开展的各种社会服务，其与政府的关系是纵向的关系，并且主要从公共服务的角度而非国家控制的角度进行分析，因此倾向于以宽松、相对自由的态度对待这些组织。如近年来兴起的政府购买社会组织服务便是此种类型的典型表现，在这一过程中，政府服务的购买为促进社会组织的发展提供了契机[④]；“块”的制度逻辑是不同职能部门组合而成的各个层级的地方政府，其有一定的活动领域，其组织力量较之“条”状要大，但政府倾向于控制这些组织的活动地域，如城市的街道办事处便是此种类型；而党群部门作为中国特色政治部

---

① 顾昕、王旭：《从国家主义到法团主义——中国市场转型过程中国家与专业团体关系的演变》，《社会学研究》2005 年第 2 期。

② 顾昕、王旭：《从国家主义到法团主义——中国市场转型过程中国家与专业团体关系的演变》，《社会学研究》2005 年第 2 期。

③ 黄晓春、嵇欣：《非协同治理与策略性应对——社会组织自主性研究的一个理论框架》，《社会学研究》2014 年第 6 期。

④ 王清：《项目制与服务供给困境：对政府购买服务项目化运作的分析》，《中国行政管理》2017 年第 4 期。

门的存在，其既融合于“条”与“块”的部门中，更可被视为独立的部门。社会组织在以上三种不同的制度逻辑中，利用不同政府部门提供的自主空间以拓展其自主性发展，从而形成“找项目”“多行政区域注册战术”“发展复合型组织结构”和“发展跨界资源汲取能力”等四种策略性应对逻辑。[①]虽然“条块关系”的治理逻辑受到不少学者的诟病——其不仅影响行政效率的提升，更会造成“条块矛盾”与全局性的政府间关系紧张[②]，但其仍然是政府管理的主要模式与结构，而且在很大程度上能较为有效地起到对地方政府的监督与控制作用，所谓“条块结合，双重领导”的治理思想也便应运而生[③]。“非协同治理－策略性应对”的解释框架虽然不能对政府与社会组织的关系做出全面的概括，且存在一定的弊端，但较之上述几种理论或许能更贴切地解释中国政府与社会组织的关系及社会组织的生存之道，且更具有中国特色的意蕴。

总的来说，随着社会治理理念的提出与推广，政府职能的逐步下放，社会组织拥有更多的发展空间及自主权，且中共中央办公厅印发的《关于加强社会组织党的建设工作的意见（试行）》（以下简称《意见》），更是取消了对全国性社会团体筹备成立的行政审批，改进了网上受理制度、审查工作细则和服务规范。《意见》的出台一方面加强了社会组织的内部建设，另一方面给予了社会组织登记的便利。民政部《2015年民政工作报告》的数据显示，截至2015年12月，全国登记的社会组织总量达到63.8万个。[④]庞大的社会组织队伍的出现，促进了社会治理创新目标的达成。另外，依据民政部的规定，社会组织包括社会团体、民办非企业单位与基金会这三种类型。不同种类的社会组织竞相发展，从而使政府与社会组织之间的关系更为复杂且微妙。

三　共生型关系的构建

通过对以往中国学者关于政府与社会组织关系研究的梳理后发现后，无

① 黄晓春、嵇欣：《非协同治理与策略性应对——社会组织自主性研究的一个理论框架》，《社会学研究》2014年第6期。

② 周振超、李安增：《政府管理中的双重领导研究——兼论当代中国的“条块关系”》，《东岳论丛》2009年第3期。

③ 振超：《打破职责同构：条块关系变革的路径选择》，《中国行政管理》2005年第9期。

④ 中华人民共和国民政部，《2015年民政工作报告》。

论是何种观点，多数学者研究的实质均是谋求社会组织摆脱政府的行政力量与干预，以达到最大限度的生存自由，从而在社会治理的角色中获得与政府平等的话语地位。然而，完全的生存自由不仅是乌托邦式的设想，而且在中国社会治理的背景下，完全独立于政府的生存反倒不利于社会组织对资源的获取与自身的发展。基于对以上理论的分析与思考，以及立足于对“可能性共生”关系的反思，社会组织有效提高自身对于资源的获取能力与发展能力，谋求与政府的合作与互利共赢十分必要。一方面社会组织能够成为政府解决社会问题、处理社会矛盾的助推器，另一方面也有利于社会组织开展各类活动与获取必要的资源。对于社会组织与政府来说，这不仅搭建了共赢的局面，更推动了双方信任关系的建构与合作的开展。相较于相互的完全独立关系与抗争关系，共生型关系的构建或许更有利于社会的和谐与稳定，且更为适合中国的治理话语与背景。

基于共生型关系构建的假设，笔者尝试对这一关系的构建提出个人的思考，通过政府与社会组织之间微妙的互动，减少双方怀疑的可能性，增强双方需要的可能性，从而有效地推动这一关系的建立，促进政府与社会组织共成长。

（一）缩小双方相互怀疑的可能性

Anthony J. Spires 认为，社会组织与政府在可能性共生关系的构建上，乃基于相互的需要与怀疑，而政府与社会组织出现相互怀疑很大程度是因为不信任（mistrust）——政府认为社会组织是社会稳定与有序发展的挑战力量；而社会组织则认为政府干预其自主性的发展。笔者认为出现此种不信任的根源是与社会组织相关的法律法规不完善。法律法规的不完善造成社会组织只能在法规的灰色地带中谋求生存，而政府对社会组织的越界行为又持反对态度，一旦社会组织做出稍微越界的行为，便对其进行干涉与阻止。另外，社会组织困难的生存环境也促使这种双方不信任扩张，甚至出现撕裂的状态。社会组织生存环境的困难主要包括其合法性获得与资金获得上的困难，且两者均涉及与政府的关系。前者是社会组织若需要在市场上获得合法性，必须通过民政部的注册、登记与审批，其准入门槛是存在的且比较高。虽然如前文所述，全国性社会团体筹备成立的行政审批已取消，并改进了网上受理制度、审查工作细则和服务规范，然而社会组织仍需跨过政府设立的门槛方能获得合法地位的事实依旧没有改变。另外，资金获得渠道的狭窄也造成社会组织生存环境的恶劣。一般我们认为，社会组织资金筹集的方式主要是以下三种，分别为政府的投入、会费及服务收费和社会捐赠。而在中国大陆，大部分社会组织的资金来源于政府购买服务，这就造成了资金来源上的单一性，使得社会组织运行存在不稳定性。

因而笔者认为，消弭政府与社会组织之间相互怀疑最好的方法是完善社会组织相关法律法规，并进一步改善社会组织生存环境。只有制度清晰了，社会组织与政府关系才能逐渐变得明朗而有法可依，而非永远上演“耗子惧猫”与“猫抓耗子”的境况；而唯有社会组织的生存环境得到改善，合法性与资源的获得不再仅仅依靠政府，才能更好地与政府建立共赢共生的关系。

（二）增加双方相互需要的可能性

可能性共生关系构建的可能性，很大程度是基于政府与社会组织之间的相互需要。而正如 Anthony J. Spires 在文中所说，政府虽然惧怕社会组织“犯事儿”，然而政府所要维持的“经济增长”与“社会稳定”的目标，通过与社会组织的合作，或许能帮助其达成这一目标。而之于社会组织而言，其能否与政府建立良好关系的前提基础是社会组织是否能对政府或机构给予一定“政治信誉”（political credits）。所谓“政治信誉”，即是否能给予政府的发展正向的支持，而非带来负面的新闻消息。虽然这种依靠“政治信誉”维持的相互需要的关系稳定性及可持续性并不强，然而就现实情况来看，无论是之于政府抑或是社会组织，都是最好的共生之道。

为了能更好地实现政府与社会组织之间的共生合作，需要增加双方相互需要的层面与可能性。而如前文所述，社会组织依赖政府的程度已较高，它们合法性与资源的获得大多依靠政府。因而，就目前而言，增加政府对社会组织的需要便成为这种可能性实现的入口。现今政府对社会组织的需要程度较低主要有两方面原因，一是政府的职能转变仍未彻底完成，依然承担着较多的管理职权与职责；二是社会组织在社会服务与社会发展目标上与政府的契合度依然不高。

针对第一点，我们知道政府的职能转变是一个渐进的过程，不可能一蹴而就，简政放权的道路依然很长，政府只有明确自身的职责所在，明白自身的目标并非构建“全能型”政府，才能更好地将社会服务转交至社会组织完成，依靠社会组织协助其实现社会治理的目标。政府职能转变的过程，便是其逐步需要社会组织，与社会组织建立共生关系的过程。

而对于第二点，虽然近几年社会组织在国家政策的倡导下获得蓬勃发展，针对各种不同群体、不同服务的社会组织也逐渐在社会中获得生存的空间与发展的可能，然而其体系性与完备性依然不足，大多“各自为政”，同一类型的社会组织也因为数量上的增多而出现了恶性竞争，社会组织市场自身便存在诸多问题，没有形成有利于社会发展与和谐稳定的组织体系，从而在目标的构建上与政府契合度不高，社会组织如此的发展并不能满足政府在社会治理理念上对社会组织的要求。因此，社会组织未来的发展须在认清社会需要的前提下，努力实现自身机构的目标，并进一步谋求与政府管理更多的交集与可能性。唯如此，相互需要的关系才能更加凸显，二者“可能性共生”关系的构建才能更为牢固与稳定。

四　社会组织发展路在何方?

在讨论完社会组织与政府的各种关系，并进一步分析了相互之间“可能性共生”关系的构建后，我们不得不再进一步思考，社会组织在“可能性共生”的关系环境中，未来的发展之路如何？或者说何种道路更适合中国社会组织未来的发展？这都是值得细究的问题。

（一）改善生存土壤，谋求可持续发展

社会组织的生存与发展需要健康且合适的土壤，如果缺少这些土壤，社会组织便不可能发展得好。现今我们过分地强调社会组织的培育，认为只要社会组织能顺利诞生于社会，无论其生存环境如何，发展前路如何，都能继续顺利走下来，而忽略了社会组织赖以生存的土壤的改良。所谓生存土壤，其实便是生存环境，社会组织若要获得良好的、永续的发展，离不开健康土壤的培育与支持。而土壤的改良与环境的塑造离不开政府的力量与作用，这并不是要政府强加干预社会组织的发展；相反，政府应该明确自己的定位，解放思想，成为社会组织发展的铺路人。除了以上谈及的政府应该继续完善法律法规、将部分资源与管理职责还归市场外，政府作为“规则制定者、监督者、利益协调者与资源提供者，对社会要积极引导、依法管理、规范秩序，

健全社会组织管理体系”,[①] 从而为社会组织发展营造良好的竞争环境和创造优良的成长土壤。另外，社会组织也应努力改善自身的生存土壤，如通过行业协会的建立、行业规则的制定、组织的良性竞争发展等，为自身组织的成长创造更好的环境。可续的发展需要社会组织与政府的共同协作，共同努力。良好的生存土壤不仅有利于社会组织的发展，更有益于政府社会治理目标的实现。

（二）明确发展路线，培育专业人才

社会组织的生存发展是充满竞争性的，而资源有限性与竞争必然导致部分被培育社会组织被淘汰,[②] 虽然被淘汰的过程也是一次社会筛选的过程，筛选出具备竞争性及政府与社会所急需的组织，但社会组织在竞争的浪潮中更需要明确自己的位置与发展路线，并根据社会的需求明确自身的发展类型，注重培育和成长过程中经验的积累，并契合社会发展的目标。另外，专业人才的培养也十分必要，社会组织作为社会治理与服务的微观组织，需要面对不同的社会问题与人群，既要面对来自政府的考核，又要承受来自社会的压力，因而社会组织综合型人才的培养便显得十分必要。专业人才对于社会组织的益处还在于有利于具体服务项目的开展。笔者经过对几个较为大型且颇具影响力的社会组织机构进行参与式观察，发现虽然机构总体上在社会具有一定的竞争力，然而内部人员大多为非专业人士，造成项目的策划与活动的开展专业性不足，影响了最终活动效果的达成与活动目标的实现。因而，社会组织专业人才的培养任重道远。

（三）深入社会实际，发现社会问题

社会组织与社会紧密的联系决定其不能只是空谈理论方案而无实际行动成果，这便要求社会组织要紧密联系实际，要积极到社会上寻找、发现与挖掘社会问题，从而增强社会组织的主体性地位，表现出其自主、自觉、能动选择与独立创造的特性[③]。具体地说，一是社会组织需要深入基层内部，挖掘与揭示隐藏于社会中的急需解决的问题，从而有效地制定项目方案与计划；

---

① 陈友华、祝西冰：《中国的社会组织培育：必然、应然和实然》，《江苏社会科学》2014 年第 3 期。

② 陈友华、祝西冰：《中国的社会组织培育：必然、应然和实然》，《江苏社会科学》2014 年第 3 期。

③ 陈义平：《社会组织与社会治理的主体性发展困境及其结构》，《学术界》2017 年第 2 期。

二是对于凭借自身力量无法解决的社会问题，社会组织应该尝试寻求他方资源的资助，联合不同的社会资源，以更好地解决社会问题。因此，社会组织在社会中不仅扮演问题解决者的角色，更承担着资源链接者的角色，社会问题的解决需要充分发挥各方的力量，需要具备对社会问题的敏感性与前瞻性，这都是社会组织内部人员需要具有的能力素养与发展要求。

五 结语

本文研究的总体思路先是从理论分析的角度对社会组织与政府的关系进行了简单的整理与归纳，并根据 Anthony J. Spires 在其文章中提出的“可能性共生”关系提出社会组织与政府若要构建稳定有序的共生型关系，需要缩小相互怀疑的可能性及扩大相互需要的共享面，最后在共生型关系构建的基础上，笔者尝试对社会组织未来的发展提出几点建议与思考。对于社会组织与政府关系及社会组织构建发展的研究无论是在西方抑或是在中国大陆都已相当成熟与完善，然而社会组织在中国大陆的发展依然存在较多的问题，主要集中为与政府之间关系的紧张、合作面较小及资金筹集渠道狭窄等问题。这不仅仅影响政府社会治理目标的推进与实现，更是阻碍了社会组织的壮大与发展。因而在笔者看来，对社会组织的再思考，不仅有利于清晰地对社会组织与政府的关系进行再次审视与回顾，更有利于社会组织结合社会实际情况与背景，选择一条适合其自身发展的道路。

总的说来，和谐社会的构建离不开政府与社会组织的共同努力，政府与社会组织都需要明确自己的定位，各司其职，通力合作，而“可能性共生”关系的构建过程亦是相互了解，缩小彼此怀疑，增加彼此需要的过程。在这一过程的实现中，彼此之间的认识与了解更是必不可少。

Where is the Development of Social Organizations: A Further Discussion on the Relationship Between Social Organizations and Government

Liang Zurong　Huang Wei

Abstract: China is in a new era of social transformation, and the development of social organizations also need to adapt to this change, so how to find an effective path for the development of Chinese social organizations is an urgent problem to be solved. Based on the research of "the possibility of symbiosis" relationship between the government and social organizations, this paper analyzes the three dominatedly theoretical explanation frameworks of "corporatism", "classification control system" and "non-cooperative governance-strategic response" exploring the government-social organizations relationship. And then the author summarizes and points out that the basis and premise of the construction of the "possibility symbiotic" relationship is to try to narrow the possibility of mutual suspicion between the government and the social organizations and to increase the possibility of mutual need. Finally, on the basis of analyzing the relationship between government and social organizations, the author tries to make suggestions on how to improve the survival soil of organizations, cultivate the relevant professionals and learn more about social reality.

Keywords: Government; Social Organization; the Possibility of Symbiosis

服务创新

“三社联动”下社区戒毒/康复社会工作服务探索

王之桐　刘静林*

摘　要　目前，中国特别是广东吸毒问题非常严重，禁毒戒毒尤为重要。吸毒危害个人、家庭甚至整个社会，因此，引入社会工作，促进戒毒工作取得良好成效势在必行。国内外长时间以来一直在探索各种戒毒的模式和方法，为了跟强制戒毒形成无缝对接，戒毒工作开始探索依托社区做戒毒服务，即社区戒毒。目前学术界在社区戒毒模式上的研究很多，但从“三社联动”的角度进行的研究却很少，“三社联动”成为一种新的工作机制。基于此，本文从“三社联动”这一全新的视角去探索社区戒毒康复社会工作的服务，对社区戒毒康复模式进行研究分析的同时，摄入“三社联动”的概念和视角，分析社工、社会组织和社区如何让发挥各自的作用并联动起来使社区戒毒做得更好，总结自己的分析和思考，提出相关的意见和建议。

关键词　三社联动　社区戒毒　社区康复　社会工作

吸毒是一种世界性的灾难现象，戒毒是世界面临的共同难题。目前全球使用毒品的人口数量已超过2亿，每年有10多万人因吸毒死亡、1000万人因吸毒丧失劳动能力。《2014年世界毒品报告》数据显示，2012年全球的毒品相关死亡人数估计超过18万，相当于每一百万15~64岁的人口中有40人因毒品死亡。[①] 改革开放以来，中国吸毒戒毒问题已经引起了全社会日益广泛的关注和忧虑。《2015年中国毒品形势报告》显示，至2015年底，全国“现有”吸毒人员234.5万名，时任公安部禁毒局局长刘跃进透露，这只是显性吸毒人员，按照国际通行的显性与隐性1∶5的比例，全国吸毒人员超过

---

* 王之桐，广东工业大学社区服务管理硕士研究生；刘静林，广东工业大学政法学院教授，广州市大同社会工作服务中心理事长，广东省社会工作教育与实务协会会长。

① 黄莉玲：《2014年世界毒品报告》关注吸毒对健康的影响，联合国电台，2014-06-26。

千万。其中，35岁以下的青少年占到75%。全国每年因吸毒造成的直接经济损失达5000亿元，间接经济损失超过万亿元。毒品形势十分严峻，戒毒任务相当繁重。2015年12月15日，国家禁毒委办公室等11部门联合发布《全国社区戒毒社区康复工作规划（2016—2020年）》，标志中国社区戒毒社区康复工作进入新阶段。由此可见，社区戒毒康复是一项社会化系统工程，是一场人民战争。

2008年6月1日，中华人民共和国第十届全国人民代表大会常务委员会第三十一次会议颁布施行了中国首部专门禁毒法律——《中华人民共和国禁毒法》（以下简称《禁毒法》），法律的颁布使得社区戒毒在中国得以基本确立，社区戒毒在法律上得到保障。改革完善了中国戒毒工作体制，充分体现了以人为本的戒毒理念。社区戒毒已成为一种全新并行之有效的戒毒模式，开始铺展开来。

2015年10月22日，民政部在重庆召开“全国社区社会工作暨‘三社联动’推进会”，李立国部长提出，“加快发展专业社会工作，深入推进社区、社会组织、专业社会工作‘三社联动’，是深化社会体制改革、建构现代社会服务体系的新手段，是提升基层社会治理水平、巩固党执政基础的重要抓手”。11月20日，在广东省“全国社区社会工作暨‘三社联动’推进会”上，刘洪厅长指出“推进社区、社会组织、专业社会工作‘三社联动’，发展社区社会工作，是国家民政部基于当前党中央国务院高度重视加强和创新社会治理的形势下提出的新任务、新要求，也是各地基层民政部门在推进社区、社会组织、专业社会工作协同发展过程中创造出来的新机制，对创新社会治理、完善社会服务、延伸民政力臂、做好群众工作具有重要意义”。

中国传统的强制戒毒模式只是从生理方面戒除吸毒者对毒品的依赖，但当吸毒者回归社会后，吸毒的标签依然依附在吸毒者的日常生活中，他们受到“标签效应”，不被社会所认可，各种社会环境的阻碍再加上自身适应社会能力的缺失，使他们极易再次转向过去的吸毒群体，再次踏入毒圈，由此也会导致各种负面的情绪问题甚至复吸。针对强制戒毒模式的缺陷与不足，中国开始考虑自身的优势，在专业社会组织的牵引下，专业禁毒社会工作者运用科学的戒断方法对吸毒者进行生理戒毒，联合社区和家庭的资源帮助吸毒者在心理上进行戒断，促使社区戒毒对象的全面康复。这样一种全新的“生理—心理—社会”的康复模式我们可以称为“社区戒毒"。① 由此可见，社区戒毒的模式是一种全新的模式，在这个模式下需要社区、社会组织以及社会工作者多方面的分工合作。社区戒毒康复社会工作中的社区、社会组织和社会工作者这"三社"都各自发挥着重要的作用，而将三者"联动"起来，则将会对社会戒毒康复社会工作产生更加深刻的影响和更为显著的成效。

一 "三社"在社区戒毒康复中的角色分析

（一）社区在社区戒毒康复中的角色分析

社区不仅是"三社联动"中的一个核心词，也是社区戒毒康复中的核心词，因而社区所扮演的重要角色是不言而喻的。2000 年，《民政部关于在全国推进城市社区建设的意见》中提出"社区是指聚居在一定地域范围内的人们所组成的社会生活共同体"，社区的概念从被提出上升到了国家方针政策层面。根据社区的概念，可以看出，在社区戒毒康复社会工作中，社区所扮演的角色有以下三个。第一，社区为社区戒毒康复社会工作提供了服务平台。当社会组织在社区内为服务对象进行活动时，社区可以为服务提供场地、物资等环境，有利于活动的开展，同时，当服务对象回归社区后，社区为服务对象提供试炼平台，帮助其融入社会生活，实现其生理和心理上的全面过渡。第二，社区是社区戒毒康复社会工作的资源提供者。社区为服务对象链接社区内的多方面资源，这些资源又为服务开展提供了各种更多的资源，社区卫生中心、社区司法中心、社区民政中心、社区劳动保障中心和社区就业服务中心等许许多多的资源为社会工作服务的开展带来了种种便利，也保障了服务对象的一些基本权利和需求满足。第三，社区是社区戒毒康复社会工作知识、技能与方法得以应用的实践环境。社区对于戒毒康复社会工作这个专业本身也有着重要的作用，戒毒社工在社会组织的组织下培训和学习的一系列专业方法和技能在社区中得以实践和检验，在实践中取长补短，不断完善，促进社区戒毒康复社会工作专业的发展。

---

① 贾金鹏：《社区戒毒中的"三社联动" 以苏州市沧浪区双塔街道自强服务站为例》，硕士学位论文，苏州大学，2012。

（二）社会组织在社区戒毒康复中的角色分析

在“三社联动”中，社会组织是提供社区服务、承载社工专业人才、吸纳群众参与社区管理和服务的重要载体。社会组织在社区戒毒康复中的角色有以下几个。第一，提供社区服务。社会组织作为提供社区服务的载体，在社区内为戒毒康复服务对象提供社会工作的各项服务，个案辅导、开展小组活动、举办社区活动等。第二，承载社工专业人才。社会组织作为社会工作者的承载体，是社会工作者为服务对象提供服务的宣传和指导主体，社工要在社会组织中发挥自己的功能。国家一步步放宽社会组织的注册成立程序，加大促进社会组织的建立建设，社会组织数量的增多无疑会促进社区戒毒康复社会工作可以更加广泛而专业的服务于社区戒毒康复这一群体中，使社区戒毒康复领域可以更加得到关注和提高服务效益。第三，吸纳群众参与社区管理和服务。社会组织在进行社区戒毒康复社会工作时，可以通过宣传等方式，在社区内吸纳有意愿和热情的居民群众参与社会工作的活动，社会组织对居民进行培训和管理，培养社区领袖，协助社工开展对戒毒康复人员的服务。

（三）社会工作者在社区戒毒康复中的角色分析

在“三社”联动中，社工人才是骨干，努力建设一支高素质的社会工作专业人才队伍，充分做到人尽其用，是推进“三社”联动的根本保障。社会工作者是社区戒毒康复社会工作的骨干，社会工作者尤其是社区工作者在社区戒毒康复社会工作中的角色主要有五个。①使能者。在这一角色中，首先社会工作者鼓励服务对象表达自己的诉求，并提供机会使他们的感受可以被社区组织或相关部门认识；其次帮助服务对象认识自己，发掘自身的潜能和优势，树立信心，融入社区社会中来；最后帮助服务对象建立良好的人际关系，寻找共同的目标，良好的人际关系有助于服务对象尽快融入社会这个环境里。②中介者。社会工作者帮助服务对象确定和运用各种资源，社会工作者成为服务对象与其所需要的资源的联系人，帮助服务对象链接资源并连接资源，使服务对象的困难得到多方面的支持和帮助。③服务计划者/提供者。一般而言，社区社会工作者是以“机构人”身份进入社区，通过服务的社会组织机构来满足服务对象的需求和进行服务，因而，其扮演者服务计划者和提供者的角色，制订服务计划、执行服务方案、评估服务绩效需求等。④教育者。教育者的角色是指通过提供机会让服务对象学习特定的社会技能，促进行为改变和意识提升，提供信息，预防问题的形成和发展，社区戒毒康复中，服务对象许多是长时间在看守所或戒毒所中出来社会后，自身能力的缺乏和意识不正确，极易导致返所和复吸，因此社会工作者提供教育，提高他们的技能和意识，有利于服务对象降低复吸率和重返毒圈。⑤倡导者。社会工作者所扮演的中介人的角色往往不能满足服务对象的需求，尤其在利益问题上，因而就要工作者代表服务对象，运用专业的知识和技术维护其权利，对一些歧视吸毒人员的工厂企业进行协商，改变吸毒人员回归社会后遭遇歧视的不良现状，帮助服务对象融入社会。

（四）“三社”角色的对比分析

“三社联动”中三个角色如何定位？“三社”如何“联”如何“动”，这也是“三社联动”角色分析的一大问题。江苏省苏州市民政局副局长胡跃忠说得很到位很明确：“‘三社’是平等自治主体，具有平等参与、协商互动、共融共治的特征，没有谁大谁小、谁先谁后之分，但扮演角色是不同的。社区应当是‘三社联动’的发起者、协同者、推动者，社会组织是公共服务承接者、提供者、评估者。居民需求谁来提供，怎么落地？政府包揽不了也无须包揽，通过购买服务让有能力的社会组织承接和提供；专业社工更多是联系社区、社会组织、居民的桥梁和纽带，除为有需求的居民提供专业化服务外，还要及时发现、反馈‘三社联动’中出现的矛盾和问题，提出解决的方案。各个角色要定好位、传好球、接好棒。”

社区与社会组织的角色对比分析。社区作为一个大的平台，在地域范围内包含了社会组织，许多社会组织的服务范围即为自身所处的社区及周边一定范围的社区，这样一来，社会组织一方面可以便利地服务于本社区的戒毒康复服务对象，另一方面可以促进服务对象对本社区的了解，加强其对社区的依赖感和归属感，增强社区向心力，换位过来，当服务对象在增强对社区的归属感之后，也会对社区内的社会组织产生认同感并愿意参与社会组织举行的各类社区活动，甚至成为社会组织培养的社区领袖，带动一批社区志愿者参与社区治理，促进社区形成和谐友爱的氛围，推动社区和社会组织的发展，因此，社区与社会组织联动起来，可以发挥更大的作用。

社区与社会工作者的角色对比分析。在社区的大环境下，社会工作者活跃在社区的各个角落，举行社区活动，为社区戒毒康复者开展小组活动和个案服务，社区为社会工作者提供了平台和各类资源。社区内的社区卫生中心、社区劳动保障中心、社区民政中心、社区学校、社区就业中心等为社会工作者服务的开展提供了多方面的资源，使社会工作者在服务过程中为服务对象链接资源提供了更大的便利。社区资源的多样为戒毒服务对象融入社会带来了许多好处，增强社区戒毒康复者的回归信心，适应新的环境，提高自身的技能更好更快地融入社区生活中。所以，社区为社会工作者开展服务带来诸多资源，也为社区戒毒康复者提供良好的社区环境，有助于其适应新的生活步入正常的社会轨道。除此之外，社会工作者在社区内进行的每一项服务，都是为形成友爱社区互助邻里的和谐社区环境做贡献。

社会组织与社会工作者的角色对比分析。社会工作者在社会组织的管理下进行日常工作和计划开展每一项服务，社会组织的形成不可缺少社会工作者的角色，两者相互依存。一方面，社会组织管理和安排社会工作者的日常工作任务，在社会组织的统一管理下，社会工作者有序地进行各项工作，统筹开展各项活动；另一方面，社会组织需要社会工作者落实和开展其所计划和安排的每一项工作。由此可见，社会组织与社会工作者二者相互依存。

社区、社会组织及社会工作者“三社”的角色对比分析。通过以上对社区和社会组织、社区和社会工作者以及社会组织和社会工作者之间的角色对比分析，可以看出，“三社联动”不是简单地合并和互动，而是外在的“联”加上内在的“动”，“三社联动”是一种新的机制，靠的是社区提供资源平台，社会组织作为承载主体，社会工作者作为骨干力量，在政府的带领下，鼓励社区服务对象积极参与，链接相关的资源，在社会组织的统筹下社会工作者进行各项活动的开展，根据服务对象的具体情况，开展个性化、多样化的服务。“三社联动”又促进社区、社会组织和社会工作者各自的发展：有利于创新基层社区治理体制，加强社区动力，促进政社分开，发挥社区整体合力；有利于满足服务对象多元化、个性化的服务需求，并根据不同服务对象的情况，更加有针对性地开展服务，提高服务成效；有利于促进基层社会组织发展，提高承接公共服务能力和水平，加强社会组织在社会中的地位和作用，使得社会组织实现多样化的发展；有利于促进社会工作服务创新，加强公共服务专业化水平，社会工作者是经过专业培训的专业人才，“三社联动”有利于社会工作人才有更大的发挥空间，促进专业人才的培养。总而言之，社区、社会组织和社会工作者这“三社”在发挥各自作用的同时更应该积极地联动起来，相得益彰，将作用发挥得更大更广，但同时，也会不可避免地产生一些不足。

第一，“三社”之间的联动不够仔细和积极使得工作对接不上而导致一些问题，活动时间出现差错，活动内容不够完善等，影响活动的开展和服务对象对服务的认同感；倘若政府的让渡空间不够，会造成社会组织和社会工作者的工作无法顺利开展，也无法满足服务对象的需求和尽所能帮助到服务对象；社会资源有限，而且承接社会资源的社会组织发展初期承接力量不够无法更大的链接相关资源，容易导致服务对象在某一个资源环节链接出现问题而使其得不到帮助甚至再次脱离社会；大家对“三社”的认知不够，也会严重影响服务的开展。“三社联动”中，有些地方将“社区”狭义地理解成基层党政组织，或者是社区居委会这种过小的范围，把具有平台作用的社区理解成单一、带有行政色彩的一个主体，导致不清楚如何发挥社区平台的作用，如何更好地促进社区治理，没有发挥社区的功能。

第二，对社会组织理解错位错误。在社区实践中，存在大量没有正式登记的自治组织、自组织，还有一些仅有备案的“社区组织”，在“三社联动”中，虽然一般认为社会组织是与政府、企业不同的组织，但没有明确是否包括那些没有登记的社区自组织或社区组织，有些社区工作者将社区社会组织简单地理解成公益类、文体类社会组织，将解决矛盾、纠纷和为社区戒毒康复服务对象提供各种帮助或治疗的社会组织排除在外。

第三，对社会工作理解过于泛化。在中国，不同地区不同人群对社工有不同理解，有的地方认为，社工专指经过社会工作专业教育、具备社会工作职业资格的专业社会工作者，而另有一些地方除了专业社工外，还将所有从事社区工作的人员都看成社会工作者，所以，在实践中社工被分成两种类型：持证社工和非持证社工。有些人群甚至认为社工等同于义工，将社工看作社会上义务扶贫济困的义务工作者，甚至有些人将其当作“打杂”的勤务人员。

第四，对“三社联动”中联动的误解。“三社联动”的前提是社区多元主体之间的平等，并在此基础上运用沟通、协商等方式。但“三社联动”的实践中存在一些误解，一是把“联动”简单理解成“联合行动”，认为社会组织、社工作是“配合”的角色；二是把协商合作曲解成“分配工作”，指派社会组织、社工承担行政性工作；三是把资源整合误解成资源合一，甚至是资源垄断；四是将整体合力误解成整齐划一，压抑社会组织、社工的独立性和专业性。结果，有些地方“三社联动”热衷文娱活动，表面搞得热热闹闹，缺少社会参与，导致形式主义。“三社”看似有“联”，但实际未“动”，并没有发挥“1+1>2”的效果。[①]

二 “三社”在社区戒毒康复社会工作中实践

首先，社工要善于资源重组，链式介入。许多个案主有多年的吸毒历史，在此过程中，多次尝试了强制隔离戒毒、资源戒毒中心戒毒、“冷火鸡”戒毒等多种戒毒方法，但每次戒毒不久，均又陷入复吸厄运。如此的结局，是否表明之前的方法不当。社工介入，没有另辟蹊径，寻找其他的戒毒方法，而是立足于案主已使用过的方法，了解当中失败的原因。并从原因上入手，补救不足。全面分析后，也不难发现，案主每次戒毒，都是针对体毒进行，没有对戒完体毒之后的心瘾采取过任何的预防补救措施。因此，面对该个案，社工调动了戒毒资源、康复资源、家庭资源、社会资源，并对这些资源进行重组，形成“戒毒—康复—工作”一条龙的服务，让案主顺利度过戒毒的各个阶段，实现再社会化。其次，社工应该注意改变思维，变危机为契机。服务对象的家庭多数发生过一些变故。重大变故往往造成两种结果，抑或发展抑或毁灭。也就是说，家庭变故这一危机处理不好，有可能引发案主再次沉沦。面对此次事件，一般人多以同情理解之心给予对方回应。社工应该改变常态，改同理为鼓励，鼓励案主承担起家庭的重担，肩负照顾家人的角色，并肯定其在当中的每一点付出，以及这些付出的价值所在。以价值的呈现，让案主感受自己在家庭中的存在感，感受自己也是“有用之人”。社工应该让危机变为契机。最后，社工自身必须认清复吸是一个常态事件。很多人无法接受戒毒群体，就是无法接受他们可以屡次复吸的事实。其实复吸不可怕，可怕的是不能正常去理解这一事件。如果将复吸看成戒毒失败的标准，戒毒工作将无法开展，吸毒群体更无法谈回归正轨。当复吸发生，不要觉得这是一件天大的事件，把它当成一件常态事件待之，寻找办法继续克制复吸行为。

社会组织一方面应该鼓励支持社工的服务需求，另一方面应该积极配合社工的服务内容，并且为社工提供专业的督导和指导，同时，社会组织也可以帮助服务对象链接各种社区资源，使服务对象利用多方帮助提高自己。社会组织也可以对服务对象进行一定的技能培训，帮助戒毒康复案主更快地适

---

① 徐富海：《“三社联动”：如何“联”如何“动”》，《中国民政》2015年第12期。

应新的生活，找到人生的价值和存在感。

社区作为一个大平台，为服务对象提供各种社区资源，社工及社会组织将这些资源进行链接和连接，帮助戒毒服务对象全方位解决自身问题。同时社区应该为服务对象提供一个健康、温馨和平等的社区环境，促进戒毒康复服务对象的社会融入以及社区戒毒康复社会工作的开展和发展。社区应该为社会组织以及社会工作者充分提供各种资源，社区卫生中心、社区司法中心、社区民政中心、社区劳动保障中心和社区就业服务中心等许许多多的资源为社会工作服务的开展带来了种种便利，保障了服务对象的一些基本权利，满足了部分需求。

三 “三社联动”在社区戒毒康复社会工作中的利弊分析

我们应该看到社区、社会组织及社会工作者这“三社”作为一种全新的视角在探索社区戒毒康复社会工作服务中各自所发挥的作用，社区这一资源平台，社会组织的承载主体，社会工作者的骨干力量，这些作用的发挥离不开相互的推动，因此应该将三者联动起来，外在联而内在动，联动起来的“三社”会发挥更大的作用，促进社会工作服务的开展。社区戒毒康复是社会工作里一个比较特殊的领域，社区戒毒与社区康复都需要社会工作对其开展服务使社区戒毒康复者适应新的环境，学习新的技能和良好的心态回归正常的社会生活，踏入正轨，因此社会工作介入社区戒毒的模式会使得这种戒毒模式更加完善，并取得更高的服务成效。在“三社联动”的视角下去探索这一模式，可以使社区戒毒更加充分的利用多方资源，在多种力量的相互作用下实现全面的社区戒毒康复，以社区为基础，以家庭为依托，链接社区资源，在社会组织的统筹下，专业的社会工作者根据戒毒康复者的个人情况，进行专业化、个性化、社会化的社会工作服务，完成社区戒毒康复。

在“三社联动”的视角下思考并探索社区戒毒康复社会工作的服务，将政社结合，探索一种新的服务视角和模式。“三社联动”顺应当前时政主流，这一政策将社工提到文件上，在一定程度上，明确了戒毒社工的地位和作用，有利于调动戒毒社工的能动性。“三社联动”政策，在一定程度上激活了社区的有关戒毒力量，社区、社工、社会组织各种力量联合发力，必然使得戒毒服务有一番新景象。但是，“三社联动”依然存在许多局限和不足。首先，该政策的社会治理空间有限，具体指导还不够明确，如何执行并不十分清晰。

“三社联动”已经成为全国大力倡导的方针政策，但是该政策依然较多地停留在宏观的政策指导方面，尚未出台相关的地方文件来指导不同地方的具体实践。其次，政府让渡空间还不够，在社区治理中行政化色彩依然比较明显。社会政策的实施往往需要经历一个上传下达的过程，在这一过程中如果经历的时间越长，对各地方实施政策就越不利，而且在实施过程中，政府对政策起着掌控作用，社会组织等在实践过程中需要根据政府的指导方向做出服务设计，针对服务需求做出服务设计的比例就会下降，服务成效多侧重政府层面，这样在进行社会治理的过程中，没有真正做到以人为本。再次，多种力量介入，在协调上也是一大挑战，“三社”容易发展失衡。“三社联动”如何“联”如何“动”是值得深入思考的一个问题，“三社”发挥各自作用是远远不够的，更加需要三者联动起来，合力发挥作用，就会得到事半功倍的成效，“联动”需要三者的配合协调。最后，社会组织尚处于发展的初级阶段，吸取资源能力弱，承担公共服务有限，更何况社会资源尚不充足。社会组织发展尚未完善，加上依然不充足的社会资源，使得社会组织在提供服务时受到各种阻力，政府如何调节分配社会资源，社会组织如何改革创新提升造血功能，尤为重要。

四 “三社联动”在社区戒毒康复社会工作中的服务思考

在当今社会，无论是在国内还是在国外，吸毒的形势依然严峻，这一历史性的问题在当今的社会依然亟待解决，其所引发的一系列社会问题层出不穷，日益严重。戒毒，成为世界性难题。社区戒毒，这种新型的戒毒模式相对于传统的强制戒毒更为完善和行之有效，值得我们不断深入地研究。当前在社区戒毒方面的研究非常丰富，也有着大量的理论研究和实践经验，国外的研究侧重于如何实际地使用一些戒毒工具或者药物更好地达到戒毒效果，有点接近医务社会工作，时效性、可操作性强；国内的研究侧重于对这一模式本身做出一些研究，研究模式的利弊和成效，更侧重理论性。两者应该互相学习和借鉴，取长补短，在社区戒毒方面研究和形成更为完善的模式。“三社联动”本身的研究也比较多，基本上局限在对“三社联动”这一模式本身的剖析与研究，与实务结合起来的比较少，尤其是在“三社联动”下的社区戒毒康复社会工作的研究甚少。同时，在近年来国家对“三社联动”的大力推进的政策背景下，社区戒毒康复社会工作是否可以与大的政策环境相融合从而相得益彰，值得探索研究。

在社会政策的大背景下，将社会政策与社会实践结合起来的服务模式体现了服务的时效性和应用性，在社会工作领域是尤为值得探索的话题。国家大力推行的“三社联动”方针政策，与当前社会热门的禁毒戒毒话题相结合，二者相得益彰，理论为实践指明方向和提供政策支持，实践作为检验真理的标准又反之验证理论的可操作性，理论在实践过程中得以完善和发展，对国家、社会都是双赢过程，社会工作在此过程中丰富了理论、得到了政策支持、完善了服务实践、推动了社会工作的长效发展。

总而言之，在“三社联动”视角下去分析社区戒毒康复社会工作，首先体现了研究方法的创新，本次的研究方法融入了行动研究，这是研究者具有实践的优势决定的，行动研究方法的引入可使人更好地感受到研究工作与实践的结合以及工作的情感和细节。其次体现了研究视角的创新。首次将“三社联动”视角运用于社区戒毒康复领域的研究。“三社联动”是当前社会工作领域内政府方针政策的主推方向，该视角运用于研究社区戒毒康复，将国家政策与社会工作实务相结合，有利于“三社联动”的延伸发展，也有利于实践的拓展。最后也体现了学术观点的创新。社区戒毒康复在国内外已经有非常丰富的研究经验，有关“三社联动”的研究也层出不穷，但是将“三社联动”与社区戒毒康复结合起来的研究却是少之又少，寥寥数篇，因此“三社联动”下的社区戒毒康复社会工作服务必定是一个创新的学术观点，该观点的不断研究会促进社区戒毒康复社会工作的进一步发展。反思整个研究，社区戒毒康复是目前戒毒康复社会工作领域主要的模式，将戒毒康复放在社区进行，克服了传统强制戒毒的模式的缺点，更加人性化和社会化，因此在社区戒毒康复模式的基础上，选取一种全新的视角，在“三社联动”视角下探索社区戒毒康复社会工作服务。“三社联动”是当前全省乃至全国大力推行的政策，在政府侧面的推动下，如果社会组织可以恰到好处地顺应时政，并依托时政推行出有利于并适合于自己的服务模式，与此同时，时事政策又得到充分的实践，得以检验和完善发展，将会产生相得益彰的效益。因此，社会组织可以尝试实践“三社联动”这一视角和模式，充分运用社区、社会组织和社会工作者这“三社”的力量，并将其联动起来，运用到多个社会工作领域和对象中，探索出更加创新有效的服务模式，促进社会工作事业的不断发展。

On the Work of Drug Absence / Rehabilitation Social Work in Community

Wang Zhitong Liu Jinglin

Abstract: At present, especially in Guangdong is very serious problem of drug abuse, narcotics drug is particularly important. Smoking harms individuals, families and even society as a whole, therefore, the introduction of social work, made good progress in promoting drug treatment is imperative. Relevant literature at home and abroad, at home and abroad for a long time has been exploring various models and methods of detoxification, in order to form a seamless docking with compulsory detoxification, rehabilitation work began exploring relying on the community to do detoxification services, namely, community drug treatment. On the basis of full access to relevant studies we found that the current academic research in many community rehabilitation model, but "three clubs linkage" point of research is rarely, "three clubs linkage" as a new working mechanism. Based on this, from "three clubs linkage", this new perspective to explore the social work community drug rehabilitation services, community drug rehabilitation model research and analysis at the same time, the intake of "three clubs linkage" concept and perspective of social analysis , social organizations and communities how to play their respective roles and better linked together to make communities drug, summed up his analysis and reflection, make relevant comments and suggestions.

Keywords: Three Clubs Linkage; Community Rehabilitation; Community Rehabilitation; Social W

社区康复模式中青少年精神病患者的家庭功能改善研究

任丽蒙　吴　莹*

摘　要　本文通过分析青少年精神疾病患者家庭功能的需求和现状，从改善患者家庭功能的视角，提出青少年精神疾病社区康复的实践经验和反思。通过开展家庭支持小组活动，患者家庭成员之间互动频率增多、交流内容更加丰富；患者家庭病耻感减轻、青少年患者自我认同感增强；青少年患者教育资源得到补充；患者家庭的同伴支持力量以及青少年患者的社会性功能增强。另外，青少年精神病患者的社区康复需要患者家庭、教育机构、卫生服务部门、康复服务机构、精神卫生服务协会和社区康复中心等多部门的合作参与，也需要具有针对青少年成长阶段特点的专业康复理念指导及相关政府部门的政策支持，从而共同构建出青少年精神疾病社区康复的立体支持网络。

关键词　青少年患者　家庭支持小组　社会交往能力　病耻感　多主体参与

近年来中国青少年精神疾病发病率逐年上升。[①] 目前青少年精神病患者多为独生子女，他们承载着家庭和社会共同的希望，精神疾病将严重影响患者家庭功能的发挥。与成年精神病患者相比，青少年患者家族史呈阳性的比率更高、个性缺陷更大、病情发展更加迟缓；青少年精神分裂症患者因发病年龄较低，生命经历累积较为短浅，尚未发展健全的认知、人格、应对能力与社会技巧等，在社会功能的预后方面通常不及成人，且发病年龄越早，疾病预后越差。[②] 目前全国针对精神疾病康复的专业机构少，专业工作人员紧缺，

---

* 任丽蒙，中建市政工程有限公司，社会工作硕士研究生，研究方向：精神病康复社会工作；吴莹，中央民族大学社会学系，硕士生导师，副教授，研究方向：精神病康复社会工作、群际关系与社会认同、社会阶层与社会心态。

① 《关注儿童青少年精神健康》，中国疾病防御控制中心精神卫生中心，2004 年 10 月 10 日。

② 张丽霞、朱俊敬、张琛：《儿童少年期与成年期精神分裂症的临床特征分析》，《中国实用神经疾病杂志》2015 年第 16 期。

非营利性组织和机构更是少之又少，其中仅15%的青少年患者能够得到有效的治疗，仍有数量众多的青少年因未获治疗而使疾病延至成年或终身。[①] 青少年患者疾病康复工作仅依靠患者家庭自身的能力不足以完成，还需要医院和社区的共同帮助以及社会相关部门的共同关注。本研究尝试通过对北京市海淀区某社区卫生服务中心的青少年患者家庭以家庭功能理论为指导开展“家庭支持小组”活动，探索社区在精神疾病康复系统中的作用。

一　已有研究回顾

（一）青少年精神疾病患者家庭现状研究

1. 家庭成员沟通能力

青少年患者家庭成员之间的沟通主要表现为青少年与父母之间的沟通、青少年父母之间的沟通。其中亲子沟通是青少年与父母建立在亲缘关系上的一种沟通方式。以往的研究分析发现，青少年精神病患者的亲子沟通存在以下特征：青少年与母亲的沟通要比与父亲的沟通更为积极；沟通内容单一，以学习和生活为主，缺乏深层次的精神层面的沟通；青少年精神分裂症患者的亲子沟通类型中，以保护型为主；父亲在子女成长过程中的“隐形缺失”，不少父亲迫于工作、生活压力，“淡出”家庭；父母缺乏沟通的技巧和能力，不少父母因为自身文化水平和教育观念的局限，仅仅限于让孩子吃饱、穿暖层次的“温饱水平”，也有些父母对孩子了解不够，亲子沟通时，更多的方式是说教、羞辱、恐吓甚至讽刺。[②]

2. 家庭成员情绪障碍

已有调查分析显示：青少年精神分裂症患者父母对子女患病产生焦虑、抑郁、羞耻感、内疚感较为突出，尤其是患者父母的担忧与内疚感强烈。青少年精神分裂症患者父母在对待精神疾病方面不但有严重的情绪障碍和心理问题，同时缺乏抗复发知识，遵医行为较差，常有擅自减药、停药或不配合的现象，负面情绪的影响往往会使患者失去最佳的治疗时机。这些因素也直接影响到青少年精神分裂症患者的治疗与转归，因此父母的情绪、对疾病的

---

① 潘多：《儿童青少年精神分裂症临床特征研究及预后相关因素分析》，硕士学位论文，安徽医科大学，2011。

② 杨晓莉、邹泓：《青少年亲子沟通的研究》，《心理与行为研究》2005年第1期。

正视程度、对康复训练的掌握程度，将会对患者预后产生深远的影响。[①]

被调查的患者家属78.3%存在病耻感，这种负面的感知将对患者的治疗和预后产生不良影响，同时影响着家属的心理健康以及家属对待患者的态度。患者家属长期承担着对患者的生活照料和监护责任，这种沉重的劳动和负担影响家庭成员的生活质量，导致患者家属产生身心疾病。[②]

（二）关于青少年患者家庭功能的已有研究

家庭功能理论的定义有多种解释，主要可归纳为结果取向和过程取向两个类别。

结果取向的家庭功能理论认为，可以根据家庭功能发挥的结果把家庭划分为不同的类型，有些类型是健康的，有些则是不健康的或是需要家庭治疗和干预的。Olson的环状模式理论描绘家庭功能的三个维度，即家庭亲密度、家庭适应性和家庭沟通。Beavers等人提出家庭系统模式理论。他们认为，家庭系统的应变能力与家庭功能的发挥之间是一种线性关系，即家庭系统的能力越强，则家庭功能的发挥越好。[③] 过程取向的家庭功能理论的代表是McMaster家庭功能模式理论[④]和Skinner等人的家庭过程模式理论[⑤]。这两个理论的提出者都认为，对家庭进行类型上的划分在临床实践中并没有用处，对个体身心健康状况和情绪问题直接产生影响的不是家庭系统结构方面的特征，而是家庭系统实现各项功能的过程。

家庭功能充分反映和衡量了家庭整体运行的状况。[⑥] 对精神分裂症患者家庭功能的研究发现，患者的家庭在起病前就呈现失能的状态，起病后状态更加恶化。[⑦]

---

① 吴冬梅、尹爱民：《青少年精神分裂症患者父母情绪障碍及心理干预》，《中国民康医学》2009年第5期。

② 李从从、孙宏伟：《精神疾病患者家属病耻感现况及影响因素》，《中国健康心理学杂志》2016年第3期。

③ R. Beavers, R. Hampson, "The Beavers Systems Model of Family Functioning," *The Association for Family Therapy* 22 (2000): 128 - 143.

④ I. W. Miller, C. E. Ryan, et al., "The McMaster Approach to Families: Theory, Assessment, Treatment and Research," *Journal of Family Therapy* 22 (2000): 168 - 189.

⑤ H. Skinner, P. Steinhauer, "Family Assessment Measure and Process Model of Family Functioning," *Journal of Family Therapy* 22 (2000): 190 - 210.

⑥ 徐汉明、盛晓春：《家庭治疗理论与实践》，人民卫生出版社，2010，第14~23页。

⑦ 翟金国、赵靖平、陈晋东等：《精神分裂症家庭功能和照料者生活质量的评价》，《中国神经精神科杂志》2007年第2期。

（三）社区康复与家庭支持小组理念

1. 社区康复的重要性

社区综合康复治疗以社区为基础，最大限度地动员家庭与社会力量，对精神病患者进行生理、心理和社会康复，达到预防、减少精神病复发，恢复患者的生活交往、学习、工作能力，使之重返社会的目的。[①]

中国的精神卫生医疗服务资源十分有限，精神患者不可能都获得住院治疗，他们绝大多数长期生活在社区，尤其需要社区医生为他们就地提供有效的医疗保健和康复服务。[②] 社区康复有较好的康复效果，例如有研究发现，通过在社区进行面对面的支持与教育，患者及家属的病耻感均明显降低，其中患者有重度病耻感的比例由之前的25%降到半年后的13%和一年后的3%，家属有重度病耻感的比例由之前的42%降到半年后的22%和一年后的5%，能正常工作、学习和社交的患者从之前的15%增加到37%，其中，50%以上的家庭生活质量都有明显改善。[③]

2. 家庭支持小组

家庭支持小组的理念由同伴支持小组发展而来。同伴支持小组源于20世纪60~70年代的服务使用者运动，通常由小组成员自己组织和管理小组活动，强调在平等的环境中分享交流各自的经验，相互支持，促进精神疾病患者的独立意识，从而提高精神疾病患者的自信和自我决定能力以及康复的能力。[④] 同伴支持小组活动对原有的注重疾病治疗的精神健康服务模式提出挑战，要求人们关注精神疾病患者各方面的发展要求，把精神疾病患者视为像普通人一样具有潜能、理想和自我价值的人。[⑤] 家庭支持小组的一个重要特征，是增强精神疾病患者家庭成员之间的相互支持以及良好社会关系的发展。一些研究表明，家庭支持小组活动对促进精神疾病患者的社区融合也发挥着

---

① 黄小红、毛美琴：《257例抗菌药物应用情况分析》，《中华医院管理杂志》2006年第16期。

② 邵天双：《抗菌药物临床应用中存在的问题与对策》，《中华医院管理杂志》2006年第16期。

③ 杨陆花：《社区支持与教育对精神病患者和家属病耻感的影响》，《中国民康医学》2015年第23期。

④ R. O. Ralph, "Recovery," *Psychiatric Rehabilitation Skills* 4 (2000): 480-517.

⑤ R. T. Pulice & S. Miccio, "Patient, Client, Consumer, Survivor: The Mental Health Consumermovement in the United States," in J. Rosenberg & S. Rosenberg (Eds.), *Community Mental Health: Challenges for the 21st Century* (Routledge: Taylor & Francis Group, 2006), pp. 7-14.

重要作用，除了能够提升信心和自我决定的能力之外，还能够增强人的社会功能。①

二 研究方法及过程

本文采用定性研究的方法，运用参与观察法、访谈法进行资料收集。除了从官方渠道和调查机构获取现有的各种文献、文件资料外，笔者将根据北京市海淀区某社区卫生服务中心的项目活动安排，参加其项目活动，进行更详细的调查，从医院、社区日间康复中心、中心医护人员、社会工作者、部分精神疾病患者及家属的视角出发，通过参与观察、非结构访谈等方式来获取相关数据，确保所收集资料的真实性、全面性。最后笔者将运用质性资料分析方法对资料进行分析解读，力求得出符合真实情况的结论。

（一）青少年精神病患者情况介绍

本研究的小组工作服务对象在参与社区卫生服务中心内康复治疗的患者中选取。选取方式为：首先，对已在社区卫生服务中心中参与日间康复治疗的患者情况进行了解，初步选取对象；其次，对初选小组活动参与对象资料进行比较，通过社区卫生服务中心与辖区内精神疾病专科医院形成的精神卫生服务网络查询辖区内就诊过的精神疾病患者资料，选取年龄层相近、生活经历相似的患者参与；再次，联系预选患者及其家属，介绍活动内容及意义，了解参与意愿；最后，与筛选并确定参与的患者及家属进行访谈，观察和研究不同参与主体的行为表现、心理活动、环境适应性和主体需求。通过访谈法，了解患者家庭的基本状况、青少年精神病患者的内在需求、患者家属的期望以及相关医护人员和社会工作者在目前工作中遇到的困难。

笔者在某社区选取 A、B、C 三位情况相近的青少年患者参与家庭支持小组活动，患者基本情况如下。

患者 A 的基本情况：A，男性，20 岁，初中文化，无社保，未婚，被确诊为“青春型精神分裂症”。15 岁时中考临近学习压力增大造成患者情绪波动明显、负面情绪激增，促使初次发病。表现为多疑、抑郁、焦虑，

---

① S. E. Carpinello, E. L. Knight & L. Jatulis, “A Study of the Meaning of Self-help, Self-help Groupsprocesses and Outcomes,” paper Presented at the Proceedings of the 1992 NASMHPD Research Conference, Alexandria, VA, 1992, pp. 37 – 44.

存在躯体伤害。随后因学习成绩差，产生强烈自卑情绪，自我否定，深感一无是处，曾产生自杀心理倾向，与父母日常交流中对涉及“学习成绩”的话题非常敏感，易激动。随着病情的发展，A 的情绪表现出不稳定，在校期间出现自伤行为，被老师发现后移交家长。A 在父母的陪同下就医，经过 2 年的住院治疗，病情得到控制，情况稳定，随后办理出院转为家庭康复治疗。A 对练习书法有着浓厚的兴趣，无家族病史，为家中独生子，父亲是国企员工，母亲为大学老师，家庭经济状况良好，父母均有很强烈的病耻感。

患者 B 的基本情况：B，男性，23 岁，高中文化，无社保，未婚，家庭有精神疾病家族遗传史，被确诊为“混合型精神分裂症”。18 岁时不愿上课和考试，老师多次劝导无效，加之受青春期对生理和心理状况的影响，易怒且有逆反情绪，越发不愿参与学校的学习计划，不愿继续上学，父母劝导无效后休学在家。由于家中有精神病史，其父母怀疑 B 患有精神疾病。B 在父母的陪同下到医院就诊，被确诊为精神分裂症。随后入院接受药物治疗。B 喜爱诗歌，为家中独生子，父母均为知识分子，家庭经济状况良好，母亲有强烈的病耻感。B 患病后生活中的事宜由父亲负责照顾，其父为更好地照顾和陪伴 B 将工作调动到相对清闲的岗位，影响了自身职业发展规划。

患者 C 的基本情况：C，男性，21 岁，大学休学，无社保，未婚，被确诊为“偏执型精神分裂症”。18 岁时因升学压力大出现兴奋、大声喧哗、狂躁好动、定向力障碍等症状，加之升入大学后生活环境改变症状逐渐严重，最终导致病发。C 热爱篮球，为家中独生子，家庭无精神疾病家族病史，父亲为企业职工，母亲是退休工人，退休金微薄，家庭主要依靠父亲的工资维持日常开销，C 的父母存在轻度病耻感。C 患病后进行了 2 年的住院治疗，药物控制下病情稳定后出院，父母认为 C 现有能力不足以满足外出需求，因此限制其外出行为，康复方式为家庭康复。

（二）患者及家庭需求评估

在调查期间，笔者发现，患者及其家庭的康复需求主要包括以下三个方面：突破情感障碍；增进家庭成员间的沟通和理解；帮扶青少年患者改善受教育水平，为回归社会提供可能。

1. 精神病患者的家庭普遍存在不同程度的病耻感和内疚感

精神疾病病耻感是指精神病患者及其相关人员因精神病所致的羞辱感和

社会公众对他们所采取的歧视和排斥态度。① 在调查了解中，笔者发现受教育程度高的家庭，病耻感强烈。通常情况下，虽然精神疾病病发涉及基因、神经发育、生活环境和心理建构等众多因素，但父母会将子女患病看成自己导致的。②

2. 患者家庭成员日常交往中沟通、理解的需求高于普通家庭

患者因病情产生的行为异常、交流困难和情绪不稳，给家庭成员间沟通带来了障碍，导致家庭成员间易发生矛盾和冲突，产生误会和猜疑。患者因此自卑感加剧，内心更加脆弱、敏感，不利于疾病的治疗与康复。同时，患者家属会因患者长期需要照顾而产生倦怠感，病耻感强烈的家属会选择逃避和放弃。成员之间没有良好的互动方式，不能为彼此提供情感支持，家庭亲子关系难以保持良性发展。

3. 青少年患者教育严重缺失

患病后的青少年接受教育的场所往往从学校转向家庭，学校教育的缺失给家庭带来了很大的负担，青少年患者需要获取更多的教育机会和教育资源。教育缺失带来的影响主要表现在三个方面。一是行为能力矫正。青少年精神病患者会出现偏执行为、自伤行为、多动症等不良行为方式。二是解决问题的能力。青少年患者解决问题的能力普遍低下且严重缺乏决策能力，面对生活中出现的问题需要工作人员或家长做手把手的行为示范。三是社会化功能缺失。社会化要求青少年患者具有独立行为能力和与他人相处的能力，由于疾病带来的神经反应迟缓，自卑情绪和胆怯，青少年患者与外界交往的机会少，社会化程度低。

三　青少年患者康复小组的服务方案

社会工作理念要求社会工作者尊重每个人的独特价值和尊严、相信每个人的潜质，本次小组工作服务开展以社会工作的价值理念为准则，以家庭功能理论为指导，运用小组工作的介入方法，开展家庭支持小组活动，探讨了同伴支持理念运用到精神康复社会工作探索中的功能呈现及其实践机制。

---

① 陈熠、岳英、宋立升：《精神病患者家属病耻感调查及相关因素分析》，《上海精神医学》2000年第3期。

② 李丹丹：《青少年精神分裂症患者心理理论和决策能力研究》，硕士学位论文，安徽医科大学，2015。

（一）青少年患者康复小组的工作目标

由于家庭支持小组成员同质性较高，本次小组工作的开展，通过扩大患者家庭的社会支持网络、增加与外界互动频率，推动青少年与家庭成员之间加强沟通交流、活动期间相互分享生活经历和康复技巧，帮助患者家庭形成和谐的家庭氛围，建立良好的互动关系，促进彼此生活满意度的提升；增强家庭成员间沟通，为患者提供更多学习机会；减轻病耻感受，为患者重返社会奠定基础。

（二）活动的开展方式

1. 家庭讨论会

在患者康复的各个阶段，为了解患者的真实想法、尊重患者意愿，相关工作人员会定期组织患者召开讨论会，共同探讨下一阶段的治疗计划。家庭讨论会是有计划地召集患者家庭成员，与工作人员一起讨论患者的康复方案以及交代家属配合的工作，讨论会进行过程中，本着平等、民主、尊重的原则，要求参会成员积极谈论、认真倾听、勇于说出自己的真实感受，同时要求工作人员掌握工作节奏、坚持保密原则，在适当的时刻鼓励家庭成员自主开展讨论，培养自决能力和沟通技巧。

2. 家庭支持小组

家庭支持小组为本文社会工作介入青少年患者家庭的主要策略。通过组织参与支持小组的患者家庭参与活动，鼓励成员之间相互分享感受、倾诉痛苦，调动青少年的参与热情，激发潜能，互动形式由浅入深，逐步在组内形成成员间支持的关系。其实，家庭支持小组也是一种赋权形式，不仅是个人层面上的赋权，也是人际关系层面上的赋权。通过运用社会工作的技巧，小组成员获得生活的新力量，感受尊重、参与倡导，获得聆听和鼓励。

（三）青少年患者康复小组的活动过程

1. 前期准备

介入前期要求社会工作者对参与活动的家庭进行资料的收集和整理，与家庭成员进行访谈，了解家庭状况和需求，以便制定出更加合理的服务方案。社会工作者与3个患者家庭和社区日间康复机构工作人员共进行6次访谈，其中包括3次患者家庭的个案访谈、1次机构人员访谈和2次患者家庭集体讨论会。

通过个案访谈，笔者了解到，患者A的家庭中，A自卑感强，不愿与人主动沟通，父母病耻感受强烈，初步介入困难；患者B的家庭中，B沟通状况良好，父亲积极配合，母亲病耻感强烈，参与意愿较弱；患者C的家庭中，C出现衰退期症状，反应迟缓，父母病耻感强但愿意参与小组活动。

在社区日间康复机构工作人员的帮助下，笔者组织3个患者家庭开展两次“家庭讨论会”，旨在明确接下来开展“家庭支持小组”活动的意义和目的，澄清社会工作者的身份和角色，进一步了解患者家庭的参与意愿，安排活动计划。第一次家庭讨论会，社会工作者的工作任务是介绍3组家庭相互认识，组织患者家庭了解彼此家庭状况和患者康复情况，表达参与意愿；第二次家庭讨论会，社会工作者根据第一次讨论的结果，分析患者家庭对支持小组活动的参与期待，对需要解决的问题进行归纳整理，提出服务方案。

2. 介入过程

对患者家庭开展资料搜集、“家庭讨论会”前期准备工作后，接下来通过“家庭支持小组”的工作方法，对3组患者家庭开展介入工作。旨在给患者家庭成员提供情感宣泄、沟通交流的机会，减轻病耻感受；分享生活和康复经验与技巧，提高家庭教育质量，改善家庭成员间不良互动关系；扩大支持网络，增强同伴支持力量。

笔者将3组家庭成员聚集在一起，共同确定了活动时间和活动计划。活动时间定在每周六上午9点，先后进行了5次家庭支持小组活动，活动计划如表1所示。

表1 家庭支持小组活动安排

活动次数	活动纲要	活动目标
第一次	1. 主题：相知相识 2. 笔者与家属相互介绍 3. 家庭成员表达对活动的期望	1. 促进家庭之间相互熟悉，了解彼此情况 2. 明确支持小组活动章程和计划
第二次	1. 主题：说出你的心里话 2. “分享经历和感受”（自身经历以及过程中的内心感受） 3. 组员之间相互分享有效缓解疾病负面影响的方法 4. 布置社会交往任务：每个家庭结交一个新朋友	1. 排解不良情绪，增进互助组成员之间的亲密感 2. 帮助患者家庭认识到自己不良的家庭相处习惯，学习正确的交往技巧 3. 鼓励家庭成员接触社会，扩大社会支持网络

续表

活动次数	活动纲要	活动目标
第三次	1. 主题：交换技能 2. 鼓励患者分享自己的爱好和兴趣，展示自己的兴趣小作品，将自己的特长教授给其他成员 3. 鼓励参与兴趣学习的家庭继续努力 4. 布置完成作品任务	1. 改善精神疾病患者家庭的社会交往能力 2. 发现家庭交往过程中的潜能和患者自身优势，同时解决交往中遇到问题和家庭成员内部矛盾，并及时给予正确的沟通方式指导 3. 培养青少年患者主动学习的习惯
第四次	1. 主题：互助感受分享 2. 全体成员讨论互助交往给自己和家庭带来的变化 3. 探讨社会支持给予家庭功能改善的力量 4. 探讨家庭康复经验分享对解决家庭内部矛盾的影响 5. 提出对完善支持小组工作的期望和建议	1. 强化支持小组对组员的影响 2. 鼓励家属积极参与社会活动，增加患者家庭的社会参与度 3. 促进组员主人翁意识的发展
第五次	1. 主题：陪伴仍会继续，携手美好明天 2. 处理离别的情绪，鼓励参与家庭将“支持小组活动”自主开展下去 3. 让患者组员组织此次活动，强化“主人翁”意识，获取自信心 4. 帮助组员们制定以后支持小组的规则和下一次小组活动计划	1. 将支持小组发展成为患者家庭社会支持网络中的中坚力量，为家庭成员提供情感支撑的同时学习康复治疗技巧 2. 为支持小组继续发展提供动力

四　青少年康复小组的活动效果分析

通过“家庭支持小组”社会工作方法介入，青少年患者家庭成员之间交流机会增多、交流内容更加丰富；病耻感减轻，青少年患者自我认同感增强；家庭成员之间关系改善，轻松的活动氛围使亲子关系“破冰”；青少年患者获得更多知识和经验，患者家属互相交流康复技巧；“家庭支持小组”增加了青少年患者家庭之间的互动和相互学习的机会，为增强同伴支持力量、扩大支持网络提供了新的路径；青少年患者参与小组活动时，与同伴之间的互动、对活动任务的尝试提高了青少年患者的社会性功能，并且，通过社会工作者适当的干预和引导，患者家庭提升了应激力，强化了康复信心，增加了康复力量。

（一）青少年患者的家庭互动关系改善

1. 青少年患者获得更多交流机会

由于精神疾病具有长期性的特点，在青少年患者的众多社会属性中，“病人”变成了他们的第一属性，院舍化医疗康复的方式和环境将加深父母对青少年患者“病人”表征的关注，忽视了青少年患者还具有除“病人”之外的其他属性，其中包括学生的属性、子女的属性等青少年群体应当具备的属性。社会工作的介入为青少年患者和家属提供了更多交流、互动的机会，患者家庭普遍存在的“一问一答”式沟通方式开始向更丰富、生动的互动方式转变，从对话频率增多到交流内容多样，都更加体现出“家庭支持小组”康复模式对青少年患者康复的关怀。一系列家庭互动活动的开展，使患者家属逐渐意识到青少年患者除“病人”之外的其他角色，以及开始关注青少年患者由其他角色所带来的生活需求和情感需求。

患者 B 的父亲表示：“现在我们回家爱说话了，都爱说话了，孩子妈以前回家从来都不说话，现在每天跟我和孩子能说上两句了。现在他（指患者 B）会和我说他心里想什么，以前他不说，社工让交新朋友，他跟一个小组的男孩儿交了朋友，他跟我说他挺开心的。”

患者 B 的母亲表示：“最近看儿子是有点进步，以前天天在家待着，跟我也不说话，跟他爸说得很少，问一句答一句的，现在会主动说话了，那天在家还叫我吃饭，有点进步就好。”

青少年患者与家人之间交流的增多，体现青少年患者对自身角色有了新的认识，自己不再是被动听从安排的病人，而是家庭的一分子，可以参与家庭活动，这种认识上的转变，让青少年自身对生活具有更多自主性和参与性。

青少年患者在参与“家庭支持小组”活动的过程中，结交到新的朋友，也是青少年出院以来身边唯一的朋友。新关系的建立使青少年患者产生愉快的情绪体验和良性互动，这使青少年建立回归本源需求的社交模式，对青少年人际关系的形成具有重要作用。青少年患者“家庭支持小组”中的伙伴结组是根据青少年患者自身的意愿自由选择的结果，患者依据自身意愿和爱好、根据随意的沟通在相处中产生信任和依赖，从而形成“朋友”的交往关系。因而这种交往的随意性和自由选择性，给青少年患者带来了被尊重和被赋权的轻松感受，这种互动方式将给青少年患者带来自我认同感。

2. 青少年患者家庭病耻感减轻

病耻感和社会性交往相互影响，此消彼长，病耻感增强会阻碍患者家庭社会性交往；患者家庭社会性交往增多会减轻病耻感。家庭支持小组活动的开展，对减轻患者家庭病耻感具有一定的积极作用。青少年患者家庭的病耻感源于与同龄人相比，患者个人教育缺失、行为能力低下，无法独立参与正常社会生活，由此带来一系列成长中的阻碍，使得患者难以获得认同；同时，患者家属也由此认为自己的孩子“低人一等”，疾病带来的“标签化”使得青少年患者家庭过于自卑，逐渐逃避和远离社会交往。因此，青少年患者家庭易产生内心羞愧的感受和对自我的否定。社会工作者在小组活动过程中，鼓励患者家庭认识到目前的康复活动中患者展现出的优势和特长，让患者家庭感受生活存在希望，寻求社会认同和支持，从中逐渐找回对生活的信心和自我认同，从而减轻病耻感受。

> 患者C的父亲表示：“我希望这种活动再多一点，我们真的特别需要。希望政府能够更加关注我们，不光是孩子，像我们这种家属也需要心理辅导。不瞒你说，从儿子得这个病开始，我们的家庭就已经不像一个家庭了，孩子妈妈每天很晚回家，其实就是不愿意看见孩子的状态，她逃避，其实我也想逃避，我们都觉得丢人，但是没办法，孩子没人管了，所以有的时候我觉得自己已经要崩溃了。参加这个活动特别好，感觉在这里找到同伴，觉得自己还不是个孤零零的人，还有点用。”

病耻感的减轻离不开社会交往活动的增多，“家庭支持小组”活动给患者家属提供了相互交流的平台，寻找到新的社会资源，对减轻病耻感有一定的效果。其他研究者的研究结果表明，社区内开展相关面对面的家庭帮扶活动，对患者及其家属病耻感减轻有所帮助，一半以上的疾病患者家庭生活质量有明显改善。[①] 青少年患者不同于成年患者，处于生命蓬勃生长的阶段，这一群体具有更多可塑性。青少年时期是人生探索和发展的重要时期，获得自我认同、实现自我价值是全体青少年共同的期望，青少年患者也不例外。因此，通过小组活动在患者及其家属之间建立交往关系，满足青少年对成长中获得

---

① 杨陆花：《社区支持与教育对精神病患者和家属病耻感的影响》，《中国民康医学》2015 年第 23 期。

同辈支持的需求，同时帮助患者家庭重建社会支持网络，对减轻患者家庭病耻感具有良好效果。

（二）满足青少年患者受教育需求

社会学研究结果表明，社会分层后的交际网络中，血缘关系和亲缘关系对青少年成长的帮助最大、支持力量最强、社会关系最紧密。[①] 青少年患者出院后失去原有的学习机会，在学校接受教育的渠道被阻断，加之受疾病污名化和病耻感的影响，来自邻居、同学、朋友的帮助十分有限，同时目前从事精神康复社会工作的专业人员数量较少。因此，青少年教育资源的获得和受教育权利的使用，缺乏具有权威性、专业性的载体，只能依靠家庭以及由家庭衍生出的有限社会资源获取教育信息。以家庭为原点的教育资源虽然看似非常有限，但对于处在康复治疗中的、尚不被校园接受的青少年患者来说，家庭教育资源的丰富和升级对其获取知识和经验都具有重要意义。“家庭支持小组”活动给家长提供了分享教育技巧和教育资源的平台，给青少年患者提供了学习技能、分享兴趣、同伴支持的新途径，缓解青少年患者的心理困扰，丰富了青少年患者的学习生活。

> 患者B表示：“社工让我们学的内容挺好玩的，学会了还有奖励，以前我爸总让我在家看书，我就打游戏，看书也看不懂，现在我可以跟C一块，有时候我俩都看不懂，我俩就玩一会儿。”

青少年患者的病态思维和行为与“正常”的成长需求是并存的，知识和经验的获得是每一个青少年成长过程中的必然需要，帮助青少年患者重建积极的学习意识、燃起学习的希望和热情是引领青少年患者回归生活正轨的重要一步。重塑青少年患者的自我认同感是一个长期的过程，小组活动要避免青少年患者出现情绪低落、自我否定的负面情绪，这需要家庭和社会工作者共同努力，这个过程中患者家庭和专业工作者坚定信念十分重要，患者家属要具有康复信心，专业工作者要明确工作的意义和价值。

---

① 井世洁：《大学生的自尊、社会支持及控制点对应对方式的影响机制研究》，《心理科学》2010年第3期。

（三）青少年患者的家庭社会交往增多

青少年患者家庭成员与健康青少年家庭成员相比，在情感支持和社会帮扶方面具有更多的需求，就目前中国社会发展所处阶段和社会福利发展程度来看，难以满足患者家庭成员的需求；同时，青少年患者家庭在生活中很难寻求具有共同经历的伙伴，难以自主产生社会交往行为，社会支持力量薄弱，因而患者家庭会产生被社会抛弃的感觉。在此状况下，参与“家庭支持小组”活动是患者家庭提升社会交往频率、增强社会支持的重要方法，为青少年患者及患者家庭提供了同伴支持，从这个角度来说，家庭支持小组也是一个同伴支持小组。同伴支持不仅给青少年患者家庭成员之间提供了相互学习和分享的机会，也是患者支持网络重建的重要联结点。①

> 患者C表示：“平时都一个人在家看电视，待着也没意思，我就希望能有一个和我有同样爱好的朋友，最近交了一个新朋友，我们都喜欢踢球，看足球比赛，挺好的，我们平时能有个共同语言，能聊天。”
>
> 患者家属表示：“以前压力都我们自己顶着，周围像我们家这样的也不多，他们都躲着我们，不愿意说话，都快习惯了，现在不一样了，我们跟其他家长能说说话，感受都差不多，互相安慰安慰。”

开展“家庭支持小组”活动的意义是使独生子女青少年患者的社会交往不局限于与父母之间的纵向交往，开始发展青少年患者社会活动中的横向网络，同时为青少年家长提供了同伴支持，帮助青少年患者家庭寻求积极的支持网络，修补受损的社会支持体系；使家庭成员的认知逐渐转变，拥有积极的行为反应和良好的康复心态，变他助为自助，在青少年患者家庭遇到困难时会主动地去思考解决问题的办法，寻求同伴支持，降低压力对家庭造成的伤害。家庭支持小组的开展，让患者家庭将更有信心面对今后的生活。②

---

① Repper Julie, Carter Tim, “A Review of the Literature on Peer Support in Mental Health Services,” *Journal of Mental Health* 4 (2011).

② 童敏：《社会工作的自助和同伴支持理念的产生和演变——西方精神健康服务模式的发展轨迹》，《华东理工大学学报》（社会科学版）2009年第4期。

五　总结与反思

（一）减轻病耻感和改善青少年的家庭功能

“家庭支持小组”活动减轻了青少年患者家庭的病耻感。青少年患者家庭的病耻感源于与同龄人相比，青少年患者教育缺失，行为能力低下，社会功能缺失，无法参与正常的学习训练和社会交往，这一方面是因为社会支持力量松散、帮扶服务网络架构不完善、各康复机构和部门联系不紧密，青少年患者难以寻求同伴群体；另一方面精神疾病所带来的“污名化”，使他们被贴上贬低性、侮辱性的污名标签，导致社会加深了对这一群体的偏见和歧视，进而青少年患者被交往对象排斥在外。因此，青少年患者在社会活动和家庭生活中表现不佳，难以获得认可，内心缺乏自我认同；同时，青少年患者父母在社会歧视和偏见的影响下陷入深深的自卑，逐渐逃避和远离社会交往。

社区“家庭支持小组”活动的开展，给青少年患者家庭提供了表达、交流、学习、分享的机会和平台。青少年在小组活动中参与互动活动、学习新的技能，结识新的伙伴，重塑自信心；青少年患者家属在活动中寻求具有共同经历的参与者倾诉康复治疗中遇到的困难，分享照顾经验和康复信息，从中感受自身价值。青少年患者家庭社会支持力量的增多也对减轻病耻感具有一定的作用。精神疾病治疗周期长、药物副作用明显，导致患者认知功能受损、劳动能力下降，居家康复给患者家属带来了生活负担和家庭矛盾，进而影响患者家庭功能。① 青少年患者家庭功能明显低于普通青少年家庭。青少年患者自身行为能力低下、负面情绪感受多、受教育机会相对较少、缺乏自我认同感、缺乏支持群体；青少年患者家庭问题解决能力不足、缺乏社会支持系统、成员缺乏沟通和交流。② 在这种情况下，患者家庭逐渐失去了完善的家庭功能，包括表达交流功能、情感支持功能、子女教育功能、与外界交往功能等，同时患者家庭获取外界支持能力差，这不仅是家庭内部功能受到破坏造成的结果，也提醒着社会支持力量应当给予患者家庭更多关注和帮助。

---

① 朱春燕、汪凯、李晓驷、靳胜春、凤兆海、杜静、周珊珊：《精神分裂症患者的社会认知损害与社会功能障碍》，《安徽医科大学学报》2006 年第 4 期。

② 李沙沙、陈一心、詹明心、陈图农：《家庭动力学理论、评定与应用》，《中国心理卫生杂志》2012 年第 4 期。

（二）构建青少年患者精神康复的多主体合作模式

青少年患者精神康复需要来自微观、中观和宏观三个方面的支持。从微观层面分析，青少年患者家庭功能的恢复需要患者家庭成员的共同配合；从中观层面分析，青少年患者精神康复工作需要教育机构、卫生服务部门、康复服务机构、精神卫生服务协会和社区康复中心等多部门的积极参与；相对应的，以教师、精神科医生和护士、社会工作者、心理治疗师和社区精神卫生康复服务工作人员等组成的多学科工作团队是康复工作开展的专业组织力量；从宏观层面分析，青少年患者精神康复需要具有针对青少年成长阶段特点的专业的康复理念指导和相关政府部门的政策支持。以上三个方面，构成了以青少年患者家庭为起点的精神疾病康复立体支持网络。

具体来说，青少年患者家庭成员之间应当相互配合，明确各自在康复治疗过程中的角色和责任，青少年家长需要反思自身在孩子成长过程中的参与度和影响力，及时关注孩子成长过程中的变化和需求，青少年时期是生理、心理急剧发育的重要时期，伴随着意识的变化和认知能力的改变，家长不要等到子女产生了心理问题，才开始关注子女的心理健康状况。

从目前的精神疾病社区康复工作来看，应加强社区在康复网络中的作用。目前，大部分康复服务仅仅停留在“康复理念”的层面上，政府为广大患者康复提供了支持性的概念和宏观的构想，部分青少年患者参与社区康复时认为社区卫生服务中心仅仅是一个打发时光的地方，康复的意义或许仅仅是为了“走出家门透透气”。因此，社区康复落实到具体工作中，还需要具有实践价值的康复活动为社区康复“添枝加叶”。卫生计生委需要加大投入力度，推动社区日间康复机构的建设，开展社区精神康复评估，提升康复技术水平，拓展康复项目，拓展社会工作者队伍，以政府购买服务的形式，推进居住式精神康复机构的建设，逐步提高社区精神障碍患者的康复参与率。

从宏观角度分析，目前中国本土化的精神疾病康复模式还在探索中前行，非院舍化治疗已经取得初步的成效，北京市部分地区已经初步形成了医院、机构、社区、家庭为一体的康复系统，面对目前这一康复系统运行中的超负荷状况，可在成熟的社区康复活动中，鼓励家庭支持小组与社区倡导小组搭配进行，为患者家庭提供由微观过渡至宏观层面的、更加立体的康复路径，同时，还需要政府的支持，政策力量的注入、社会工作专业的成熟发展必将给患者家庭带来康复的新希望。

How to Improve the Family Function of Adolescent Psychiatric Patients in Community Rehabilitation Model

Ren Limeng　Wu Ying

Abstract: The purpose is to analyse the needs and status of family functions of adolescent psychiatric patients. In this paper, from the perspective of improving the family function of the patients, the practical experience and reflection of community rehabilitation of adolescent mental illness is put forward. The study found that through the activities of the family support group, the frequency of interaction among family members of adolescent patients increased and the content of communication was richer; The stigma of adolescent patient is reduced, and self-identity is enhanced; Patient family education resources are supplemented, adolescent patients gain more knowledge and experience; Enhanced peer support for patients' families and new ways to improve the social function of adolescent patients. In addition, community rehabilitation for adolescent psychiatric patients requires the participation of multiple departments, such as family, educational institutions, health services, rehabilitation services, mental health service associations and community rehabilitation centres, they also need a professional rehabilitation concept for adolescent growth stages and policy support from relevant government departments to jointly build a three-dimensional support network for adolescent mental illness community rehabilitation that can improve the family function of adolescent psychiatric patients.

Keywords: Adolescent Patients; Family Support Group; Social Communication Skills; Stigma; Multi-Subject Participation

人口老龄化背景下乡镇老年人的生活质量与养老模式*

——基于广东省佛山市Z区的实地调查

曾颖君　刘小龙**

摘　要　人口老龄化是中国经济社会发展面临的严峻挑战，以提升老人生活质量为旨归，探索多元化、因地制宜的养老模式是各级政府的重要责任。乡镇一级的养老模式正处于从家庭养老为主向多元养老模式转型的进程之中，家庭养老具有优化养老资源、提升养老生活质量、提供心理亲情慰藉、传承传统家庭美德等诸多优势，但也需要有力的经济基础、健全的保障制度和合适的家庭人口结构等前提条件作为支撑。政府购买社工服务正处于探索的初步阶段，完善基础养老设施、健全服务方式、优化服务质量仍然有较大的发展空间。

关键词　人口老龄化　家庭养老　生活质量　社工服务

一　研究背景与研究方法

根据联合国的统计标准，如果一个国家60岁以上老年人口达到总人口数的10%或者65岁以上老年人口占人口总数的7%以上，这个国家就已经属于人口老龄化国家。2016年，中国60岁以上人口达2.3亿人，占人口比例为16.7%①，

* 基金项目：本文是教育部2013年人文社科青年基金项目“新时期人的社会关系发展与协调机制研究”（课题编号：13YJC710029）的阶段性成果。

** 曾颖君，女，广东佛山人，广东药科大学医药信息工程学院；刘小龙，男，湖南邵阳人，广东药科大学马克思主义学院副教授，法学博士，主要研究方向为马克思主义基本原理、网络政治。

① 中华人民共和国国家统计局：《中华人民共和国2016年国民经济和社会发展统计公报》，http://www.stats.gov.cn/tjsj/zxfb./201702/t20170228_1467424.html，访问日期为2017年6月19日。

说明中国已经进入老龄化时代。面向未来，中国老龄化的趋势越来越严峻。有学者估算，中国将在2030年进入“深度老龄化”社会，2040年左右进入超级老龄化社会，2050年老年人口比例将可能上升到23.9%。[①] 在人口老龄化加剧和“未富先老”的大背景下，如何建立健全符合中国国情的社会养老保障制度，以有限的资源保障和改善广大老年人的健康水平，是政府需要高度重视的民生问题，也是学界积极探索的学术问题。

养老模式的选择与经济社会发展水平、人口内部结构变化以及社会保障制度等诸多因素相关，因此养老政策的探索、养老制度的健全需要考虑多种变量，结合具体国情和地方实际情况进行深入探索。“养老模式”是关系到中国老年人健康的一个关键因素，经济因素是一个基本的变量，有学者通过调查认为，经济与居住均独立的老年夫妻有最明显的健康优势和主观幸福度优势，而依靠子女供养或政府补助的个人独居养老模式是最差的。[②] 同时，中国的养老模式正处于嬗变之中，一个不容忽视的趋势就是空巢独居老人规模庞大，但传统的家庭养老方式同时在经受“现代性”的冲击，在快节奏、高压力、多变化的现代社会，人们没有足够的时间、精力以及财力兼顾工作生活、下一代的抚养教育和对老年父母的长期陪伴照料，因而家庭养老功能势必衰退[③]，同时呼吁社会力量和政府力量的投入和完善。

从整体上看，当前中国的养老模式正处于变革与探索的进程之中。传统社会主要依托于家庭养老，子女、家庭关系在老人养老中扮演关键的角色。计划经济时代，企事业单位是一个大而全的“小社会”，“单位”不仅扮演产品生产、销售的角色，而且为其成员包括老年人提供了全方位的社会关系覆盖和养老支撑。随着市场经济体制改革的深入推进，“单位制”开始瓦解，政府开始探索以“社区管理”作为组织模式的社会保障模式，尤其是近年来作为基层政府管理创新的“社工”模式开始出现，由此出现了通过社区管理来统合传统家庭力量、基层政府和党团力量、市场力量和社会力量等多种养老主体。在养老压力严峻的大背景下，养老模式的多元化探索成为社会发展热点和学术研究的热点。近年来引起较多关注的主要有“资产养老”“智慧养

① 郭玉贵：《老龄化：全球共同面对的危机与挑战》，《社会治理》2017年第1期。

② 刘宏、高松、王俊：《养老模式对健康的影响》，《经济研究》2011年第4期。

③ 翟振武、陈佳、鞠李龙：《中国人口老龄化的大趋势、新特点及相应养老政策》，《山东大学学报》（哲学社会科学版）2016年第3期。

老”[1]“医养结合”[2]“自主养老”[3]“互助养老”[4]等实践探索和理论提炼。这些多元化的探索揭示出中国养老制度变革的基本趋向：养老模式走向多元化、综合化和特色化发展，如何因地制宜、整合多元力量、实现特色发展成为政府、社会和家庭共同探索的课题。尤其值得注意的是，从老年人主体的需求来看，随着生产发展水平和生活质量的提升，老年人养老不仅仅需要生活保障和医疗服务，如何活得有质量、有尊严和有幸福日益成为老年人的主体需要。也就是说，养老问题不仅要关注其生活维度，也要关注其社会交往和精神文化需求。从这个角度来看，以社区作为单位整合多元主体力量，建设更加宜居友好的老年生活环境，不仅有助于老年人口自理状态预期寿命的延长，进而有望减轻社会和家庭的老年照料负担，也有益于提升老年人的幸福指数和生活质量。

本研究从老年人的主体需求出发，调查老年人养老现状及其相应的养老保障体系和支撑力量，力图分析当前中国乡镇养老模式的基本状况及其存在的问题。本研究选取广东省佛山市Z区作为研究样本。该区总面积2.8平方公里，地理位置优越，经济较为发达，商贸十分活跃，常住人口5510人，外来流动人口8000多人，下辖9个村民小组和1个居民小组。该区2004年建成一个占地面积500亩的农产品市场，工业以铝型材为主，辖区内有6间比较有规模的宾馆和酒店，正向第三产业规模发展。大多数当地居民主要是在本地经商、打工，极少部分外出打工，职业多样化。在社区治理组织架构上，该区倡导“政经分离”，2012年成立由社区党总支部牵头，村（居）干部、党员代表、居民代表、行业代表、企业家代表和外来务工代表等组成的社区参理事会，并每季度召开参理事大会，引导社会精英出谋划策，对社区经济、民生等重大事项进行商议。在社区治理和服务上，坚持在党总支部领导下全面带动工、青、妇、老等群团组织参与社会建设。该区文化生活较为丰富，全村9个村民小组基本建有小公园，共有11个灯光球场。该区先后获得“广东省卫生村”、省“六好”平安和谐社区、市生态示范村，区十好和谐文明

---

① 翟振武、陈佳、鞠李龙：《中国人口老龄化的大趋势、新特点及相应养老政策》，《山东大学学报》（哲学社会科学版）2016年第3期。

② 宋澜、王超：《从覆盖到发展：医养结合养老模式三步走战略》，《求实》2016年第9期。

③ 孙敏：《大都市近郊“自主养老”模式的机制分析——以上海市近郊W村为考察中心》，《南方人口》2017年第1期。

④ 杨静慧：《互助养老模式：特质、价值与建构路径》，《中州学刊》2016年第3期。

村、四星健康村、平安村、五星体育强村、五星六好社区等荣誉称号。该社区农村户籍人口为4855人，其中60岁以上的长者共有1049人，约占22%。60~69岁的占长者比例的63%，70~79岁的占长者比例的23%，80岁以上的长者占长者比例的14%。

在研究方法上，主要采用问卷调查、个人访谈和在场观察三种研究方法。研究人员于2016年7月1日到2016年8月31日在该社区社工服务站进行蹲点、服务工作，对该社区468位长者进行了问卷调查和入户访谈，共发放问卷468份，回收问卷468份，有效问卷为100%。调查对象的年龄分布如下：60~64岁的占31.2%，65~70岁的占34.4%，71~75岁占12.18%，76~80岁的占8.76%，81岁以上的占12.6%。在性别的分布上，男性占39%，女性占61%。同时，对于具有典型意义的调查对象，进行了回访和跟进调查。

二　Z区老年人的生活质量与养老需求

一般来说，人的需要可以分为生理性需求、社会性需求和精神性需求三个方面。我们从生理生活、社会交往和文化精神需求三个方面，对Z区老年人的生活质量进行了调查分析。

（一）生活保障和医疗保障

1. 经济状况与养老生活保障

Z区经济收入情况比较良好，老年人普遍对经济忧虑感较低。2016年，该区集体经济总收入7333万元，收入主要来源是土地、厂房、仓库和商铺租赁，股民年分红9300元。从调查中可以发现，89.74%的老年居民选择“没有经济忧虑”，仅有8.12%的选择“偶尔”会有经济忧虑。而且年龄越大对经济的担忧度越低，表示有经济忧虑的年轻长者较年长的长者要多。由于绝大部分Z区的居民居住在自己盖的房子里，所以居民就会把剩余的楼层对外出租，或者在外购买了楼盘的居民，会将自己村里闲置的房子对外出租，因此，15.38%的调查对象有租金收入。Z区的老年人从整体来说具有较好的经济基础，这为老年人的养老保障提供了十分有利的条件。在回答“日常的支出主要依靠是哪一方面的收入（多选题）”时，94.44%的调查对象选择了村居分红，其次是选择“退休金/社保”的占27.56%，再次是选择“家人/亲属的经济支持”的占26.92%，选择“就业收入/经营收入”的占6.2%，而选择“低保、残疾人补贴等补贴收入”的仅占0.64%。这印证了该区老年人养老更多依赖于村集体的集体分红，对家庭成员在经济上的资助依赖程度不高，对社会保障的依赖程度更低。同时，良好的经济状况也为其医疗保障提供了有力的支撑，在回答“你会否因经济收入不足，而不愿去看医生?”时，95.94%选择“不会受其影响”。

从居住环境来看，除了9个调查对象没有做出回答之外，所有调查对象都选择了自建村屋。其中68.8%的老年人选择了“钢筋混凝土结构/新型村屋/新区”，29.27%选择了“简单砖瓦盖搭建筑物/传统村屋/旧区”。说明该区老年人受益于经济状况良好，整体居住环境不错，且老年人都倾向于居住在自己家里，没有人选择到敬老院去居住。

当然，也有极少数老年人在生活上存在一定的困难，成为弱势群体。弱势老年人的类型主要包括经济困难、身心障碍、独居以及医疗救助，整个社区分别有低保家庭老人12人，残疾人士41人，单亲特困者3人，独居长者49人，优抚对象12人，失独家庭0人，需大病救助者3人。这些弱势老年人是更需要关注的群体，且具有个性化的特征，因而需要有针对性的关爱和支持。

2. 健康状况与医疗保障

健康状况是老年人生活的重要内容，医疗保障的健全直接关系到老年人的生活质量和幸福指数。从调查情况来看，25.16%的调查对象暂未被医院确诊患有常见老年病，其余的调查对象有被医院确诊患有疾病，其中常见病的分布状况如图1所示。

随着年龄的增长，各种老年病的发病概率也将提升，尤其是视力下降、记忆逐渐衰退、失眠的现象在年纪较大的调查对象中较为普遍。

从整体上来看，Z区老年人的大病发病率比较低，且大部分可以照顾自己的基本生活起居（见表1）。在回答“你曾否入住过医院”一题时，选择“没有住过院”的调查对象为58.33%，选择“例行检查身体”的占比为17.74%，选择“身体不适入住医院治疗”的占比为18.38%，选择“入住医院及进行手术”的比例为3.21%。区所在的医院能够保障老年人的基本养老需求，当需要进行手术时，老年人表示会选择市级以上的医院进行治疗。在回答“您不能独立完成的日常活动”时，高达96.58%的调查对象表示能够做到基本生活自理。

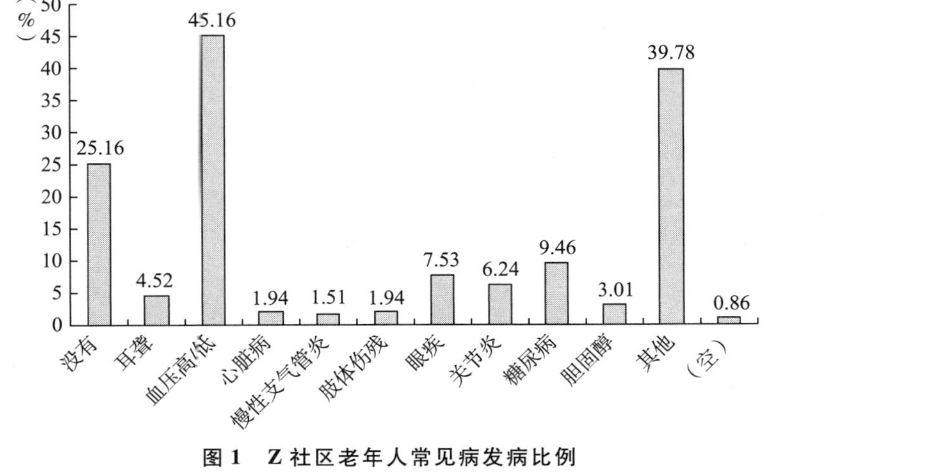

图 1　Z 社区老年人常见病发病比例

表 1　Z 社区不同年龄层与老年病患病比例

X\Y	A. 没有	B. 耳聋	C. 血压高/低	D. 心脏病	E. 慢性支气管炎	F. 肢体伤残	G. 眼疾	H. 关节炎	I. 糖尿病	J. 胆固醇	K. 其他	（空）	小计
A. 60～64 岁	51（35.17%）	1（0.69%）	59（40.69%）	3（2.07%）	0（0.00%）	2（1.38%）	3（2.07%）	6（4.14%）	11（7.59%）	4（2.76%）	46（31.72%）	3（2.07%）	145
B. 65～70 岁	40（25.16%）	0（0.00%）	72（45.28%）	2（1.26%）	1（0.63%）	1（0.63%）	12（7.55%）	10（6.29%）	17（10.69%）	5（3.14%）	66（41.51%）	1（0.63%）	159
C. 71～75 岁	8（14.04%）	0（0.00%）	26（45.61%）	2（3.51%）	1（1.75%）	1（1.75%）	7（12.28%）	4（7.02%）	6（10.53%）	2（3.51%）	29（50.88%）	0（0.00%）	57
D. 76～80 岁	8（19.51%）	6（14.63%）	21（51.22%）	1（2.44%）	1（2.44%）	2（4.88%）	4（9.76%）	5（12.20%）	5（12.20%）	1（2.44%）	14（34.15%）	0（0.00%）	41
E. 81 岁及以上	9（15.52%）	13（22.41%）	30（51.72%）	1（1.72%）	4（6.90%）	3（5.17%）	8（13.79%）	4（6.90%）	5（8.62%）	2（3.45%）	27（46.55%）	0（0.00%）	58

（二）家庭、邻里关系与社会交往

1. 家庭关系与情感需求

家庭关系的和谐，对于老年人安享晚年提供了重要的心理温暖和情感慰藉。在 Z 区，家庭养老仍然是最为重要的养老模式，家庭关系对于老年人的生活质量具有决定性的影响。

首先，与子女同住成为老年人的首选生活方式。从居住方式来看，调查对象中选择“与配偶及子女/孙儿同住”与“只与子女/孙儿同住”的分别占 60.47% 和 16.45%，两项相加为 76.92%。“两老同住/与配偶同住”的占比为 12.82%，“独居”的占比为 6.2%。“与护工同住”的占比仅为 0.85%。除了居住在一起之外，老年人与子女之间的交往频率是显示二者亲密关系、提供心理慰藉更为重要的指标。从调查数据来看，85.68% 的老年人表示，每天都可以见到自己的子女，8.12% 的老年人选择每周一次或更多，只有 2.56% 的调查对象选择每月一次或更多的情况。选择几个月 1 次、每年 1 次或更少和没有见面的占比分别为 0.43%、0.21% 和 0.43%。可见老年人与子女的交往和互动较为频繁。

其次，子女也是老年人解决各种生活困难和需要帮助时最为重要的依赖对象。从调查中可知，在回答“当你遇到患病要看医生时，通常是谁陪你去看病的”时，选择子女的占比为 62.18%，远高于占比分别为 45.94%、13.25%、3.21% 的“自己”“配偶”“亲戚”。值得注意的是，选择护工的占比仅为 0.43%，选择社工的则为 0。这从一个侧面反映出 Z 区养老对于亲情的依赖程度，对于专业化的护工和社工则缺少依赖性。在回答“当你遇到困难，会找谁帮助”时，选择“家人/亲戚”的占比为 74.15%，选择“靠自己”的占比为 40.17%，选择“邻居/街坊”“朋友”“居委/社区等政府部门”的比例分别为 7.48%、2.56% 和 1.92%。可见，老年人在需要帮助时更倾向于寻求亲情和私人帮助。

最后，良好的家庭关系尤其是亲子关系为老年人提供了心理、精神慰藉。从 Z 区老年人对“家人（配偶/子女）的关系”的满意度来看，选择“非常好”和“好”的比例为 27.99% 和 65.17%，两项相加显示家庭关系满意度达到 93.16%。从反面来看，高达 90.81% 的老人表示没有与子女发生过争吵。导致与家人争执发生的因素，排在第一位的是生活习惯问题，占到 2.78%；1.07% 的长者因金钱问题与家人发生争执，此外因为子女工作、婚姻问题、情绪问题、产权分配问题发生争执的比例都在1%以下。从个人访谈的情况来看，老年人对家庭关系的满意度都比较高。其中有一位98岁高龄的老人，因为行动不便，精神也不能太劳累，所以大多数时间是在家里休养。虽然她每天都可以见到子女和孙子，但这位长者的心态并不是那么积极乐观，觉得自己是个累赘，拖累着年轻人。尽管如此，她的女儿还是悉心照顾着她的生活起居，并耐心地开导老人，为老人提供了全面的生活照料和情感慰藉。

2. 邻里关系与社会交往

邻里关系和睦也会对老年人养老提供重要的支撑，丰富老年人的社会交往。从调查情况来看，67.52%的长者会经常与邻居打招呼以及倾谈，24.79%的长者偶尔会，6.2%的老年人不会与邻居相互照应。在回答"如果你家中欠缺一些东西急需用（如油、米、盐或维修工具），你是否主动向邻居借用"时，选择"肯定会"的比例为10.74%，"可能会"的占比为32.91%，选择"肯定不会，自己再想办法"的比例为47.22%，说明邻里关系的亲密程度远远比不上家庭关系。

老年人与邻里之间的交往活动较为丰富。依次是围坐闲谈（71.79%），饮茶（17.74%），运动（如打太极、跳舞等，17.52%），打麻将纸牌（11.75），出外旅游（8.12%），棋类活动（2.35%），显示出老年人之间的交往活动丰富多彩，体现出"叹早茶""打麻将"等传统交往方式与出外旅游、跳广场舞等现代交往方式的相互交织。但是，对于外来民工，老人的交往则呈现出较大的差异性，譬如研究者观察到，其中一位老人对租房子的外地民工有一种戒备心理，平时遇见了也不会主动打招呼；而另一位老人经常敞开着家门，在自家门口乘凉，跟邻居聊天闲谈，和附近的租客关系都很友好，见到面会互相打招呼。可见，Z区的社交关系既体现出传统乡土中国中对于熟人关系的信任和青睐，也遭遇着现代契约社会中陌生人关系的复杂性。老年人群在延续传统信任关系的同时，以不同的方式来应对人口的流动和变动的邻居关系。

总体而言，老年人对于邻居关系是比较满意的，选择非常好和好的比例分别为24.79%和70.73%，两者相加为95.52%，满意度甚至超过了家庭关系。高达94.02%的老人表示与邻居没有发生过争吵，关系很和谐。值得注意的是，邻里关系的和谐主要源于老乡情缘和传统邻里关系的传承，社工服务和政府支持的作用表现得不明显。没有一位调查对象选择"社工服务"作为交往的方式，在访谈中也很少有老人谈到对社工组织及其人员的信赖。

（三）文化康乐与精神生活满足

1. 参加文化娱乐活动情况

文化娱乐活动的丰富性及其层次既影响着老年人的生活质量，还反映了老年人精神生活的满足程度和老年文化的发展状况。从调查的情况来看，Z 区的文化娱乐活动比较单一，丰富性和层次性都有待提升。具体情况见图 2。

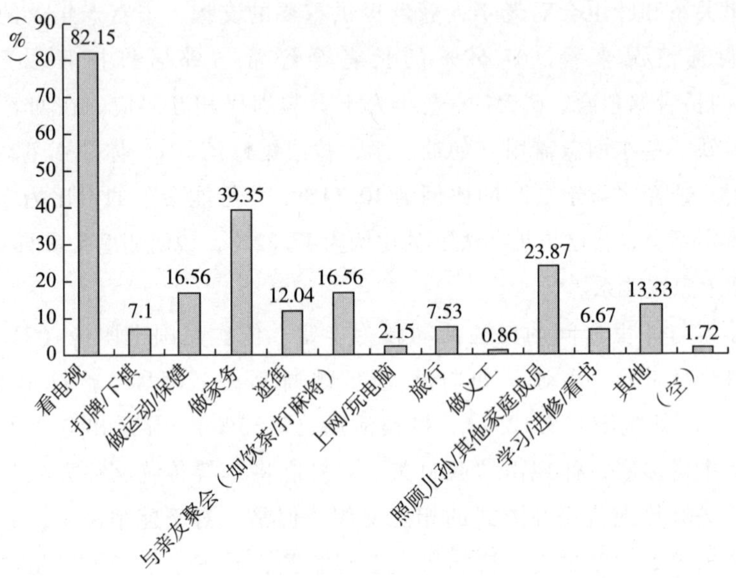

图 2　Z 社区老年人日常活动情况

从图 2 可以看出，其中“看电视”占比为 82.15%，高居榜首；“做家务”“照顾儿孙/其他家庭成员”分列第二、三位。再次就是“做运动/保健”和“与亲友聚会（如饮茶/打麻将）”等社交活动。选择“上网/玩电脑”“学习/进修/看书”“做义工”的占比都比较低。在回答“过去一年您曾参加过哪些活动”时，排在前列的依次是“保健讲座/义诊”（29.7%）、“文艺表演”（7.91%）和“传统活动（龙舟、狮会等）”（7.26%）等，高达 56.84% 的调查对象选择从没有参加过任何活动。可见 Z 社区老年人的日常生活方式依然是比较“传统”和单调的。

从老年人期望的文化活动来看，同样呈现出务实、传统和单调的特征。具体情况见图 3。

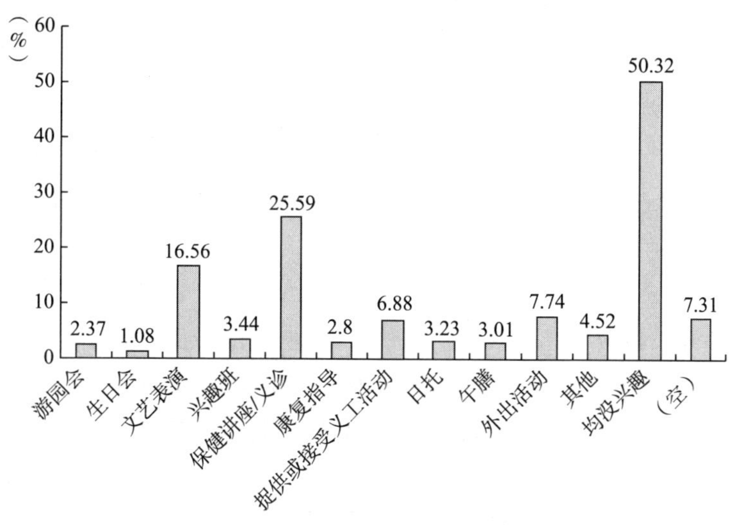

图3　Z社区老人感兴趣的文化服务

当问及调查对象感兴趣的有哪些文化服务时，有50.32%的长者表示“均没兴趣”。而有25.59%的长者对“保健讲座/义诊”有兴趣，16.56%的长者对“文艺表演”有兴趣。可见，丰富和拓宽老年人的文化活动依然值得深入探讨。

2. 心理健康和精神生活状况

老年人的心理健康、心理状态也是影响其生活质量的重要因素。在问及“你是否有孤独寂寞的感觉”时，84.4%的调查对象选择了“从来不会”，选择“有时会”的占8.97%，选择“经常会”的仅占3.63%。在问及“通常以何种态度来面对困难”时，选择“积极面对”的比例为74.15%，选择“寻求协助”的比例为31.62%，选择“无可奈何”的比例为11.11%，选择“逆来顺受”（5.34%）、“置之不理”（2.78%）、“自怨自艾”（1.92%）、“自我嘲笑”（1.07%）等消极心理的人数都比较少。在回答“您是否有过厌世念头”时，84.4%的人表示“没有”，13.03%的人对此不回答，明确表示“曾经有，现在没有”“曾经有，现在偶尔仍有”的人占1.07%，积极心理明显高于消极心理。从整体上看，Z区老年人的心理状态是比较积极的。

随着年龄的增长，老年人的力量感在减弱。在问及“对于自己想做的事情，你会感到（　　）”时，59.4%的调查对象选择“有能力”，2.41%的调查对象选择“很有能力”，但也有24.57%的人选择了“无能力”和2.99%的人“毫无能力”，两项相加为27.56%，说明老年人对自己的力量感明显减弱。为了了解哪些因素给老年人带来心理困扰，我们设计了“你目前感到困扰/担心的问题是什么”一题，67.52%的人选择了“其他”，10.26%的人不做回答，明确表达困扰问题的依次为“身体虚弱多病”（10.47%）、“为晚辈的事操心”（8.55%）、“经济困难”（5.77%）、“与家人情感关系薄弱”（1.28%）和“无聊”（0.85%），显示生理和现实因素带来的心理困扰远大于情感因素和精神因素。

从整体上来看，Z社区老年人对于生活的满意度还是比较高的。在问及“您生活的开心指数”是多少时，选择“非常开心”和“开心”的比例分别为64.96%和25.64%，两项相加为90.6%，明确表示“不开心”和“很不开心”的分别为4.7%和0.43%，另有4.27%的放弃回答。

三 Z区老年人的养老模式及其发展趋向

当前中国现有的养老模式主要可以分为居家养老、机构养老（院舍养老）和社区养老三种类型。Z区尽管在地理位置上已经处于日益扩张的城市辖区之内，且繁盛的商贸活动和日益增多的流动人口在冲击着传统乡镇，但其养老模式仍然属于比较典型的居家养老模式。家庭关系尤其是子女在老年人养老中发挥关键作用，社区的力量、机构的力量相对较弱，在老年人养老中的功能尚未体现出来。

从整体上来看，Z区老年人的生活质量是比较高的。在生活水平和物质保障方面，Z区具有扎实、稳定的物质生活保障，尤其是具有独立的住房条件；老年人的健康水平整体较高，且有比较便利和健全的医疗保障制度。在生活方式上老年人与子女同住，相互照料，在生活上相互帮助，在情感上相互慰藉，家庭关系比较协调。子女不仅是老年人解决各种生活困难和需要帮助时最为重要的依赖对象，而且给老年人提供了安全感、亲情感、归属感。老年人也可以帮子女做家务，照顾孙子女，成为家庭中不可缺少的角色。同时，邻里关系比较和谐，“熟人社会”“乡邻关系”为老年人提供稳固、熟悉的社会交往，饮早茶、聊天等方式也是老年人社会交往最为主要的方式。从文化活动来看，与老年人的文化水平、生活方式相对应，呈现出平民化和传统性的特征。从心理状态来看，尽管老年人不可避免地会遭遇“无力感”的困扰，但其心理态度整体而言是比较积极向上的，积极心态明显大于消极心态，老年人对生活持积极肯定和满意的态度。

由此可见，居家养老模式具有突出的乃至无可替代的优势：有利于节约社会养老成本①、搭建便捷的健康保障平台、丰富家庭代际的情感沟通、传承中国人独特的价值观念和营造良好的心理氛围和社会风气等。但是，居家养老模式并不排斥机构养老（院舍养老）和社区养老的积极意义，尤其是在中国城镇化加速、家庭结构变小、社区功能凸显的背景下，不能弱化社区在整合各种养老资源中的功能。进而言之，居家养老模式需要社区和基层党政机构提供相应的保障条件作为前提。以 Z 区为例，老年人的生活质量较高，是建立在一系列相关保障条件基础之上的。其一，村集体提供的稳定而可观的定期分红是重要的物质前提，这种来自村集体的物质保障替代了国家社会养老保险、社会保障和医疗保险。但这种村集体分红的经济来源对于中国绝大多数乡镇来说是不现实的。因而不能因为强调居家养老的优势，弱化政府的养老责任和社区提供养老资源的责任。其二，和睦的家庭关系和邻里关系需要借助于宗族力量，发挥传统文化力量在构建养老文化中的功能。Z 区深受广府文化的影响，各自然村都重视宗祠文化传承，各自然村小组都建有旧宗祠或翻新宗祠，这种依托于宗族的力量既强调了家庭关系的和睦，又借助宗族的力量、亲情的关系来维系和睦的邻里关系。这是 Z 区邻里关系较好的一个重要因素，同时从一个侧面也反映了面对外来流动人口的这种困境和调适。其三，居家养老在一定程度上也与当地人的就业方式、人口结构和生活方式有关。近年来房价、地价不断上涨，当地人可以凭借房屋出租、土地出租获得不菲的收入，因而他们大多在当地工作和生活，外出打工的年轻人不多，几乎没有离开珠三角打工的青壮年劳动力。同时，当地人生儿育女的意愿比较强烈，甚少有独生子女的家庭。这在客观上推动了大家庭结构以及对于老年人照看子女的需求，因而更容易营造居家养老的家庭氛围。

依据以上保障条件，Z 区的居家养老并不是以自然村为单位的居家养老，而是依托于集体村镇和大宗族的居家养老模式。村镇和社区在统合各种养老资源中发挥了重要的作用。因而准确地说，Z 区的居家养老模式是建立在社区统合各种养老资源基础上的居家养老模式。它在发挥诸多优势的同时，不可避免遭遇社会变革、社会流动的各种冲击，并具有生活圈子相对固定和文化生活较为单调的短处。譬如老年人外出旅游的比例较低，其参加文化娱乐

---

① 孙迎春：《我国社区居家养老调查及对策研究——基于南京市栖霞区居家养老调查》，《特区经济》2011 年第 11 期。

活动的层次不高，丰富性有待进一步提升等。

近年来，相关养老机构和社会力量一直试图在养老上有所作为，其中最值得关注的就是社工服务机构在当地的尝试和努力。广东省近年来一直在“政府购买社工服务”方面进行着积极的探索，Z区也成立了一家社会服务机构，养老服务一直是其工作的重要内容。然而，老人们对社工服务的态度并不积极。从调查结果来看，77.56%的老人不知道社工工作，知道的仅占18.59%。社区尤其是社工机构组织的相关活动，老人们并不感兴趣。高达47.82%的老人对社工机构组织的各项活动不感兴趣。在谈及为何不参加社工服务机构组织的活动时，居于首位的同样是“不感兴趣”，所占比例为50%，其次的原因包括“没有时间”（23.93%）、“行动能力”（19.66%）、“路程”（8.55%）和“信息通知”（6.62%）等。可见，目前社区养老服务的人力配置、养老设置均未完善，社工组织当前并未在养老服务上得到老人们的认可、认同。

从2015年开始，Z区加大了以养老服务为重点的社区服务购买力度，相关机构正在进行调查、摸底和规划，如何开拓社工、康复医生、护士、营养师等专业人士开展社工服务、康复护理服务和健康膳食服务，仍然需要深入探索。

四　结语

中国人口老龄化进程的长期性、特殊性以及紧迫性，使得人口与经济、社会全面协调可持续发展面临严峻挑战，构建适合中国国情和地方实际的多元化养老模式需要从理论和实践两个层面进行探索。从国家层面来说，需要从“长期性、综合性、全局性、前瞻性、战略性”的高度，积极开展顶层设计和各项养老制度的完善，不仅仅关注养老问题带来的经济影响，更要关注养老问题所蕴含的民生意义和社会服务功能。从各级基层政府来说，则需要因地制宜地探索养老模式。应当说，居家养老在相当长时间内仍然是中国养老的一种主要模式，应当积极探索如何通过社区力量来统筹、整合各种资源，为居家养老模式提供更为有效的保障条件和制度支撑，从而有效破解当前居家养老所面临的各种困境和难题，推动居家养老模式具有更多、更丰富的内涵。

The Quality of Life and the Old-age Provision Model in Rural Area for the Aged under the Background of Population Aging: Based on the Field Investigation in Z District, Foshan, Guangdong Province

Zeng Yingjun　Liu Xiaolong

Abstract: Population aging is a big challenge for Chinese economic and social development. In order to improve the life quality of the elderly people, it is the government's responsibility to explore diversified pension model. Chinese rural old-age model is in the process of transition from the single family providing for the aged to pluralistic old-age providing model. Family pension has advantages and disadvantages. On the one hand, the model of providing for the aged can optimize pension resources, improve their quality of life and provide psychological endowment to the aged, as well as many other advantages; on the other hand, it also needs Solid economic base, a sound security system and a suitable family demographic structure and other prerequisites as a support. The Old-age security model of Government buying social workers service is just in the initial stage of exploration, there is still a lot of room to improve the basic pension facilities, improve the service and optimize the quality of service for the old people.

Keywords: Population Aging; Family Pension; Quality of Life; Social Work Service

养老机构长期照护的困境分析

——以广州友好老年公寓为例

高　菊　黄小燕*

摘　要　长期照护越来越成为老龄社会的强烈需求。虽然机构养老不太符合中国传统养老观念和儒家伦理，也不符合老龄人口的养老预期，但仍有部分失能老人别无选择。长期照护的供给与需求矛盾日益突出，给社会养老机构带来了很大挑战。本文以广东最大的养老机构——广州友好老年公寓为例，分析养老机构失能半失能老人长期照护问题。我们在对广州友好老年公寓的参观访谈过程中，发现养老机构的长期照护面临诸多困难以致陷入困境，比如护工人员缺乏、护理人才流失、制度供给不足、精神慰藉薄弱等。一些较早进入老龄社会的发达国家和地区，在解决长期护理供需矛盾方面积累了不少有益经验，包括积极开发照护人力资源、建立完善照护保险制度、采用时间储蓄模式鼓励互助、以人为本的人性化管理理念等，这些都值得我们参考借鉴。

关键词　养老机构　长期护理　困境

一　长期照护的社会需求

老龄化和高龄化的加速推进必然带来长期照护需求的迅猛增长，长期照护越来越成为老龄社会的热门话题，关于长期照护的说法不一，比如“长期照护”“长期护理”“长期照顾”“看护护理”“长期健康护理”“长期介护”“长期照料”“长期养护”“养老护理”等。对长期照护的概念界定也因不同学者不同视角而有不同思路。早在 1963 年，美国的医疗救助福利部对长期照护下过定义，认为长期照护病人是指因身心疾病、功能障碍

* 高菊，广东省人口发展研究院教授，主要研究方向为老年社会学和家庭社会学；黄小燕，广州省人口发展研究院副院长，研究方向为人口学。

而需要长时间的医疗、护理或支持性健康照护的病人，另外因严重急性伤病，而需长期恢复治疗的病人。而现代社会，老年人的长期照护早已超出医疗服务的范围，是社会照护和医疗照顾的结合，承担的主体也已经由原有的个人和机构扩大到社区。一般而言，长期照护是指为部分在相对较长时间里生活不能自理或半自理的对象，包括医疗护理和日常生活照料等综合性服务总称。按照国际通行标准，吃饭、穿衣、上下床、上厕所、室内走动、洗澡六项指标，不能完成其中一到两项为“轻度失能”，不能独立完成其中三到四项为“中度失能”，不能独立完成其中五到六项为“重度失能”。WHO 认为，长期照护的目的是保证那些不具备完全自我照料能力的人能继续得到其个人喜欢的、较高的生活质量，获得最大可能的独立程度、自主、参与、个人满足及人格尊严。① 本文所说的长期照护主要是指对身心功能障碍的老年人（失能半失能老人）半年以上的日常照料，这种长期照护与社区的短时间照料有所区别。

就拿广州来说，广东作为全国第一人口大省，常住人口已经突破一个亿，广州人平均寿命高达 79.04 岁，远远超出全国人口平均寿命。由于广州老龄人口的基数大和高龄化，不断增长的失能老人对长期照护需求也日益增多。根据广州市老龄委、民政局、统计局的《2015 年广州市老年人口数据摘要》（以下简称《数据摘要》）数据：2015 年广州 60 岁以上老年人口为 147.53 万人，其中 80 ~ 89 岁高龄老人为 20.97 万人，比 2014 年增加 0.97 万人，占全市老年人口的 14.21%。90 岁及以上老年人口为 2.85 万人，比 2014 年增加 0.2 万人，占全市老年人口的 1.93%。② 在老年人口（尤其是高龄老人、纯老家庭、独居老人和孤寡老人）当中，有相当一部分属于“潜在长期照护类型”或“完全长期照护类型”。根据广州市民政局统计，到 2015 年底，广州市养老护理员在职人数只有 4005 人。与此同时，家庭养老功能不断弱化，老人社会抚养比不断上升。对于失能老人的子女来说，照护老人与自身职业的矛盾非常突出，加上不专业，致使家庭照护的效果很难理想。虽然机构养老不太符合中国传统观念和儒家伦理，也不符合老年人的养老预期，但仍有部分失能老人别无选择。

---

① WTO, *Long - term Care Laws in Five Developed Countries: A Review* Gevena, 2000.

② 广州老龄网，http://gzll.gzmz.gov.cn/gzsllgzwyhbgs/xxfb/list.shtml。

二 养老机构长期照护的现实困境

社会机构养老已经成为传统家庭养老方式的重要补充和支撑。除了老龄化和经济发展等原因以外，老年人的观念也在逐渐发生改变，居住在养老机构中不仅可以免去日常很多繁重的家务，而且有更多老年人可以一起交流，因此很多老人将养老机构作为他们人生的最后一站。社会养老工作既是当前社会老龄化背景下的大势所趋，也是一项利国利民的公益事业。但中国养老机构数量也是严重不足，到2014年底，中国各类养老机构3.8万多个，床位266.2万张，其中，公办养老机构占75%，民办占25%，养老床位仅仅相当于老年人口的1.59%，不仅低于发达国家的7%，也低于一些发展中国家的2%～3%水平，广东缺口更大。到2014年底，广东省经民政部门登记在册的各类养老机构只有床位10.14万张。[①] 由于优质公立养老机构非常稀缺，于是收取高额赞助费（类似优质公立中小学），而养老院的各种服务又跟不上（比如伙食不好、医疗不匹配、护理人员素质低和照料不周等），这些都影响了入院老人的满意度。下面结合广州友好老年公寓状况，分析一下养老机构长期照护中存在的问题及其原因。

（一）广州友好老年公寓概况

广州友好老年公寓是民办公助的大型养老社会福利机构，总占地300亩，环境优美，交通方便，专门为老年人提供养护、托管、娱乐、教学、医疗、康复和保健等服务。这里的空气和环境适合养老，2009年中国科学院来监测过，这里空气质量相当于广州老城区的10倍，最高2700个每粒立方厘米，平均有1500个每粒立方厘米。目前有百岁老人20多位。目前已托养3000多位老人，并整合资源服务社区老人，取得较好的社会效益，先后获得“全国爱心护理院”“广东省特级社会福利机构”“广州市先进集体”“中华人民共和国民政部养老服务和社区服务信息惠民工程示范单位”“全国模范养老机构”等荣誉称号。

经过30来年的发展，他们创立了“养医教研一体化”健康养老模式，被中外专家们称为“中国机构养老的‘友好模式’”。“养”，是指老年人的颐

① 广东老龄网，http://www.gdllw.org/。

养，这是公寓的主要工作。为了让老人和谐相处，公寓推行院中院分区管理，把自理老人、介助老人、介护老人、护理老人和临终老人进行划分，让老人选择适合自己居住的院区。为了满足老人的精神养老需求，公寓兴办了图书馆、怀旧馆、寿星网吧、名言路和文化广场等文化设施，专门成立了社会服务中心，主动联系附近的企事业单位、部队和大、中、小学的各界人士进院与老人联谊交流，广泛开展志愿者义务服务。“医”是指为老年人提供周到的医疗服务体系，形成医养连动的模式；“教”是指院内大力开展教学活动，满足老年人“老有所教、老有所学”的需求；“研”是指开展老年人健康长寿以及老年人服务需求、服务模式的研究。广州健康长寿协会落户广州友好老年公寓，专门组织著名的专家教授成立了健康长寿研究所，研究老人延年益寿的养生方法，经常举办健康讲座推广健康长寿的科研成果。公寓特别设置了“长寿博物馆”和“长者自耕园”，引导老人们养成健康的生活方式。

此外，公寓还非常重视员工的专业素质培训，专门设置了员工培训中心，实行岗前培训、实战演练、考证上岗三位一体的培训方式，造就了一批具有高素质和专业技术水平的员工队伍，使入住的老人能在生活方面得到周到的照料。公寓被民政部门和劳动保障部门定为“护理员培训基地”，自开办以来共开展了3672次培训，为社会输送优秀护理人员4280名。

（二）老年公寓长期照护方面的主要问题

友好老年公寓多年来积累了不少宝贵经验，获得各种荣誉，但有些薄弱环节始终难以突破，特别是长期照护方面仍然显得力不从心。

1. 一线护工缺乏

据友好老年公寓院长助理介绍，目前一级护理373人，即是全护理的老人，二级护理是23人，即是半护理老人，三级护理即是自理老人1404人，一对一即是特殊照顾老人是23人（费用太高，家属不愿请，费用低招不到人，除非自带专护过来）。对于失能半失能老人的照护人员经常处于缺乏状态，友好老年公寓采取与大中院校合作，应用老年服务与管理专业的顶岗实习学生，来增加补充员工队伍，工资2000元左右（包吃住），这个薪酬对于很多人似乎没有多大吸引力。在岗护工人员多数是来自农村或文化不高的40后、50后人员（六七十岁）。公寓的经营管理者经常呼吁和鼓励大学生到这里担任志愿者或实习生，因为公寓里面的一些高龄老人文化素质很高，精神需求也高，非常需要护工的文化水平高一些，最好能够一对一护理和思想交流，但很多大学生还是非常谨慎。在校大学生即使是来自贫困家庭的特困生也没有踊跃报名。很多高校的大学生经常去公寓参访和交流，对弘扬传统美德和尊老、敬老、爱老观念普遍认同，不过真正到身体力行的时候这些90后还是顾虑重重。

2. 专业人才流失

老年公寓感到非常无奈又无力的就是人才流失问题：正如院长助理所说："我们考取养老护理职称人数达到93%，持证人员每个月工资都会有增长。每周我们对员工岗位进行2节课的职业道德、技能等方面的培训。社会上一般人觉得面对老人的工作就是烦、脏、福利低，针对现在80后、90后年轻人，生活条件好了，谁还愿意干这种苦活累活。"理论上讲，护工的工作性质确实应该高工资，伺候人不容易，还要有专业知识。"我们公寓和重庆机电、重庆传媒、江西民政、长沙民政、广州医科大、珠海北大、中医药大等很多高校都有合作。从2007年到现在，由中专、大专、本科都有顶岗养老专业合作。最终留下来的只有10多人，而且只能做行政文员或中层管理。长期在基层护理老人的，不到一年就离开了。"当问到如何应对护工严重缺乏的问题时，院长助理介绍了他们的权宜之计："每年养老顶岗实习生我们有45人左右。在这里能够工作一年以上的护工目前还比较稳定，经常还有老员工相互介绍亲朋好友过来。在岗的护理员多数还是40后、50后人员，年纪普遍偏大、文化水平不高、业务素质偏低，需要经常进行岗前和在岗培训。而这里的入院老人素质一般比较高（一些省市领导的父母也在这里养老），物质条件好、家境好的老人也很多，对护工要求也偏高，所以一直处于招聘状态。很多是要求一对一的，我们招不到人，没办法，只能轮转来做。"不难想象，如果这部分高素质的失能老人一直没有稳定的高素质的护工人员跟进服务，他们的生活质量必然受到影响。

3. 精神慰藉薄弱

由于种种社会历史因素，人们关于养老的认识还存在不少误区，一般认为"养老"就是经济上供养，保证老人吃得饱穿得暖有病治病就差不多了，结果导致老年人的精神生活和精神状态普遍被忽视。广州友好老年公寓虽然一直注重老人们的精神生活，社会服务中心帮助老人们可以按照自己的志趣，参加不同的社团活动，结交不同的朋友，交流心得体会，建立新的社会联系。另外也有广场舞、健身操，每周两晚的卡拉OK舞会、电影专场，节假日的联谊交流会，力求老人们的公寓生活充实多彩。但对于失能老人来说，看上去很美的精神文化生活离他们还是有点遥远，失能老人的精神护理、心理疏导和精神慰藉相对比较薄弱，公寓目前还没有专门的心理咨询师和心理咨询室负责排解老人的心理障碍和精神困惑，只能依赖社工志愿者或者公寓内部“长者义工”业余时间从事这方面工作。

4. 制度供给不足

我们在访谈过程中，院长助理多次感慨制度方面的支持不足，包括护理人才培养制度、护理人才激励制度、社会保障制度、长期照护保险制度等，这一系列制度的缺失和缺位，难以调动专业人才的积极性和能动性，导致护理人才供不应求和严重流失。广州友好老年公寓还是各方面条件和社会评价比较好的养老机构，它们经常接待来自全国各地的同行参观学习和取经交流。这个养老机构在长期照护方面存在的诸多问题，其实从一个侧面反映了老龄化社会长期照护的供给和需求矛盾，长期照护的社会需求日益旺盛，而社会供给没能及时跟进必然导致一系列的问题，这个矛盾有一定的代表性和普遍性。

三　他山之石的经验借鉴

自从英国 20 世纪 70 年代倡导社区照护政策之后，世界各国纷纷采取不同策略来应对老龄化社会的长期照护问题。经历 40 多年的探索和实践，发达国家的长期照护政策从无到有再到日益完善，其他国家和地区借鉴西方福利国家的经验，努力制定适合自己国情的长期照护政策，我们可以结合现实国情来选择借鉴。

（一）积极开发照护人力资源

长期照护的人力资源缺乏已经成为老龄事业和老龄产业的世界性难题。日本早在 20 世纪 80 年代就制订了 10 年计划，致力于培养居家护理师 10 万名，建设短期护理中心、居家护理中心各 1 万个，日间照料中心、护理机构共 29 万个床位，然而到 1994 年，无论是照护的基础设施还是照护人员的配备，都不能够满足现有的需求，于是便调整了所谓的 10 年黄金计划，致力于培养 17 万名护理师等。在韩国，虽然老龄化速度的增长没有日本快，但是形势也非常紧张，2001 年韩国领导人提倡建立老年长期护理保险，扩充照护机构和照护人员队伍，但是到了 2008 年，照护机构和照护人员也满足不了现有的需求，只达到66%而已。日本与韩国对照护人员的资质有明确的规定，对照护人员的教育和培训也非常专业，也尽最大的努力开发和培训照护人员。[①]率先步入老龄化的一些发达国家普遍存在护理人员缺乏的共同难题，他们都一直在探索解决问题的有效方案，即使没有根本解决问题，至少在不断地缓解长期照护人员的供求矛盾。

（二）建立完善护理保险制度

一般来说，长期护理保险是指对被保险人因为年老、严重或慢性疾病、意外伤残等原因，导致身体上的某些功能全部或部分丧失，生活无法自理，需要入住安养院接受长期的康复和支持护理，或者在家中接受他人护理时支付的各种费用给予补偿的一种健康保险。长期护理通常周期较长，可长达半年、数年甚至十几年，其重点在于尽最大可能长久地维持和增进患者的身体机能，提高其生存质量，并不是以完全康复为目标，更多的情况是使病人的情况稍有好转，或仅仅维持现状。长期照护保险的功能主要是为消费者提供长期照护费用保障，是一种健康保险。许多国家的长期护理保险主要针对65岁以上的老年人或65岁以下的身体机能衰弱的人群。加拿大和美国大约1/6的老年人通过付费获得护理服务，德国实行的护理保险制度特别系统化和规范化。日本的养老文化与我们有些相近之处，大约有50%的老人与家庭同住，家庭成员提供免费的居家照护。日本的长期照护保险全面覆盖了65及以上老人，保险筹资包括政府财政投入、保费筹集和使用者共付三种渠道。日本的长期照护保险主要有六个目标：一是通过实施长期照护社会保险减轻家庭负担；二是通过税收、保险费和共付建立长期照护的费用分担机制；三是引入将社会服务和医疗服务整合但筹资分开的制度，以便于提供整合服务的同时更高效地分配资源；四是减少由于缺乏长期照护服务而导致的住院医疗费用；五是确保需要长期照护服务的老年人不受收入和家庭状况的限制；六是允许和鼓励私立机构加入长期照护服务市场，保证老人可以自由选择照护服务，满足迅速增加的服务需求，而且服务提供者之间的竞争也有助于改善质量，最终实现从家庭照护到社会照护，促进老年人照护的社会化。[②] 很多国家的实

① 〔韩〕李光宰：《老年长期护理保险制度这个测形成过程的日韩比较》，京畿：共同体出版社，2010。

② 转引自张小娟、朱昆《日本长期照护政策及对我国的启示》，《中国卫生政策研究》2014年第4期。

践表明，只有医疗保险能够很好解决长期照护的诸多问题。中国在长期照护保险方面还比较滞后，即使进入世界500强的保险公司也没有注重开发针对失能老年人长期护理方面的保险产品。

（三）时间储蓄模式值得借鉴

有些国家除了要正常缴费以外，还建立了时间储蓄这一互助模式，比如德国，对于年满18周岁的公民，凡是利用假期去有关机构为老人提供免费服务的，都将这个时间记录存储起来，记录到个人档案中，当本人符合标准入住机构时，这些曾经被记录起来的时间就可以使自己享受到免费的照护，存储的时间越长自己越受益，这在一定程度上调动了公民自愿为老年人服务的积极性。友好老年公寓也建立了“长者时间银行”，鼓励低龄健康老年人参与养老服务志愿服务活动，促进老人自助互助，但是仅仅依靠老年人之间的互助还很局限，应该在全社会范围内营造社会氛围，树立“今天我为人人、明天人人为我”“助人也是助己”的价值观念，引导更多人投入这种公益活动。

（四）人性化服务理念需要加强

综观国内外社会评价较好的养老机构，都有一个共同特点，就是坚持以人为本的人性化管理。作为养老机构的经营管理者，应该积极学习老年照护与心理学方面的知识和技能，了解老年人的身心特点，尽量站在老年人角度想问题，切实体现以人为本，更新管理理念。比如，可以尝试针对机构老年人的不同家庭状况、不同文化程度、不同性格类型、不同兴趣爱好、不同风俗习惯、不同身体状况，为他们提供更为个性化的私人订制护理服务。除了做好人身安全和服务质量等基础工作以外，对于独居机构的老人来说，心理护理和基础护理也很重要，工作人员要定期主动与其沟通，了解他们心中所想；对于无子女的或子女不在身边的老人更应该多关心多陪伴，帮助老人解决生活困难和心理困扰，开导和排解他们的顾虑和烦恼；在房间的安排上，尽量按老年人的意愿，将兴趣相近、志同道合的老年人安排在一个房间，便于老年人之间的思想交流；在精神需求方面，尽量考虑到老人千差万别的多层次性等，从而真正提高社会养老机构的服务质量和照护水平。

值得欣慰的是，针对人口老龄化程度不断加深的趋势，国家今年陆续出台了《“十三五”国家老龄事业发展和养老体系建设规划》《“健康中国2030”规划纲要》《“十三五”推进基本公共服务均等化规划》等文件，广东也出台了《"健康广东2030"规划纲要》。关爱老年人身心健康和注重老龄事业越来越成为社会共识，特别是推动居家老人长期照护服务的发展、落实经济困难和高龄失能老人补贴制度、建立长期照护保险和商业保险多层次长期护理保障制度已经正式提到日程上来。

An Analysis of the Dilemma of Long-term Care of Pension Institutions: Take Guangzhou Youhao Apartments for the Elderly for Example

Gao Ju　Huang Xiaoyan

Abstract: Long-term care is increasingly becoming a strong demand for an aging society. Although the agency pension is not in line with the traditional Chinese concept of old-age pension and Confucian ethics and do not meet the aging population pension expectations, there are still some elderly people who have no choice. As the contradiction of supply and demand of long-term care has become increasingly prominent, the social pension agencies are facing great challenges. This paper takes Guangdong 's largest pension institution, Guangzhou Youhao apartments for the elderly as an example, and analyzes the related problems of long-term care for the disabled. During the interview with the Guangzhou Youhao apartments for the elderly, we found that the long-term care of the old-age care institutions are facing many difficulties, such as the lack of nursing staff, the loss of nursing talents, the lack of institutional supply, the weak mental comfort etc. Some advanced and developed countries and regions have accumulated a lot of useful experience in solving the contradiction between supply and demand of long-term care, including the active development of nursing resources, the establishment of insurance system of nursing, the use of time-saving model to encourage mutually, people-oriented human management philosophy, which are worthy of our reference.

Keywords: Pension Institutions; Long-term Care; Dilemma

能耐视角下精神分裂症患者自信心提升的实践

——以“能者是福”小组为例

朱　荻*

摘　要　精神分裂症康复者在生活中存在的问题值得关注。目前，国内对精神分裂症康复者的研究大多集中在医学领域，社工领域的介入研究相对较少。为了解决精神分裂症康复者的自信心不足问题，本研究首先以能耐视角为指导开展实务工作，发现精神分裂症康复者目前存在的问题；然后通过发掘康复者静态的优势、培养动态的优势以及发展超态的优势开展服务，对康复者的能力、价值观、知识、合作以及家属支持五方面进行介入；最后分析访谈记录、观察记录以及调查问卷的前后测对比，得出研究结论，并从社工、社区以及社会层面提出建议。本研究有助于丰富社会工作的实务模式，为日后精神分裂症康复者的相关研究提供专业性建议。

关键词　能耐视角　精神分裂症康复者　小组工作　自信心

一　研究的背景和意义

（一）研究背景

受经济社会的快速发展、生活节奏的变化、竞争压力、失业等因素的影响，精神疾病对人类健康的影响越来越大，而精神分裂症是在所有精神病中最常见的、最严重的一种精神疾病。中华人民共和国国家统计局2006年第二次全国残疾人抽样调查主要数据公报（第一号）显示，全国各类残疾人的总

* 朱荻，广州市尚善社会服务中心主任。

数为8296万人，其中精神残疾614万人，占7.40%。根据第六次全国人口普查中国总人口数，及第二次全国残疾人抽样调查，2007～2015年，残疾人平均年增量为161万人，即2007年中国的残疾人总数约为8457万人；而据2007年的流行病理学统计，全国有780万的精神分裂症康复者，占当年残疾人的9.2%，数量是非常大的。①

很多的专家、学者、医生等专业人士从不同的方面寻求解决的方式，形成很多的干预办法，效果也是得到认可的。虽然现在的医学技术水平在不断地进步，通过精神药物的治疗可使精神分裂症康复者的临床症状得到一定程度的控制，但是在提高其心理健康、预防疾病复发以及改善社会功能等方面还有所欠缺，需要专业权威人士以及相关社会工作者的关注。

对于精神分裂症康复者的康复治疗大多数关注社会功能的恢复、肢体康复训练、缓解病耻感等，而且在工作中的出发点主要是传统的问题视角。问题视角关注的是精神分裂症康复者的临床症状，认为病症问题是由先天和后天的影响所造成的。这种视角忽视了精神分裂症康复者的内在需求与潜能，受损的社会功能与心理状态得不到改善，无法挖掘康复者的内在感受和所拥有的内在潜能，因此康复者提高生活质量的目的无法得到真正的实现。问题视角下，精神分裂症康复者会被公众贴上“疯子”“危险人物”的标签，进而在就业、人际交往、婚姻中被排斥，因此康复者在心理上会产生压力，缺乏自信心，严重影响精神分裂症康复者的生活。

而能耐视角作为一种新的理论视角，着眼于康复者的潜能、长处，以及适应困难的能力等，这都是社会工作历程的中心所在。康复者的优势与能力，完整的人性和社区中的支援、资源等，都成为社会工作中的介入与反思的焦点。由此可以看出，能耐取向最重要的特色就是把康复者从缺陷、病态的构建转移到适应能力和潜能的取向，注重康复者潜能的发挥，激发康复者的希望与期待。以能耐视角为指导，关注康复者心理、生理的全面康复，是一种新的实践模式，不仅有利于社会工作服务的专业发展，而且有利于社会主义和谐社会的建设。因此，通过能耐视角的指导来进行康复期精神分裂症康复者的自信心调查以及干预的研究是有必要的，且具有重大的实践价值和现实

① 中国残联：《2006年第二次全国残疾人抽样调查主要数据公报（第一号）》，中央政府门户网站，http://www.gov.cn/fwxx/cjr/content_1311944.htm，最后访问日期：2009年5月8日。

意义。

（二）研究的意义

精神分裂症康复者能否更好地生活不仅关乎个人的发展，也影响着家庭的稳定以及社会的秩序，而传统的问题视角取向下的医学干预模式存在着一些不足之处，制约着康复者的全面康复。此外，社会工作日益发展，对精神分裂症康复者的生活有着促进作用，将能耐取向下的社会工作介入精神分裂症康复者的服务工作中，协助康复者缓解心理压力，提升自信心，有一定的现实意义与理论意义。

其现实意义在于，在能耐视角的实践策略指导下，社会工作介入精神分裂症康复者的服务将更加具体、更加科学。能耐视角指导社会工作者在开展服务的过程中从积极的角度看待问题，强调社会工作者和服务对象进行沟通，建立合作的伙伴关系，强调人类精神的内在智慧，强调任何弱势者都具有内在的转变能力。能耐视角下的社会工作介入，对精神分裂症康复者的自信心提升也有着重大的意义。①

其理论意义在于，对社会工作介入精神分裂症康复者的自信心提升的研究，有助于帮助社工更好地认识康复者的内在感受与潜能，制订切实可行的干预计划，评估服务效果，将实务经验上升为一种实践模式，推动社会工作在精神分裂症领域的发展，进而拓宽社会工作的服务人群。理论的发展有助于推动社会工作本土化，丰富社工的工作手法与工作模式。

二　研究内容和研究方法

（一）研究内容

1. 精神分裂症康复者康复中面临的主要问题

精神分裂症是一种致残率、复发率较高的精神疾病，随着精神分裂症康复者逐渐好转，康复者在重新融入社会、适应生活的过程中会出现担心受到他人的歧视、缺乏人际交往能力等问题，产生一定的心理压力，因此不可忽

---

① 周沛、曲绍旭：《优势视角下残疾人康复中的专业社会工作介入》，《残疾人研究》2011 年第 1 期。

视对康复者心理问题的介入。[①] 本研究通过调查问卷以及访谈法对康复站的7名精神分裂症康复者进行需求评估，分析其目前存在的问题，针对亟须解决的问题开展服务工作，发掘他们的共同能力与优势，从能耐视角的取向出发制定服务方案。

2. 能耐视角下精神分裂症康复者自信心提升的实践

本研究在介入的过程中主要采用小组工作的工作方法。小组工作是社会工作的三大手法之一，在社工“助人自助”理念的支持下，以专业价值、理论和技巧，在精神分裂症康复者当中开展小组活动，协助组员发掘自身潜能，矫治不良的心理以及行为，提供情感支持，最终目的是协助组员解决问题。[②] 叶秀萍学者通过研究表明，社工专业小组活动介入精神分裂症康复可以协助临床改善康复者的部分精神症状，促进其心理康复。在实验研究中，社工通过开展各种形式的专业小组活动，例如兴趣小组、教育小组等，帮助院舍内精神分裂症康复者提升了观察学习、认知和模仿能力，促进了康复者社会功能的恢复，从而对精神分裂症康复者的康复起到了一定的疗效作用。

在本研究中，精神分裂症康复者的能力与优势将作为服务开展的出发点，目的是通过对康复者能力与优势的发掘与运用，帮助康复者肯定自我，将发掘的能力运用到生活中去解决问题，从而逐渐提升自信心。具体的小组计划活动将从发掘康复者静态的优势、培养动态的优势以及发展超态的优势开展服务，通过对康复者个人的能力发掘、价值取向、知识学习、团队合作以及家属支持这五个方面介入，帮助精神分裂症康复者从不同的维度分析自身的优势与潜能，并将学习到的经验在生活中保持，通过自身的优势与潜能达到目标。通过同伴、家属、社工、康复员的肯定与认同，增强社会支持系统，从而帮助康复者认可自己，缓解心理压力，逐渐提升自信心，提高生活质量。

3. 能耐视角下精神分裂症康复者自信心提升方法的总结与建议

本研究通过对小组记录、访谈记录以及自我效能感量表（GSES）的前后测进行分析统计，运用定量研究和定性研究的方法来分析资料，根据资料的结果来进行评估的陈述，得出研究结论。通过对研究过程中遇到的新问题，

① 李淑芬、黄金茹、赵戈辉、郭金明、卢春爱：《自信心训练对女性精神分裂症患者自尊及生活质量的影响》，《临床精神医学杂志》2011年第2期。

② 叶秀萍：《社工小组活动对慢性精神分裂症康复的影响》，《中国民康医学》2013年第5期。

从能耐视角的运用、优势资源的运用以及工作方法这三方面进行研究的反思，针对本次研究的局限与不足，从社工、社区以及社会三个层面提出建议，为日后研究精神分裂症康复者的领域提供专业性的借鉴意义。

（二）研究方法

本研究主要采用质性研究与定量分析结合的方法。质性研究是以研究者本人为研究工具，在自然的情境下采用多种资料收集的方法对社会现象进行整体性的研究，使用归纳法分析资料得出结论从而形成理论，通过与服务对象互动对其行为和意义构建获得解释性理解。

本次研究实践的工作方法是开展小组工作，目标是促进服务对象发掘自身的潜能与优势，提升自信心，更好地融入本社区。本次研究的基本步骤如下。首先，进行研究设计。通过对研究背景知识的了解来分析服务对象的现状与问题，确定研究的目的与意义，运用质性研究方法开展研究。其次，开展实务研究。通过对精神分裂症康复者进行需求评估，分析目前康复者的问题与需求，发掘康复者的潜能与优势，例如能力、兴趣、技能等，在能耐视角的指导下设计本次小组工作的实务活动。最后，进行研究结果的评估。通过对整个研究过程中的访谈记录、观察记录以及调查问卷分析整理，对其活动效果进行评估，得出研究结论。针对本次的实务研究开展反思，最后对研究精神分裂症领域提供专业性的建议。

三 “能者是福”小组实践过程

（一）服务对象基本情况

本研究的服务对象是在 HD 街道社区康复站参加康复训练半年以上的精神分裂症康复者，生理方面的康复情况较为稳定。通过康复员的介绍与协助，笔者能够较快地融入集体，建立专业关系。康复站中精神分裂症康复者居多，根据康复员回馈，精神分裂症康复者常因为幻听幻想容易情绪失控而发生危险性行为，事后对康复者的心理造成影响。本研究邀请 7 位精神分裂症康复者参与研究。在工作开展之初，笔者对 7 名精神分裂症康复者的基本情况进行了解，如表 1 所示。

表 1 服务对象简介

康复者编号	年龄	活动时长	现状（2015.7～12）
A1	21	1 年	稳定，身心调养
A2	53	6 个月	稳定，经常阅读
A3	37	1 年	稳定，偶尔失眠
A4	43	1 年	稳定，身心调养，康复效果较好
A5	45	1 年	身心调养，康复效果较好
A6	62	1 年	身心调养，康复效果较好
A7	32	8 个月	情绪不稳定，身心调养

（二）服务对象康复中面临的主要问题

7 名精神分裂症康复者参加本次的小组活动，在康复老师、社工的协助下，笔者发放“HD 街道社区康复站调查问卷”，对其家庭关系、就业情况、生活满意度、技能、兴趣爱好等方面进行评估，填表情况如下。

由表 2 可以看出服务对象和家属的关系一半以上是属于比较融洽甚至是很融洽，但是也存在有点隔阂的情况。

表 2 与家人关系

	很融洽	比较融洽	一般	有点隔阂	很少接触
人数	3	2	1	1	0
百分比	43%	29%	14%	14%	0%

由表 3 可以看出目前所有的服务对象均没有上岗工作，全部都是失业或者待业状态。

表 3 就业情况

	失业或者待业	已退休
人数	7	0
百分比	100%	0%

由表 4 可以看出对目前生活状况比较满意的服务对象占 86%，14% 的服务对象表示一般。

表 4　对目前生活状况的满意度

	非常满意	比较满意	一般	不太满意
人数	0	6	1	0
百分比	0%	86%	14%	0%

由表 5 可以看出对未来生活有一定信心的服务对象占 57%，仍有 43% 的服务对象对未来的生活持不知道的态度。

表 5　对未来生活的信心

	很有信心	有一定信心	信心不足	不知道
人数	0	4	0	3
百分比	0%	57%	0%	43%

根据平时的娱乐情况分析得出，经常在家看电视、听广播的服务对象有 58.8%，读书看报的服务对象有 52.9%，运动健身的服务对象有 52.9%，唱歌的服务对象有 35.3%，和朋友家人聊天的服务对象有 35.3%。根据自身拥有的技能这一问题，100% 服务对象均表示会在家做清洁。

从资料收集以及访谈的过程中，可以分析得出服务对象目前存在以下问题。

第一，回避问题。服务对象会回避自身的问题，他们认为因为自身的问题，社会将自己排除在正常人之外，被贴上了“残疾”的标签，所以通过回避问题的方式消除“残疾”的标签，这对问题的认识和解决以及日后的生活是不利的。

第二，缺少人际沟通。服务对象目前的康复情况都比较稳定，但是缺少人际沟通。在康复站，大部分服务对象除了日常性的对话，不会主动去交流，局限于个人活动，较少获得同伴支持。在家中，虽然能够和家属融洽相处，但彼此真诚交流的机会并不多。

第三，生活单一。服务对象的生活内容比较单一，因为都是处于失业或者待业状态，除了每周两天来康复站，其余的时间都在家度过，最常做的事是看电视。这种单一的生活状态，不利于服务对象找寻生活的意义。

第四，忽视个人的潜能。服务对象很少关注自身的潜能与优势，而是关注如何解决目前自身的问题。康复老师在辅导服务对象的过程中也是聚焦他们身上存在的“问题”，只要不发病就是好的。

第五，获取的有效经验未能保持。在康复站以及技能培训中学习到的经验，很少能够在生活、工作中长期保持，从而导致他们放弃改变，接受现状。

第六，缺乏自信心。通过访谈与自我效能感量表分析得出，部分服务对象在面对生活与困难的时候是缺乏自信心的。服务对象表示刚患病时自己难以控制，得不到他人的谅解，因此会畏惧主动与他人交往，缺乏自信。也有部分服务对象表示在面对困难的时候会很无奈，觉得没有能力去应对。

笔者对服务对象进行多方面的需求评估，发现康复者会出现回避自身问题、缺少人际沟通、生活单一等诸多问题，但是缺乏自信心是目前最严重的问题，他们认为没有能力去实现自己的目标，从而不愿意去积极进行人际沟通，自尊水平低，不利于生活质量的提高。而自信心作为个人优势的重要内容，需要社会工作的专业介入。因此社工尝试发掘服务对象的能力，以个人的能力为整个服务的切入点，通过能力、价值、知识、合作以及支持这五个方面的协同配合，研究能耐视角下社会工作介入精神分裂症康复者的自信心提升，帮助康复者应对生活中的问题，从而更好地生活。

（三）活动目标

总目标是挖掘服务对象的潜能与优势，通过运用自身的潜能与优势来提升自信心。

分目标是：第一，发掘与肯定服务对象家务能力，鼓励其在生活中保持做家务；第二，加强互动，帮助服务对象重新澄清自己的价值观；第三，使服务对象意识到知识在生活中的重要性，将学习知识的行为在生活中保持；第四，认识到团队的重要力量，意识到碰到问题时，身边的朋友会是坚实的后盾；第五，让服务对象感受到家属支持，让家属意识到家庭支持对康复者的重要性。

（四）“能者是福”小组的工作过程

精神分裂症康复者面临的主要问题体现在心理方面，给日常生活以及人际交往造成了很大的压力，但是由于自身的疾病以及周围环境的影响，常将所有困扰的原因归结为“残疾”，在康复治疗的过程中重视生理方面的康复而忽视了心理方面的康复，导致康复者无法正确认识自身的问题、挖掘自身的能力与资源，生活信心不足，影响了康复的效果。而能耐视角相信人都是有潜能的，关注优势与资源。从调查问卷的统计得知，服务对象在拥有技能方面全部选择了清洁，在平时的沟通交流中让服务对象感受最深的是帮助家人分担家务，这是对自我能力的发掘。为了让服务对象加深自我认知，促进自我发展，了解自身的潜能和长处，并将其潜能与长处运用到生活当中，体会到社会工作运用能耐视角对自信心提升的有利影响，笔者将开展一系列探究服务对象自身潜能和长处的小组活动，通过挖掘服务对象自身的潜能和长处，来提升服务对象的自信心，从而使其更加积极地应对生活。

因此，本研究设计了以能耐视角为导向的自信心提升小组方案。在本次小组工作中，笔者先发掘服务对象的能力，即家务能力，在分享的过程中对其在家的劳动行为进行肯定，引导服务对象继续坚持以及学习做家务，形成一个生活自理、帮助他人的价值观。在劳动的过程中，社工鼓励服务对象将自己掌握的生活经验拿出来和大家分享，相互交流后再运用到生活中，最后通过自己的行动与改变得到家属的认同与支持，邀请家属一同参与到服务对象的康复中，给予支持，从而使得服务对象的自信心得到提升。个人的优势主要分为静态优势、动态优势与超态优势。[①] 根据这三个优势的内涵，小组活动设计以服务对象的能力、价值、知识、合作与支持开展了五次活动。具体内容见表6。

表6　自信心提升小组工作方案

主题	小组目标	内容与方法	目标完成情况	能耐视角内涵
一、自我发掘	1. 增进小组服务对象成员彼此间的交流；2. 肯定服务对象的家务能力，并鼓励服务对象在生活中保持做家务	1. 开场介绍小组的功能、目的以及小组流程；2. 鲜花传递的形式进行自我介绍；3. 进行“你做我猜”的游戏；4. 总结活动，肯定并且鼓励服务对象自身的能力	1. 通过服务对象的自我介绍以及游戏互动增进了服务对象之间的交流；2. 服务对象通过思考写下自己平时所做的家务，在小组中进行分享。社工通过倾听、关注、支持等工作技巧鼓励服务对象在生活中保持做家务	每个服务对象都有自己的能力与资源
二、自我价值	1. 加强服务对象间的互动；2. 帮助服务对象澄清自己的价值观	1. 进行价值拍卖活动；2. 经过自我能力的发掘后进一步引导服务对象认清自我价值观	1. 通过价值拍卖，在竞价的过程中加强了康复员、社工以及服务对象的互动沟通；2. 通过分享环节让服务对象体会拍卖下来的价值观对生活的影响，肯定这种好的体验，鼓励服务对象将这种美好的品质保留在生活中	经过自我能力的发掘后进一步认清良好的自我价值观，发掘内在优势

① Dennis Saleebey：《优势视角：社会工作实践新模式》，杜丽婕、袁园译，华东理工大学出版社，2015。

续表

主题	小组目标	内容与方法	目标完成情况	能耐视角内涵
三、知识力量	让服务对象了解到知识在生活中的重要性，将学习知识融入平日的生活当中	1. 服务对象分享通过学习知识而获得的生活经验与受益之处；2. 进行活动“见多识广”	通过分享以及服务对象的建言献策，肯定服务对象在平时生活中对经验、知识的积累，在生活中保持学习知识	通过知识的外在力量给服务对象学习知识提供动力，并将知识转化为内在力量，从而提升自信心
四、团队合作	1. 挖掘彼此身上的优点，学会用能耐视角欣赏、赞美别人；2. 认识到团队的力量，意识到碰到问题时，身边的朋友会是坚实的后盾	1. 分享本周自己了解到的新知识；2. 共同合作完成“树叶贴画”；3. 分享作品制作过程中的感受以及这幅作品的含义	1. 通过互评服务对象挖掘了彼此身上的能力与优点；2. 通过“树叶贴画”体验了团队合作	将能力、价值观与知识共同运用到集体的合作中，体现出个人的经验终将运用于生活，最终融入社会
五、社会支持	1. 回忆以及总结小组活动；2. 让服务对象感受家属的支持，让家属意识到家庭支持的重要性	1. 一同回顾小组活动前四次内容；2. 进行主题环节“自我称赞”；3. 分享总结小组活动；4. 赠送明信片	1. 服务对象的能力以及优势得到康复员以及家属的肯定；2. 通过社工引导以及参加互动分享，让家属意识到家庭对精神分裂症康复者支持的重要性，邀请家属参与服务对象康复的过程，给予支持	通过把精神分裂症康复者潜藏的优势呈现给公众，同时，社工、康复员以及家属对于精神分裂症康复者给予肯定，会给对象带来良好的自我感觉

（五）“能者是福”小组的效果评估

通过对服务对象的能力发掘、价值观的澄清、知识的学习、团队的合作以及家属的支持进行介入，服务对象在这五个方面也发生了改变，从而提升了自我效能感。

1. 发掘与肯定了个人优势与能力

精神分裂症康复者在康复的过程中常被贴着负面的标签，被认为是“精神不正常”“脑子有问题”甚至是“危险的”。在病理学的解释下，康复对象往往还要承担“无能”“无助”“无望”的角色。在康复的过程中，机构工作人员执行着机械化的评估，根据评估结果制定康复对象的活动指标。[①] 的确，

① 莫佳妮：《以复原理念为导向的精神病康复实践研究》，硕士学位论文，云南大学，2013。

当长时间为康复对象提供专业性的知识与方法来进行康复时，在不知不觉中会对康复对象产生统一的刻板印象，从而蒙蔽了社会工作者的眼睛和耳朵，本可以去发现精神分裂症康复者的潜能与动力的机会就被忽视了。因此，在本次活动中社工通过引导与鼓励，协助服务对象重新回顾与思考平时的日常活动、兴趣爱好和生活技能，通过分析后的回馈以及沟通交谈让精神分裂症康复者再一次明确自己所拥有的潜能与优势。在活动的过程中社工不断鼓励组员发挥与分享自己的优势，让服务对象在一个轻松愉悦的氛围中更加全面地了解自我，发挥潜能，从而逐渐提升自信。

2. 重新澄清了个人的价值观

除了调查问卷的使用外，在“价值拍卖”环节，组员对自己的价值观和他人的价值观也有了清晰的认识。整个拍卖会的过程组员都表现出极大的兴趣，一方面这个活动的形式比较新颖，另一方面活动的内容积极向上，组员都想向大家分享人生中最重要的东西是什么，因为活动有一定的竞争性，因此也能够调动组员的积极性。通过最后的分享，服务对象对良心、孝心、智慧、知识、健康、快乐等有着强烈的共识，不仅仅是在当天的活动中有所分享，当社工在日后继续问起他们时，大家都能够清晰地重现良心、孝心、智慧、知识、健康等积极的价值观，并且在生活当中展现了自己的价值观。

3. 增强了学习知识的意识

活动中社工鼓励服务对象相互分享生活中通过学习所获得的经验，以及这些经验对生活起到什么作用，大家对知识的学习与运用做了不同程度的反馈。部分服务对象平时就有看书读报的习惯，认为通过看书可以获取知识，而人在社会化的过程中需要知识的指导。通过参加活动，在社工的认同下以及大家相互交流学习知识的心得后，服务对象表示会继续保留好的阅读习惯，也会和同伴推荐值得阅读的书籍。也有服务对象平时不阅读，很少学习新的知识与经验，他们表示自己明白知识的重要性，不过在日常生活中没有兴趣去阅读与学习，但是通过活动，自己尝试了阅读，觉得并不乏味。希望除了自己阅读，康复站可以开展更多形式的活动，来学习健康、生活以及技能方面的知识。能够让被动学习知识的服务对象有主动学习的意识，让已经有阅读习惯的服务对象能够巩固以及保持阅读习惯，这种积极学习知识的行为是服务对象在成长过程中的感悟，将成为他们的动态优势，体现了本次活动的效果，达到体会知识在生活中的重要性，将学习知识的意识融入平时的生活当中的活动目标。

4. 学会寻求同伴帮助以及增强互助意识

许多活动的设计需要服务对象通过相互配合，或者团队合作的形式完成任务，在过程中大家需要沟通与交流、理解与配合，这就要求服务对象要主动地和不同的人交流、搭档以及互动，逐步适应团队协作。在获得他人支持的同时很多服务对象也会主动提供支持。主要体现在，第一，他人需要帮助且自己力所能及时，便主动提供帮助。第二，服务对象更加关心同伴，会相邀一起来康复站，有好的事情愿意彼此分享，这都是大家的改变。第三，增加了相互沟通的机会，分享相互生活经验。通过参与活动，服务对象体会到助人、合作的快乐经验，体会到大家由原来的个人活动逐渐改变为接受团队合作，到最后在活动中收获友谊，获得同伴支持，达到认识到团队的重要力量，意识到碰到问题时，身边的朋友会是坚实的后盾的活动目标。遇到困难得到同伴的帮助，不仅是解决问题的一种良好经验，更加有利于服务对象提升解决问题的自信心，增强自我效能感。

5. 帮助服务对象保持优势以及获得家属的支持

社会工作的灵魂是“助人自助”，使服务对象能够在以后的生活中保持优势并且独立运用是检验工作效果的标准之一。社会工作者鼓励服务对象按照自己的意愿去运用刚刚发现或者学习到的能力，并且调动已经存在的积极因素去行动，通过社会工作者和服务对象的共同努力，服务对象逐渐学会运用优势去实现目标。[①] 小组活动开展了一段时间后，社工和服务对象开始巩固并且强化已有的优势。家务能力是服务对象目前普遍拥有的能力，做家务能让他们感到自信，因此在服务过程中社工布置家务任务，然后在小组中分享，对服务对象的家人进行访谈，了解实际情况以及心理感受。从最后一次小组结束后回收的调查问卷统计出，每天坚持做家务的服务对象有 85.7%，14.3% 的表示大部分时间会做，没有人从来不做家务，家属表示服务对象在家中有一定的改变。

通过对能力、价值观、知识、团队合作以及家属支持的介入，最终所要达到的目标是提高服务对象的自信心，在活动结束后，7 位服务对象填写了自我效能感量表进行后测，与前测结果对比见表 7。

---

① 梅萌：《优势视角下的残疾人康复社会工作探究》，《青年与社会》2013 年第 33 期。

表 7　自我效能感量表前后测结果对比

康复者编号	量表选项	完全不正确	尚且正确	多数正确	完全正确
A1	前测	1	3	4	2
	后测	0	4	3	3
A2	前测	0	1	4	5
	后测	0	1	2	7
A3	前测	0	1	7	2
	后测	0	2	5	3
A4	前测	0	3	4	3
	后测	0	2	5	3
A5	前测	3	3	2	2
	后测	2	2	4	2
A6	前测	0	1	6	3
	后测	0	1	4	5
A7	前测	0	6	2	2
	后测	0	4	4	2

由表 7 的统计结果可以看出，活动对服务对象的自信心提升是有影响的。从单个选项分析得出的变化情况如下，选择“完全不正确”的由 2 人减少到 1 人；选择“尚且正确”减少的有 3 人，增多的有 2 人，不变的有 2 人；选择“多数正确”增多的有 3 人，减少的有 4 人；选择“完全正确”增多的有 4 人，保持不变的有 3 人。从总体的变化情况来看，前测选择“完全不正确”“尚且正确”“多数正确”“完全正确”的总数分别为 4、18、29、19，后测选择的总数分别为 2、16、27、25。

自信心提升的主要表现为两点，首先是服务对象有通过自己的能力解决问题的觉知，其次是能够将这种觉知付诸实践。通过自我效能感量表前后测结果对比可知，服务对象在自信心的知觉方面有不同程度的提升。通过访谈与观察，服务对象将这种知觉付诸实践的行为也有所体现。服务对象愿意在社工面前承认问题的存在。社工在小组开展中鼓励大家分享自己的经历与心理感受，再一同讨论，协助服务对象共同出谋划策，找到解决问题的适当途径，在一定程度上为服务对象提供了支持，使其增强了自信心。通过同伴、社工、家属等多方支持，服务对象能够承认问题，表示正在为出现的问题做出努力，这是拥有自信心的一种表现。服务对象通过自己的努力解决问题。能否将自身已有的能力付诸实践去解决问题是衡量个人是否有自信心的考察标准之一。通过小组活动，服务对象在逐渐改变自己的行为，来面对挑战，解决困难。首先，服务对象的活动由原来的个人活动逐步转变为更加主动地参与互动。不愿意和他人交流不仅影响服务对象心理与生理健康，也会对社会支持网络的构建造成不利影响，这源自服务对象对自我交际能力缺乏自信心。通过社工的介入，服务对象的集体性行为逐渐增多，说明服务对象愿意通过自己的努力来改善交际现状。其次是继续保持甚至强化通过能力来改变现状。部分服务对象持续肯定获取知识的重要性，得到社工、康复员等多方认同，在日后生活中不仅保持阅读，并且尝试扩充阅读面，希望通过阅读获取多方面的知识，从而能够充实生活，有能力面对生活中的困难。

通过效果评估，从分目标到总目标的实现情况可以得出结论，本次服务对象的自信心都有不同程度的提升。

四　结论与建议

能耐视角这一种思维方式对于传统的问题视角是一个颠覆，为社会工作者和服务对象重新观察这个不完美的世界打开了一扇新的窗户，为社会工作以及残疾人的服务工作带来了希望与意义。

（一）结论

1. 能耐视角下精神分裂症康复者的自信心得到提升

康复者相信自己有能力完成任务。人有了目标，并且相信通过能力将其付诸实践，视其为自信。因此判断个人是否有自信心，即判断是否相信自己有能力面对挑战，完成任务。处于弱势的服务对象的确有可能欠缺自信心，社工关注他们的优势与能力代替聚焦他们的问题，这将减少不适应感。通过不断发掘过去与现存的正向经验，无论如何小的一件事情，给予肯定与鼓励，则可增强自信心，作为服务对象后续自发行动的基石。有了自我肯定以及自我改变作为内在动力，服务对象会在日后的生活中逐步尝试用学到的经验面对挑战，再获得正向的肯定，如此循环往复，相信自己有能力完成任务的信念。精神分裂症康复者在生活中遇到困难会与社工倾诉，在社工的鼓励下尝试面对困难并且一起寻找解决问题的途径，逐步建立自信心。社工鼓励其将学到的良好经验与自我发掘的能力运用到生活当中，同时调动周围的资源，鼓励家属、同伴、康复员等共同参与服务工作，在工作过程中让社工、康复员、同伴以及家属等相信康复者有能力完成任务，提供支持，让康复者得到正向力量的支持，从而逐渐相信自己有能力完成任务。这是一个漫长的过程，但是通过一段时间的实践研究可评估出自信心提升的效果。

康复者有面对挑战的能力的知觉。通过多方的支持以及自我肯定、自我改变的意识逐渐加强，在面对困难、解决问题的过程中，精神分裂症康复者将不再采取逃避的思维与行动，而是有意识地运用自身的能力解决问题，这种知觉是自信心提升的效果。通过研究发现，当面临问题的时候，大部分康复者有过逃避的行为，也不会主动发掘自身潜能，从而消极面对困难。经过社工对其自信心提升进行介入，在提升自我能力察觉的前提下，逐渐将自我能力的运用融入生活之中，经过多次的尝试，大部分精神分裂症康复者愿意以自己的能力来做出改变。经过一段时间的多次训练与监督，精神分裂症康复者呈现主动解决问题的行为，其行为背后意味着康复者意识到自己有能力去面对挑战，克服困难，因此能够主动做出改变。

2. 能耐视角下社会工作介入精神分裂症康复者的服务重点

关注精神分裂症康复者的潜能，强调对人的尊重。问题视角下精神分裂症康复者被认为是问题群体，这很容易使社会对精神分裂症康复者出现种种的误解与排斥。精神分裂症患者常被人贴上“病态”“不正常”的标签，在参加康复训练的过程中有时候因为发病遭到异样的眼光与对待，这对精神分裂症康复者的心理会造成不利的影响，不利于精神分裂症康复者的全方位康复。而能耐视角下的社会工作是从积极的、优势的角度看待精神分裂症康复者的潜能与优势，有助于康复者自身、家属、工作者以及群众对他们的正确认识，从而逐渐减少各种偏见，有助于为精神分裂症康复者营造一个公平公正的生存环境。小组活动前对精神分裂症康复者进行评估，挖掘潜能与优势，以肯定他们的能力与优势来开展活动，引导他们分享自己的生活经验，在相互交流中能够学习与得到支持。

能耐视角下关注的是精神分裂症康复者的潜能与优势，因此社会工作者对精神分裂症康复者改变自己生活的内在能力要有信心，尊重他们，从而激发这种成长的积极活力。在小组活动开展的过程中，社工积极引导组员分享自己的生活经验与感受，在这个自由的谈话氛围中，以倾听者、支持者的身份参与其中，在实际生活中给予了精神分裂症康复者尊重与理解。

激发精神分裂症康复者的自信心，拥有乐观的自我评价。自我认知的形成过程，是通过对他人心目中关于自我印象的想象，以及对他人关于这一印象的判断和评价的想象，形成某种自我的感觉。[①] 因此，社会工作者关注和挖掘精神分裂症康复者的潜能与优势，通过把康复者潜藏的优势呈现给同伴、家属、工作人员等，让大家逐渐改变对康复者的认知，接纳康复者。这种对精神分裂症康复者态度和行为的改变对康复者的自我认知、自信心的提升以及康复等各方面有着积极的促进作用，使得精神分裂症康复者个体也开始持有一种积极的乐观的自我评价，激发改变的动力与积极性，这对于精神分裂症康复者是十分有益的。[②]

社会工作者与精神分裂症康复者建立的平等关系，有助于提升康复者的自尊。社会工作者与康复者之间是平等的合作关系，这使得康复者的见解、感受与看法都能够被关注，在进行介入工作的时候社会工作者从他们的真实需求出发，解决他们的问题。[③] 同时，精神分裂症康复者与社会工作者的这种平等，使得他们的尊严和人格不被忽视，他们的声望不致被贬低。信任、鼓励以及与服务对象建立合作关系的方式，将有助于拉近社会工作者与精神分裂症康复者的距离。

首先，信任服务对象。社会工作者在服务开展的过程中与服务对象建立信任的关系，这有利于社会工作者对服务对象改变自己生活的内在能力充满信心，从而激发服务对象成长与发展的动力，也正是因为彼此间的信任，才能够在服务的开展过程中分享生活的经验，给社会工作者提供了解服务对象的机会，同时给予服务对象一定的支持，提升他们在交流上以及生活上的信心。

其次，鼓励服务对象。能耐视角下社会工作者主要关注的是服务对象的兴趣、能力、知识和才华，运用工作技巧找出存在于服务对象身上有益于成长的潜能，不失时机地给予赞赏与鼓励，逐渐帮助服务对象发掘自身的优势，建立信心。

最后，与服务对象是合作关系。在服务开展的过程中，社工扮演教育者、

---

① 王亮：《优势视角：残疾人工作的新视角》，《社会工作》2006 年第 10 期。

② 王思斌：《社会工作导论》，北京大学出版社，2004；周沛、曲绍旭：《优势视角下残疾人康复中的专业社会工作介入》，《残疾人研究》2011 年第 1 期。

③ 周沛、曲绍旭：《优势视角下残疾人康复中的专业社会工作介入》，《残疾人研究》2011 年第 1 期。

领导者、同伴等不同的角色，只有与服务对象合作，才能提供更好的服务。社工以合作者的身份面对精神分裂症康复者时，以伙伴的角色与他们进行沟通，会有意想不到的真实回馈。

能耐视角下的社会工作介入精神分裂症康复者的服务工作中，聚焦于精神分裂症康复者所具有的潜能与优势，以及与其相关的资源，通过与精神分裂症康复者的合作，研究社会工作如何发挥出这些优势资源在精神分裂症康复者生活中的作用，树立起他们积极的生活态度，使得社会工作更加专业化、人性化。能耐视角也是一个赋权的过程，它倡导对服务对象的尊重，社会工作者扮演着合作者与促进者，而非权威人士的角色，强调服务对象“我能做什么”“我要做什么”而非“要我做什么”。“残疾”“病态”仅仅是精神分裂症康复者某项生理功能运行不良而已，并不是全部，不能因此而忽视他们的潜能与优势。

因此，精神分裂症康复者的服务工作应该坚持能耐视角。一方面相信服务对象有内在潜能与优势，能够通过内在动力改变自我；另一方面相信服务对象拥有丰富的资源，在整个服务的过程中不断发掘优势资源并且运用其中，让服务对象能够保持这种良好的体验。当精神分裂症康复者从能耐视角看待自己时，他们对自身的病症也会有一种自我控制感，能够认识到自身的潜能，以及在身患疾病时依然具有使自己过上有意义的生活的价值与优势，从而更加自信地生活，这对服务对象面对困难、认识生活的意义具有积极的效果。

3. 精神分裂症康复者的自信心提升须引起专业人士的重视

通过对参加小组后精神分裂症康复者的访谈得知，康复者意识到建立自信心的重要性，也有这方面的需求，今后需要引起社工以及专业人士的重视。精神分裂症康复者缺乏自信心不利于他们融入正常生活，因为生活充满挑战，而面对挑战、实现目标需要拥有自信心。他们也意识到自信心的重要性，但是比较缺乏改变的能力，这就需要社会工作的介入。不仅要对康复者的问题进行医疗方面的治疗，也要善于发掘他们的潜能与优势，关注心理问题，从心理、社会支持等多方面进行介入，有助于改善康复者的自我认知，加强其自我认可，从而让康复者产生通过自身能力解决问题的信念，在“助人自助”的过程中康复者逐渐提升自信心。

（二）建议

1. 社工自身要树立能耐视角的理念

理论是实务的依据与标杆，理论与实务之间存在辩证与融合修正的互补功能。理论探讨了现实的可能性，为实务的开展提供了可操作性的指导。在社会工作领域，立足于服务对象优势的观点已成为毋庸置疑的准则，在社会工作的实践中开启新的模式，因此丰富能耐视角的理论内涵，形成以能耐视角为指导的工作思维模式，是传统社会工作实践的一次飞跃。在开展实务的过程中，需要解决理论与实务相融合的问题，会不断遇到新问题，而且服务对象从自我认知到自我认可是一个此起彼伏的过程，因此需要系统、科学地开展服务工作。良好的理论基础是开展科学实践活动的必要前提和重要保证。

2. 充分运用社工的方法

精神分裂症康复者的自信心提升是一个复杂的系统，涉及康复者自身、家庭、社区等多个层面，多种工作方法相结合才能够更加有效地达到目标。因此，能耐视角下精神分裂症康复者的服务工作需要坚持个案工作、小组工作以及社区工作相结合。通过个案工作，可以协助精神分裂症康复者及其家庭充分认识到自身所拥有的潜能与优势，在此基础上通过个别化的训练方式来发挥家庭对康复者的支持作用，重新构建良好的家庭环境。小组工作与社区工作具有相似性，构建了人为的社会环境，康复者在构建的环境中尝试、分享经验，共同寻求解决问题的办法。通过小组工作，精神分裂症康复者可以同伴间共享，相互学习与弥补，在一定程度上缓解了心理压力。社区充满资源，通过社区工作，调动社区中的资源积极参与到关注精神分裂症康复者的服务工作中，加强社会对精神分裂症康复者的了解与关注，为其营建一个接纳、轻松的社会环境。由于社区是个人社会化的重要场所，因此应加强社区工作，帮助康复者实现重返社会、适应社会的目标。

3. 完善社会支持网络体系

社区支持不单是开展一些帮助精神分裂症康复者的知识讲座或者康复娱乐活动等，而且是要完善康复者家属、同伴在内的更多社会成员组成的一个较为完善的社会支持体系。首先，精神分裂症康复者在活动的过程中获得同伴支持，这也是小组工作的功能之一。其次，动员家属和康复者共同参与活动，通过改善家属与康复者的互动来改变家属的消极观念，积极配合治疗，树立正确责任心态，通过营造良好的家庭环境，协助精神分裂症康复者实现更加全面的康复。最后，通过相关的宣传知识活动使社区成员认识到精神分裂症并不是“不正常”“可怕”的，要正视和正确地对待。

The Practice about the Convalescent Schizophrenia Enhance Self-confidence in Strengths Perspective: Take the "Have the Ability to Have a Blessing" Group Work as Example

Zhu Di

Abstract: Psychological problems in the life of convalescent schizophrenia deserves attention. At present, the domestic study of patients with schizophrenia mostly concentrated in the field of medicine, the field of social works involved in the study is relatively less. In order to solve the problem of lack of confidence in convalescent schizophrenia, the strengths perspective as a guide, through qualitative research methods to carry out work practice, and find problems existing in convalescent schizophrenia. By exploring survivors static superiority, develop the advantage of the dynamic and development state of advantage in service, for convalescent schizophrenia needs assessment, to explore the capabilities and advantages and the ability of patients, the value outlook, knowledge, and their families to support five aspects to carry on the intervention, through the analysis of the interviews, observation records and questionnaire before and after the experiment, draw the conclusion of the study, from social workers, community and social level recommendations, rich social work practice model, to provide professional advice for the future study of schizophrenia patients.

Keywords: Strengths Perspective; Convalescent Schizophrenia; Group Work; Self-confidence

调查研究

政府购买社会工作专业服务的实践与反思*

孙　元　陈嘉芮　谢宇亮**

摘　要　2008年起，广州市政府在全市试点政府购买社会工作专业服务，通过街道家庭综合服务中心对辖区内的居民开展社会工作专业服务，在解决社区困难群体帮扶、边缘青少年教育及长者社区照顾等社区主要问题中积累了一定的实务经验。专业社会工作服务机构通过整合社区内外资源，在资源开发和建立社区社会支持网络等方面取得了一系列成果。本研究以政府购买的广州市街道家庭综合服务中心为例，在总结近十年购买服务实践的基础上，提出加强对政府购买社工服务的制度建设、提升政府购买服务的管理水平、促进评估制度的完善升级等对策建议，反思进一步深入开展政府购买社区社会工作专业服务的路径。

关键词　家庭综合服务中心　政府购买　社会工作专业服务

政府购买社会工作服务作为政府购买公共服务的一种重要表现形式，已成为政府公共服务职能转移和社会服务体制改革的重要手段。广州市作为先行区域，经历十年的快速发展，社会工作专业人才、民办社会工作服务机构、财政投入以及专业服务受益人群数量已居全国之首，探索出“政府主导、社会协同、项目运作、专业服务”的社会工作本土化“广州模式”。本文以广州市家庭综合服务中心为例反思政府购买社工服务的实践，力求探索完善政府购买社会工作专业服务的路径。

---

* 本文为广州市教育科学“十二五”规划课题：“整合、监控、互动——三维立体社会工作专业实习教学模式的建构”（12A017）。广州市哲学社会科学发展“十二五”规划课题“政府购买社会工作服务项目评估体系研究——基于广州地区的实证研究”（2013JY02）的成果。

** 孙元，广州大学公共管理学院副教授，硕士生导师；陈嘉芮，广州大学公共管理学院社会工作专业硕士2016级在读研究生；谢宇亮，广州大学公共管理学院社会工作专业硕士2016级在读研究生。

一 政府购买社工服务的意义

20 世纪 70 年代，欧美国家的社会福利政策面临重大困境，社会矛盾开始增多，政府财政难以支持现有的社会福利模式，一场以公共服务市场化为关键词的社会改革悄然进行。改革重点是政府“瘦身”，将原来许多由政府部门承担的部分职能，以合同形式转包给私人或非政府组织。通过安排财政预算，采取政府采购程序，向非政府组织购买如卫生、就业、养老保险等社会工作服务。在实施过程中，“公共服务市场化”要求做到，首先公布社会福利服务预算、政府购买服务的金额、数量和服务质量要求等；继而采取招投标等方式确定承接相关社会服务的社会组织，并对这些组织进行必要的监督和考核。

布朗和波特斯克认为，购买社会工作服务的过程分为三个阶段：可行性评估、执行合同（即组织竞标、评价承包者、就合同条款进行协商）、监督与评估承包者绩效。[①] 凯风从政策选择的视角出发，在合同外包的四个阶段中专门把合作评估作为一个重要阶段。[②] 而史密斯在其罗列的实施合同外包的 8 项程序清单中把“评估”贯穿于全过程，既有对社会工作服务资金的评估，也有对服务绩效的评估。[③] 可见，无论是布朗、波特斯克和史密斯把评估贯穿于社会工作服务购买的全过程，还是凯风等人认为对承包者绩效进行评估、确保承包者按照相应规定履行职责是政府购买社会工作服务的关键一环，无不凸显出评估在政府购买社会工作服务过程中的地位和作用。

（一）优化政府职能

党的十八大明确提出，要深入推进政企分开、政事分开和政社分开，积极推进政府购买公共服务是实现政府职能转变的关键之举。推动政府改革和职能转变，就是推动政府从全能型政府转变为主要提供最核心、最优势公共服务的有限型政府，政府职能转变的核心是强化政府的服务职能。政府购买

---

① Trevor L. Brown, Mathew Potoski, “Contract - Management Capacity in Municipal and County Governments,” *Public Administration Review* 63 (2003): 153 - 164.

② Kaifeng Yang, Jun Yi Hsieh and Tzung Shiun Li, “Contracting Capacity and Perceived Contracting Performance: Nonlinear Effects and the Role of Time,” *Public Administration Review 69* (2009): 681 - 696.

③ Enelope J. Brook et al., *Contracting for Public Services: Out - Based Aid and Its Applications* (World Bank, International Finance Corp., 2001), p. 92.

社工服务是政府将其所承担的某些公共服务的职能进行委托、分解和转移，将其交由社会组织、机构等来提供服务，有利于公共资源的优化配置。政府购买社工服务能够将政府和社会力量的各自优势相结合，既能够将竞争引入公共服务的供给活动，又能够预防社会提供公共服务的市场失灵问题，保证社会长远利益和公众的整体利益。因此政府购买社工服务，对政府职能的优化和服务型政府的建设具有重要的指导意义和理论价值。

（二）提高公共服务效率，提升服务质量

政府购买社工服务，在市场和社会机制的运作下，投标成功的社工机构能够根据自身的资源和政府提供的资金自由灵活地操作，利用专业的人才资源、专业技巧和方法为公众提供低本高质的、高效率的、专业化的公共服务，实现公共资源的最优配置。另外，政府向社工机构购买家综服务，机构能够充分利用资金和资源，凭借其专业性针对居民需求提供人性化、个性化及多样化的服务，提升公共服务的质量，满足公众的需求。由此可见，政府购买公共服务确实能够有效地解决政府提供公共服务效率低、质量差的问题；通过向社会组织力量购买服务来解决基层公共服务缺乏专业人力资源和技术专业能力的实际问题，迅速、灵活地提供专业化公共服务，是对传统公共服务提供模式的科学化改善。通过政府购买公共服务带来低成本、高收益的双赢景象，可见政府购买公共服务的意义，也充分体现了政府向社会力量购买公共服务的必要性。

（三）推动社会工作行业的发展

政府购买社工服务不仅有益于政府公共职能的转型，也有利于减少政府压力、提升公共服务资金的社会效益。此外，实现政府购买对于社会工作行业本身无疑是关键助力，其推行刺激着社会工作机构为完成满足社会公众对公共服务需求的任务，激发潜力。为社会工作机构的发展提供更广阔的发展空间和契机，为社工行业发展提供有力的制度和资金保障，促进其在社会性、公益性和服务性的社会职能中扮演着越发重要的角色。社工行业对于中国民众而言还是一个陌生的领域，仍是一个具备相当活力和前景的行业。据资料统计，广州市社工机构在 2008 年为 9 家，而到 2015 年底已增长到 365 家，占广东省的 36%，广州成为全国社工机构最多的城市，并一直致力于优化社工行业发展。

二　广州市街道家庭综合服务中心的发展简述

（一）广州市家庭综合服务中心的成立背景及发展历程

2010 年，广州市民政局首次计划了在广州市建设家综的时间列表：2010～2012 年全市建立 20 间家综，开展试点工作，政府每年对每间家综投资 200 万元。试点家综采用“政府购买方式”与“街道间接管理模式”，即通过公开招投标的方式委托社会组织提供服务或有街道办作为主管部门，成立独立的民办非营利企业提供服务；并预计 2013～2015 年，全市 50% 街道将建设家综；2016～2020 年家综覆盖全市所有街道，并达到香港服务水平。

在实际开展过程中，广州市家综建设工作比原计划时间表发展更加迅速。2011 年，《关于加快街道家庭综合服务中心建设的实施办法》（以下简称穗办〔2011〕22 号文件）提出：“到 2011 年底，全市所有条件成熟的街道要开展家庭综合服务中心建设工作；到 2012 年上半年，全市每个街道至少建立 1 个家庭综合服务中心。”因此，2010 年广州市对 20 条街道进行家综试点，投入资金总计 4000 万元。2011 年广州市成立 54 间家综；到 2012 年广州市每个街（镇）全面铺开家综服务，总共 150 间。直至 2014 年，广州市家综数目上升至 171 间，财政总支出 3.3 亿元。

在实际开展过程中，广州市家综建设工作比原计划时间表发展更加迅速，广州市在 2012～2013 年已成立 152 间家综，在 2013～2014 年总共成立 171

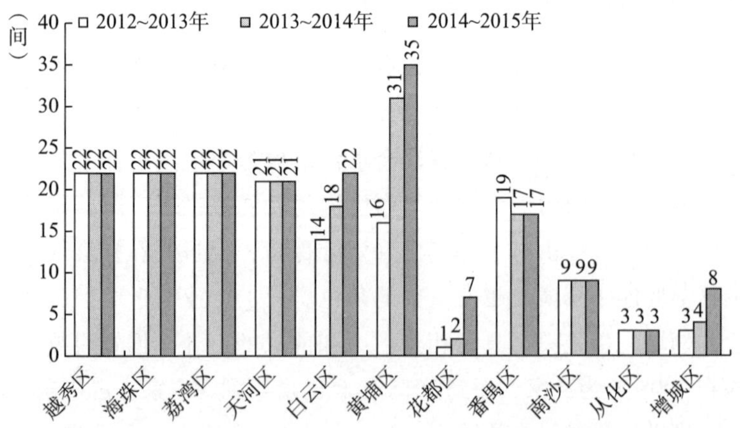

图 1　2012～2013 年、2013～2014 年、2014～2015 年各区家综数量分布情况

间，至 2014 ~2015 年广州市家综数目上升至 188 间。[①]

从最初民间细微的探索实践，启动政府购买社工服务试点，到全市的整体铺开，家综的遍地开花不只是社会工作快速发展的缩影也是政府转变公共职能的助燃器。政府寄望于通过家综的建设，进而转变其在社会公共服务上的角色。

（二）广州市家庭综合服务中心的社会工作服务内容

社工机构依托家庭综合服务中心，以居民需求为导向，秉持“以人为本，助人自助”的社会工作专业服务理念，紧密联系社区群众，着力发掘社区资源，由专业社工人员运用专业方法和技巧如个案、小组、社区工作方法，经由科学的分析诊断，为服务对象提供贴近民众需求，致力于解决服务对象实际问题的全方位、专业化的贴心优质社会工作服务。

广州市试行政府购买社工服务，社会工作机构通过招投标环节承接后进驻镇街成立家庭综合服务中心，自 2008 年起至今已经建立了一百多个家庭综合服务中心，范围也从中心城区逐渐延展至花都、增城等市郊街镇。广州市民政局《关于印发广州市街道社区综合服务中心试点期间三个工作规范的通知》（以下简称穗民〔2010〕320 号文）提出：“广州市街道社区服务中心主要设置家庭服务、老年人服务、青少年服务三大领域的服务（为规定服务领域），其余再根据当地实际需求设置两个领域以上的服务（自选领域）。”

广州市社区服务网与广州市社会工作专业化综合调查项目的评估资料和统计结果显示，各街道家综根据各区受众的实际情况和需求，其社会工作专业服务内容从最初为居民提供长者、青少年、家庭 3 个领域的日常服务，逐步形成了诸如以长者服务、义工（志愿者）服务、儿童青少年服务、残障服务、家庭服务、新广州人服务、社区发展服务、社区文化建设服务、文娱康乐服务、劳动就业服务等为主的服务领域，一般为 3 ~7 个。还有些家综根据区域特点和受众需求，开展了如企业社会工作服务、农村社会工作服务、医务社会工作服务、外国人服务、移居人士服务、司法社会工作服务（社区矫正、社区戒毒康复）、社工义工联动对接服务、流浪乞讨人员服务以及困境未成年人社会保护及保障服务、社区社会组织服务、青年地带、预防青少年违法犯罪服务等各种特色服务。所设服务内容中，义工服务与残障复康服务是

---

① 数据来源：笔者根据广州市社区服务网数据整理而成。

开设最多的服务领域；此外，开设新广州人、外来工服务和劳动就业服务的也较多；剩下较少开展的是社区文化建设、社区发展、妇女服务、社区矫正、司法帮扶、精度服务等。

（三）运作流程

广州市委市政府在《关于加快街道家庭综合服务中心建设的实施办法》（以下简称穗办〔2011〕22号文）中规定家庭综合服务中心是政府转移服务职能的载体，通过“政府购买服务”的方式（见图2），依据社区居民的发展需要，开展相应的服务项目。家庭综合服务中心的建设特别是服务管理系统建设的出发点是如何实现“通过专业社工服务最大限度地满足服务需求”的工作目标。

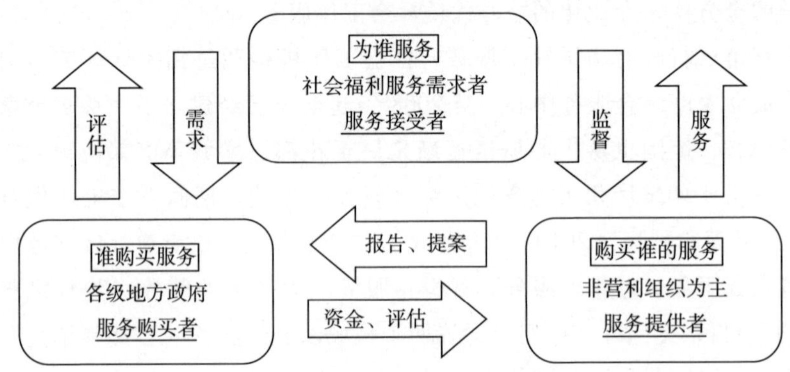

图2　政府购买服务运作模型

社工机构根据政府采购招标信息，组建社工人才队伍并提出家庭综合服务中心的服务内容和目标，撰写投标项目计划书以参加政府采购。按照政府采购机构规定审核程序，成功夺标后，作为第三方分别与区（县级市）民政局、所在街道签订合约，而民政局为合约组织实施的监督方，街道办事处作为政府购买社会服务的购买方。项目合约周期持续为三年，合约期内每年进行中期和末期评估，两次均通过评估合格，则一年签一次合约；三年合同结束后，按照政府采购工作程序重新公开招标。

在合约签订生效起15个工作日内，社工机构获得200万元资金的55%，即110万元；通过中期评估后，15个工作日内获资金的40%，即80万元；末期评估合格后15个工作日内获得剩余的5%资金，即10万元。

社工机构与街道、区民政局签订合约后，为社区提供家综服务，接受政府采购方委托的第三方社会服务专业评估机构的评估，并公开家综开展服务的情况。①

（四）广州市家庭综合服务中心的社会工作服务评估结果

根据穗办〔2011〕22 号文，家综的评估工作由市民政局统筹指导，通过政府采购的方式由符合要求的第三方社会服务专业机构来进行评估工作。不同的评估机构根据不同的评估体系对广州市家综进行评估划分与等级评定，统计评估信息。要求家综三年的合约中，每年都要进行末期评估，如若评估不达合格水平，购买方将终止合约，通过政府采购工作程序重新进行招标。评估是对家综社工专业服务成效质量的检验，专业化的评估除了规范专业服务之外，也促使着社工服务保持创新发展的活力，直接影响着家综服务及其发展。

综合广州市社会工作专业化综合调查项目的评估资料，对广州市家综在 2012～2013 年、2013～2014 年的评估等级情况进行统计对比。

2012～2014 年度由广州市社会工作协会、汉达社会工作服务中心、荔湾区馨源社会工作服务中心、番禺区现代公益组织研究与评估中心、天河区五羊社会工作服务中心、南沙区广善社会工作发展中心、优秀力社会工作发展中心 7 间评估机构对家庭综合服务中心执行评估工作。其中 2012～2013 年共评估 152 家家综，末期评估等级达到“优秀”“良好”“合格”“基本合格”的分别有 16 家（占总数的 11%）、51 家（占总数的 34%）、70 家（占总数的 46%）、15 家（占总数的 9%）；2013～2014 年共评估 102 家家综，末期评估达到等级“优秀”“良好”“合格”“基本合格”的分别有 15 家（占总数的 15%）、61 家（占总数的 60%）、18 家（占总数的 18%）、8 家（占总数的 7%）。②

通过评估数据的对比分析，可以看出家综社会工作专业服务水平在稳步提升，其中，专业化、科学化的社工服务评估对家综社工专业服务的改进的作用不容忽视，对规范社会工作实务、提升实务工作者的社会工作素养、推进社会工作人才队伍建设都有重要意义。家综在评估的督促下，将有效改善社工专业服务质量。评估对社会工作的长远发展和深入优化具有显著作用。

---

① 赵园：《福利多元视角下的政府购买服务研究》，硕士学位论文，南京大学，2013。

② 雷杰、罗观翠、段鹏飞、蔡天：《广州市政府购买家庭综合服务分析研究》，社会科学文献出版社，2015，第 13～21 页。

三　政府购买社工服务存在的主要问题

（一）招投标环节

在政府大力推动社会服务购买的背景下，根据投标的流程与相对概念，透过参与招标竞投社会服务项目获取政府资助，是家综发展和创新的重要途径，是践行社工价值使命的重要手段。但在实际工作中，往往会出现一些机构由于专业水平能力和态度不足，将招标工作委派给没有经验的社工或实习生，或者聘请境外人士撰写投标书，导致对投标流程理解混乱、内容与需求填写缺乏专业性体现、投标文件质量不高等情况出现，更有甚者因为只是仓促着手准备投标文件，未对投标工作内容、目的、进程进行对应规划，令工作的进度拖沓，受专家质疑。《国务院办公厅关于政府向社会力量购买服务的指导意见》（国办发〔2013〕96号），在购买机制方面明确指出："各地要按照公开、公平、公正原则，建立健全政府向社会力量购买服务机制，按照政府采购法的有关规定，采用公开招标、邀请招标、竞争性谈判、单一来源、询价等方式确定承接主体。"而同年，南方日报一篇名为《复印件忘盖章标书作废，社工组织大呼太丢人》的文章也揭示出投标的问题。我们知道，政府在购买社工服务时采取公开招投标方式，而如何投标，其具体内容、参与过程缺少公众或机构参与却无从反映。虽然政府已经在不断完善和尝试，但招投标过程中依然存在一些不规范的问题。

（二）专业服务输送环节

1. 专业社会工作服务机构的管理能力不足

目前少数专业社会工作服务机构发展有10年经验，大多数成立只有5年左右的时间，随着家综的服务扩展，越来越多的管理问题开始凸显，例如内部制度搭建的不健全导致人员流动率高，机构文化理念缺失等导致家综服务水平参差不齐。部分家综没有一套完备的科学管理制度为支撑，难以赢得政府和服务对象的信赖，要令家综经营妥善，服务惠及居民，便更为困难了。

2. 社工人才缺乏

社工缺乏专业训练是目前存在的一个主要问题。家综有部分社工是持证但无相关工作经验及未受专业培训的人员，他们只是通过考试教材的理论学习考取的专业资格，并没有经过系统的专业理论知识的学习，同时又没有实务工作经验，要承担有深度、多维度、复杂且涉及面较大的服务非常难。最近炒得沸沸扬扬的中山大学取消本科社会工作专业的消息引起社会热议，无论是什么原因，对于社工发展事业的进程无疑是一种打击。

3. 服务普及性与专业性不理想

服务专业性，即服务的深度。所谓深度，业界最为明显用于衡量的一句话便是“看家综专业性是否强大，看其开了多少个案便知道了”。换句话来说，虽然第一个十年即将走过，但是行内依然存在中心内部开展的小组、社区活动多，个案十分稀缺的情况。另外，家综通常以街为单位，不同区内街的辖区范围也不同，像老三区的街通常包含范围较小，但像白云区、番禺区等包含范围较大，这种情况间接导致服务覆盖情况离家综越近的居民获取服务较多，反之越少。即使社工经常会有外展服务，或在户外场地进行服务开展，但对于受地域限制的社区居民积极性没能得到太大的提升，这是相当现实的问题。

4. 家综运作经费不足

前文有提及政府每年出资 200 万用于家综向社工机构购买服务项目，一方面扣除每年缴纳十多万元的税费，另一方面根据《关于进一步做好街道家庭综合服务中心建设工作的函》（穗民函〔2012〕263 号）所提及的内容：购买服务总经费的 60% 用于人员开支（工资、奖金、五险一金和以上支出引致的税费等）；10% 用于专业支持（包括聘请督导费用、社工入职培训和其他专业培训费用等）；10% 用于开展专业服务和活动费用（包括服务和活动产生的物料、交通、误餐、组织义工等费用）；10% 用于日常办公费用（包括办公耗材、保洁、安保、水电、场地维护等）；10% 用于其他杂费（包括中标费用、评估费、机构年度相关税费等）。其实中心每年能够用于开展服务居民活动的费用仅 20 万元。这种单一的只靠政府资金投入的渠道，极大地限制家综服务内容，一旦政府撤资，整个社工行业将难以持续。

（三）评估环节

据《广州市财政支持社会工作发展实施办法（试行）》，广州市实施政府购买社会服务的主体是市、区（县级市）两级政府，街道一级的自主权很小。《广州市财政支持社会工作发展实施办法（试行）》规定政府购买社会服务是指市、区（县级市）两级政府，根据社会服务事业的发展需要，以合同管理的方式，将特定的社会服务工作交由具备相应自身实际情况，自主地提出政府购买社会工作服务的个性化要求，形成了无法可依、难以有效推广的困境。上海交通大学徐家良教授、广东商学院陈建刚等指出，目前国内关于政府购买社会工作服务的相关法律文本存在层次低、发布机构固定、类型单一、内容存在差异等不足。[①] 那么，关于政府购买社会工作服务评估方面的法律文本存在的问题要严重得多。尽管在有些地区居家养老服务评估实践中也相继出台了一些地方性的政策规范，如宁波市海曙区的《关于海曙区社会化居家养老工作的指导性意见》、上海市的《养老服务需求评估指南》，起到了一定的制度推进作用，具有一定的实践价值，但具体到实施和考核评估办法上，往往可操作性不强，难以推广。[②] 进一步完善第三方评估的工作监督、规范和指引流程极为必要，第三方评估成员的科学化管理和设置有利于完善评估机制。家综项目的成效评估体系，仍需进一步探讨“产出”与“成效”之间的关系，明确服务成效的具体内容和量化标准，并交由高校老师或资深社工运用自身知识自主对服务的具体内容进行评估，相关的行政工作人员对量化指标进行核实评分，以加强评估的权威性。

四 完善社工服务的对策建议

（一）加强对政府购买社工服务的制度建设

1. 完善招投标的规范与监督机制

政府在制定出相关政策措施后，可考虑针对实际实施所面对的问题进行灵活性修改或具体条文的细化，例如可组织专家和其他团队对政府购买社工服务进行研究，结合国内外经验和做法，完善招投标流程规则与指引。或在招投标过程中，为确保家综的知情权，将招标项目的详情广泛发布公示，令其有主动选择是否参与投标的权利，再者可增设招投标的投诉和举报机制。另外，可考虑结合媒体对招标服务进行监督。一方面，媒体参与有助于社工服务的宣传扩展；另一方面为行政监督体系注入新活力，发挥出传播速度快、影响范围广的作用，同时能确保招投标结果更有说服力和亲和力。

---

① 郝君超：《“政府购买社会组织社会工作服务”国际学术研讨会综述》，《社团管理研究》2012年第2期。

② 鱼洁：《城市居家养老服务的多元化供给主体研究》，硕士学位论文，西北大学，2011。

2. 增设招投标培训

对于招投标的相关内容，政府可考虑开展专项培训班，通过请专人讲解、经验教授、案例分析、实操演练等多种形式，教导家综社工理顺投标思路、提高投标书的专业文书水平，以此来提高自身机构的竞标能力，从而避免一些社工对招投标内容的误读问题，预防在投标过程中出现的各种错漏，间接规范投标行为。

（二）提升政府购买服务的管理水平

1. 公众参与，形成公众监督

政府除了可以通过电视或报纸这些大众媒体来进行大力宣传，让更多人了解到政府购买服务，提高社会认可度外，还可以倡导社会参与服务的模式，透过公众参与的渠道，建立有效的信息沟通平台，并鼓励社会公众积极参与其中，让政府和机构能及时了解到公众的需求。一方面公众了解到政府购买的相关情况，以更好地对政府和组织进行评估和监督①，使社会群众参与服务的模式，逐渐成为一种趋势②；另一方面有了群众的监督，家综更重视自身的服务效果以及服务对象的反馈和成效测量，遵守作为公益性社会服务组织的服务专业的基本要求。从而政府对家综内部管理、运营方式进行不断反思、改进，形成良性循环。

2. 规范资金的管理与投入

政府购买服务对于人力、物力、财力的投入需要社会组织的配合，更需要政府部门的管理。上述提到的每年每个家综有 200 万元的服务费，按照政府要求的分配使用后，实际每年能够用于开展社工服务和活动的费用不到 40 万元。针对这一情况，一方面，政府部门可以考虑持续加大财政资金投入力度，缓解服务剩余经费不足的压力；或者减低税率，由于家庭综合服务中心属于民营非企业类，而实际开展是公益类工作，因此可考虑对其税收进行减免，弥补资金不足问题。另一方面，政府也可整合和吸纳更多资源，如引入慈善会、基金会等非政府组织资源，共同为家综的发展和运营注入资金帮助，形成良好的互助氛围，进一步维护社工事业向好发展。

---

① 胡穗：《政府购买社会组织服务绩效评估的实践困境与路径创新》，《湖南师范大学社会科学学报》2015 年第 4 期。

② 徐家良、赵挺：《政府购买公共服务评估机制研究》，《政治学研究》2013 年第 5 期。

（三）加大人才培养力度

提高家综人员的专业素养与专业技巧，有利于促进社会工作专项服务的稳定提高。人才是第一生产力，充足且出色的人才对于社会工作机构开展复杂、专业的工作具有重要的意义。首先，高校应该多普及对该专业的宣传，在师资方面可考虑聘请有资历的专业督导或资深社工授课，实现理论和实践相结合，令学生实实在在获得可操作性知识；而在培养学生期间，可以与各家综合作建立实习基地，为其在提早感受和了解该专业之余，能透过实际训练为家综提供储备和发展社工人，更可以帮助高校完善该专业的教育体系。从家综长期发展角度来看，则应加大培训力度，完善激励机制，为社工人才提供专业和综合能力培养平台，帮助年轻社工规划职业生涯，家综可考虑从国外引进先进的管理系统和管理人才制度，为自身社会工作服务开展注入新鲜的血液，使原有的机制不断适应发展的新要求，为开展良好的社会工作输送大批优秀人才。其次，可以定期与街道、居委会等其他部门举办分享座谈会，结合政府工作人员所分享的实用性经验，令社工能吸收有用的知识并融入社工实务中。

（四）提升机构的管理水平

专业社会工作服务机构要不断提升自身的管理水平。除人才培养和管理外，还应开展链接各方资源，开拓服务活动范围，重视自身活动宣传等管理。毋庸置疑的是，地理位置对家综的服务普惠性与普及性有至关重要的作用。家综开展服务时如果仅关注离自己中心近的社区，或只在家综场室内开展活动，容易造成资源的重复与浪费。因此，家综可考虑多方链接资源，例如与辖区内居委会或社区内的业主委员会等进行沟通，了解附近是否有闲置的活动场室方便服务开展，这样一方面可以方便对应社区居民，另一方面又能增进与辖区管理方的关系建立。此外，还可以联合居委会、街道办在政务网络平台开设家庭综合服务中心和社工服务专栏，张贴活动资料，吸引、招揽新的服务对象。家综可通过网络，开设自己家庭综合服务中心专有的官网、微博、微信公众号，在上面发布每月中心活动安排表、每日活动或者一些贴心消息，或专门针对自身的服务重点和特色进行独家宣传，让居民足不出户就了解到相关信息；还可以向居民发布一些现有家综的优秀社工和活动成功案例，使他们对中心有感性和具体的认识，潜移默化地将“助人自助”价值观带入大众群体中去，使居民在遇到问题时能第一时间想到来家综求助。

（五）促进评估制度的完善升级

1. 完善评估指标体系

进一步完善法律文本，细化政策规范，制定可操作性强的评估标准，科学设计指标体系。考核指标应该在评估的基础上做到与时俱进，客观地反映不同时期存在的问题，有关部门应集中精力调整现有的制度指标以更好地使其适应社会的现实需求状况。

2. 建立评估联动机制

第三方评估的引入有助于评估结果更具公平性、科学性和公开性，能够以认真严谨的态度，符合实际情况的可操作性强的评估指标，并以专业的态度对社会工作专业机构进行评估。第三方组织独立运行，依据一定的标准和程序，社会工作服务投入、运行及其绩效，对提供方的服务质量和服务对象的满意度等进行评估。把公众满意度作为评判服务绩效的重要标准。服务对象满意度的评估是一种开放式的评估，作为用户的公众对社会组织生产社会工作服务的绩效是最有发言权的。多元主体的参与，可以促使社会组织对自身的公益性、独立性、非营利性等组织特性具有更清晰的认识，从而更好地坚持组织目标，增强社会组织的社会公信度。[①]

3. 建立过程评估机制体系

制定一套科学可行的评估指标体系是保证评估质量的核心所在。笔者建议将评估周期设置为 3 年，除末期评估，另外每年至少进行 4 次过程评估，过程评估主要是对服务开展进行实地评估，根据实际开展的个案、小组和社区工作情况进行评估。保证政府购买不流于形式，服务质量得到保证，独立主体之间履行各自的责任。

4. 提升评估的专业性

与国外先进的社会工作机构评估相比较，中国机构缺乏相应的实施部门和监督部门。对社会工作机构实行适当的监督有利于其更好地实现作为公益社会服务组织的基本要求。第三方评估的引入，有助于评估结果更具公平性、科学性和公开性，它能够以认真严谨的态度，符合实际情况的可操作性强的

---

① 郜鹏峰：《政府购买社会工作服务的评估困境破解——基于内地评估实践的研究》，《学习与实践》2013 年第 8 期。

评估指标，并以专业的态度对专业社会工作专业机构进行评估。有效的评估机构是开展评估工作的必要前提，设立有序、专业化的评估机构有利于社会工作机构评估水平的稳定发展。公平公正的监督部门有利于社会工作机构更好地以公益服务为己任，有效地减少社会工作机构评估的形式化和无效化，极大地发挥评估机构自身应有的作用。专业的第三方评估机构能引起机构对评估结果的重视，以及反省、改正自身问题，从而朝着更加专业化的方向发展，为整个社工行业走向规范化发展贡献一分力量。

The practice and reflection of government purchases social work professional services

Sun Yuan　Chen Jiarui　Xie Yuliang

Abstract: Guangzhou Municipal Government procurement has been practiced in some experimental units of purchase social work professional services from 2008, which accumulated certain experience in solve the problem of the community, such as disadvantaged groups helping, help young people at risk, community care for the elderly and so on. By integrating internal and external resources of the community, professional social work service organizations have made a series of achievements in resource development and building community social support network. This study take the Guangzhou family integrated service center purchased by the government as an example, summarizing the purchase service practice in the last 10 years, then puts forward countermeasures and suggestions of strengthen the system construction of social work services in government purchase, and improve its management, which can promote the improvement of the evaluation system. Reflect on the further development of government procurement of community social work services.

Keywords: Integrated Family Service Center; the Government Purchase; Professional Services of Social Work; Evaluation

发达地区全面二孩政策响应度研究[*]

——基于广州的调研

黎宝欣　钟雁佳　叶曼茵

张晓均　黄清华　邓杓均　张　凡[**]

摘　要　全面二孩政策的颁布和实施，引起了社会的广泛关注和热议。课题组选择了发达且有代表性的广州市作为调查地点，在全市 8 个区展开了实地调研。通过深入剖析已婚适育群体的生育意愿和影响因素，进而有针对性地提出提高已婚适育群体对全面二孩政策的响应度的对策和建议。

关键词　全面二孩　政策响应度　生育意愿

一　问题提出

（一）研究背景

在独生子女政策有效的实施下，中国传统“多子多福”的文化思想慢慢淡化，经历了从高生育率到低生育率的迅速转变，中国人口的主要问题已经不再是增长过快，而是临近超低生育率水平、人口红利消失、人口老龄化、出生性别比失调等。国内 20 多位顶尖人口学者历经两年研究指出，中国的人口政策亟待转向，尤其是生育政策应该调整。基于此，在中共第十八届中央委员会第五次全体会议公报提出：“促进人口均衡发展。坚持计划生育的基本国策，完善人口发展战略。全面实施一对夫妇可生育两个孩子政策。提高生

* 本研究为 2017 年广东大学生科技创新培育专项资金（攀登计划专项资金）项目（pdjh2017a0393），第十四届全国“挑战杯”大学生课外学术科技作品竞赛广东省省赛一等奖作品。

** 本文作者为广州大学公共管理学院 2013 级、2014 级本科生。

殖健康、妇幼保健、托幼等公共服务水平。”

中国自1978年起便开始严格推行以独生子女政策为核心内容的计划生育政策。然而，随着政治、经济、文化等各方面的发展，中国的计划生育政策在之后略有调整：2011年11月，中国各地全面实施双独二孩政策，缓解社会养老压力，增加和扩大内需；2013年12月，中国实施单独二孩政策，在一定程度上有效缓解老龄化程度和推迟老龄化进程，为中国应对老龄化挑战赢得更多的时间和胜算，改善劳动力老化的结构，改善未来劳动力数量供给平衡；2015年10月，中国全面实施二孩政策。

此外，从2007年开始，数家官方的研究机构就已接受国家人口计生委的委托，就生育政策的进一步调整完善展开调研。2010年1月6日，国家人口计生委下发的《国家人口发展“十二五”规划思路（征求意见稿）》提到“稳妥开展实行‘夫妻一方为独生子女的家庭可以生育第二个孩子’的政策试点工作”。2012年10月26日，中国发展研究基金会发布的《人口形势的变化和人口政策的调整》特别提出：“第一步，在城市地区和严格执行一孩政策的农村地区即刻放开二胎；第二步，2015年，在实行‘一孩半’（即有的地区第一胎为女孩的夫妇可以生二胎）政策的地区放开二胎，实现全国全面放开二胎的目标。”

针对以上国家生育政策的调整，在响应度方面，北京大学穆光宗、王本喜、周建涛发表在《新疆师范大学学报》的题为《低生育时代的人口政策走向》一文中指出，受生育意愿、生育能力、生育成本等因素的影响，“全面二孩”政策恐怕难以达到预期效果。[①] 除此之外，从之前作为过渡的“单独二孩”政策来看，国民的申请生育二孩数量远达不到官方的预期，可见目前国民生育意愿并不高。在地区差异方面，发达地区一方面在过去30多年受到计划生育单独子女政策的影响和冲击最为明显，人们从被动响应到逐渐接受“夫妇只生育一个子女”的政策；另一方面随着时代的发展，新价值观直接影响和改变了发达地区的生育观。面对全面二孩政策，发达地区会做出怎样的转变以积极响应？广州市作为经济发达的国际化城市，具有代表性和前沿性。以广州为例的发达地区是否受到30多年形成的“独生文化”惯性影响而形成“路径依赖”，对于响应全面二孩政策极具挑战性。

---

① 穆光宗、王本喜、周建涛：《低生育时代的人口政策走向》，《新疆师范大学学报》（哲学社会科学版）2016年第4期。

（二）研究综述

2015年10月29日，中国共产党第十八届中央委员会第五次全体会议通过的公报中提出："促进人口均衡发展，坚持计划生育的基本国策，完善人口发展战略，全面实施一对夫妇可生育两个孩子政策，积极开展应对人口老龄化行动。"这标志着全面二孩政策在中国正式拉开序幕。

在全面二孩政策落地前，学术界就已对全面二孩政策实施的效果做出预测与判断。有的学者认为此政策可促进人口的增长甚至导致人口反弹，有的学者认为全面二孩政策不会带来人口的激增，不同的对政策效果的预测大相径庭。翟振武、张现苓、靳永爱认为在2014年全面放开二孩政策会由于目标群体过大且妇女的生育意愿过高而带来明显的人口反弹现象，主张应推迟放开全面二孩政策，避免人口的短期反弹。① 而乔晓春则认为，我们真正担心的不是短期反弹，而是长期的"不反弹"。政府不能由于担心短期反弹，而丧失了生育率长期稳定在适当水平的机会。建议在2015年下半年，最晚在2016年开始实施"普遍二孩"政策。②

全面二孩政策正式出台后，关于此方面学术成果多集中于可行性、社会影响以及响应度这三大方面的研究。

在可行性研究方面，如王会宗、张凤兵在《"全面放开二胎"政策可行性的实证分析——基于经济稳定增长视角的中国人口最优出生率研究》中通过对经济可持续发展与最优出生率关系的研究，发现当下社会经济的发展形势要求必须调整人口政策以提高人口出生率，为证明全面二孩政策的可行性提供了经济方面的依据。③

在社会影响研究方面，一是关于全面二孩政策影响经济发展的研究，唐楚涵认为全面二孩政策将有利于新常态下中国经济的发展，不管是宏观经济方面还是细分行业方面④；二是侧重于全面二孩政策对人口规模及人口年龄结构的影响，孟令国、李博、陈莉等发现全面二孩政策背景下的人口增量将在一定程度

---

① 翟振武、张现苓、靳永爱：《立即全面放开二胎政策的人口学后果分析》，《人口研究》2014年第2期。

② 乔晓春：《实施"普遍二孩"政策后生育水平会达到多高？——兼与翟振武教授商榷》，《人口与发展》2014年第6期。

③ 王会宗、张凤兵：《"全面放开二胎"政策可行性的实证分析——基于经济稳定增长视角的中国人口最优出生率研究》，《经济问题》2016年第3期。

④ 唐楚涵：《全面二孩政策对中国经济的影响分析》，《中国市场》2016年第16期。

上减弱老龄化程度但效果并不显著[①]；三是关注全面二孩政策对公共服务（教育、医疗、儿童消费等）的影响，如李玲、杨顺光提出其对义务教育的影响[②]。

在响应度研究方面，学者主要从地区、性别等几大维度入手进行研究。对于地区这一维度，如王松等探索全面二孩政策影响下城镇居民的生育二孩意愿及其影响因素；对于性别这一维度，相关研究多集中于女性生育意愿的研究[③]，如程雅馨等的《全面放开二孩政策形势下女性生育二孩意愿与女性权益保护》[④]。根据以上相关研究，发现全面二孩政策的响应度即生育意愿与生育行为受到生育观念的影响，现阶段总体上的二孩生育响应度并不高，大部分研究倾向于就完善相关政策提出对策建议。

本课题以发达地区作为立足点，因为其生育观念受到传统生育政策以及新时代生育观的影响最为明显、深刻，发达地区的适婚适育群体可以说是促进全面二孩政策顺利实施的攻坚群体。以广州市为例做全面二孩政策响应度研究具有针对性，既有利于突出广州市的地区特色，又有利于深入全面二孩政策响应度的推广性研究，包括地区、年龄层的覆盖。此外，本课题还探索不同单位性质的职业女性的生育意愿及生育行为，发掘其因素，为避免职业女性陷入困境。关于对策建议方面，本课题除了关注相关政策的完善，还创新性地提出发挥“多子文化”的“文化撬动”作用，期望给予全面二孩政策以不同角度的社会支持。

二　理论基础

计划行为理论是社会心理学中最著名的态度行为关系理论，该理论认为行为意向是影响行为最直接的因素，行为意向受态度、主观规范和知觉行为控制的影响（见图1）。计划行为理论认为，行为态度、主观规范和知觉行为控制是决定行为意向的三个主要变量，态度越积极、重要他人支持越大、知

---

① 孟令国、李博、陈莉：《“全面两孩”政策对人口增量及人口老龄化的影响》，《广东财经大学学报》2016年第1期。

② 李玲、杨顺光：《“全面二孩”政策与义务教育战略规划——基于未来20年义务教育学龄人口的预测》，《教育研究》2016年第7期。

③ 王松、刘光远、刘希珍：《城镇居民生育二孩意愿及影响因素研究——基于全面二孩政策背景》，《四川理工学院学报》（社会科学版）2016年第4期。

④ 程雅馨、何勤：《全面放开二孩政策形势下女性生育二孩意愿与女性权益保护》，《中国劳动关系学院学报》2016年第4期。

觉行为控制越强，行为意向就越大，反之就越小；个人以及社会文化等因素（如人格、智力、经验、年龄、性别、文化背景等）通过影响行为信念间接影响行为态度、主观规范和知觉行为控制，并最终影响行为意向和行为。本课题从经济因素、社会因素（文化、政策）、个人因素以及家庭因素探讨已婚适育群体对于全面二孩政策的态度以及生育意向。

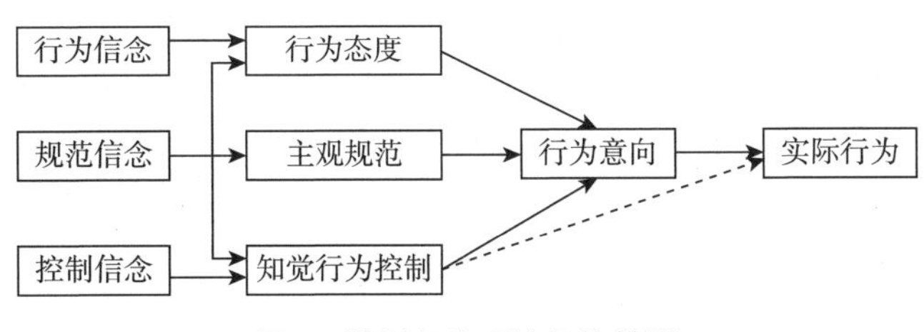

图 1　计划行为理论机构模型

三　研究方法

（一）问卷调查

1. 采取随机抽样方法中的整群抽样方法，以区为单位，在广州市内，平均每个区（除从化、增城、花都、南沙外）随机发放问卷，共 500 份纸质问卷，并附加 100 份网络问卷。

2. 运用 Excel 和 SPSS 等软件，对上述问卷调查整理数据并用以定量分析。

（二）实地研究

1. 随机选取广州市部分已婚群体进行访谈，包括户籍人口和外来人口、收入较高人群与收入较低人群等不同群体，个别访谈与集体访谈相结合，一般访谈和深度访谈相结合，了解不同已婚群体对二孩政策的看法及影响其看法的因素。

2. 将上述实地研究所得的资料进行定性分析。

（三）文献研究

1. 对与二孩政策相关的图书、期刊进行资料借鉴。

2. 密切关注政府的报道。

3. 对之前学者的研究进行二次分析。

四 发达地区二孩生育意愿现状

（一）是否有生育二孩的意愿

根据调查问卷数据分析（见表1）广州已婚适育群体中，有57.4%愿意生育二孩，42.6%没有生育二孩的意愿，数据印证了本课题的假设：广州作为一线城市，过去30多年的独生政策对其影响最为显著和深刻，面对新的全面二孩政策，该群体的响应度没有预想的高涨。

表1 调查样本二孩生育意愿情况

	频数（人）	百分比（%）
否	213	42.6
是	287	57.4
合计	500	100.0

（二）生育性别比偏好

如果选择生育1个孩子，对孩子的性别表示顺其自然的人群占比达到74.4%，意愿生育子女的性别偏好与传统的性别偏好有了很大的转变，与重男轻女相比，广州已婚适育群体对于性别没有明显的偏好。这说明，群体生育意愿已经发生了显著的变化，由传统的生育意愿向现代的生育意愿转变；如果选择生育2个孩子对子女性别表示顺其自然的达到39.1%，但是期望生育1男1女的人群占比达到53.8%，说明该群体如果在选择生育两个孩子的时候，还是期望儿女成双。

五 影响发达地区二孩生育意愿的因素

（一）户籍

从户口性质来看，SPSS相关性显示（$p = 0.036 < 0.05$），户口性质与生育二孩意愿有显著性。广州本地户籍群体愿意生育二孩的人数占53.7%，对

全面二孩政策的响应度最低；外地城镇居民次之，占62.8%；外地农民对全面二孩政策的响应度最高，达到64.2%。

在性别偏好方面，广州本地户籍群体对于生育一个孩子或者两个孩子选择“顺其自然”（59.8%和61.7%）的远远高于外地城镇户籍（25.3%和15.6%）和外地农村户籍（14.9%和22.7%）的群体。可以看出，广州本地户籍的已婚适育群体对意愿生育性别更倾向于顺其自然。

（二）本人是否独生

调查数据显示，本人是否独生与是有生育二孩的意愿显著相关（$p = 0.031 < 0.05$），但呈负相关，即独生子女不愿意生育二孩。表2显示，在独生子女中，不愿意生育二孩占该类调查对象的51.3%，非独生子女愿意生育二孩的占60%。由此说明，独生子女受独生政策影响甚深，生育二孩意愿远远低于非独生子女。

表2　本人是否独生与是否有生育二孩的意愿情况

		是	否	合计
是	频数（人）	56	231	287
	频率（%）	48.7	60.0	57.4
否	频数（人）	59	154	213
	频率（%）	51.3	40.0	42.6
合计	频数（人）	115	385	500
	频率（%）	100.0	100.0	100.0

（三）工作单位性质

从单位性质来看，不同单位性质的人群的二孩生育意愿并不相同，其中单位性质为党政机关的人群生育二孩的意愿最为强烈，占68.8%。客观上，党政机关工作人员的职业地位不容易因二孩生育行为而改变，而且其硬件条件如受教育程度、工作时间、收入等相对较好，其子女有很大可能可以接受良好的家庭和社会教育，这些都是他们考虑生育二孩的“催化剂”。主观上，党政机关工作人员可以说是受“独生政策”冲击最大的特殊群体，不少的党政机关工作人员有生育二孩的意愿，但因受到独生政策的影响，担心因违反生育政策而失去工作和改变人生轨迹，只能抑制生育二孩的热望。但随着全面二孩政策的放开，党政机关工作者会因“反弹效应”而具有更加强烈的生育二孩意愿，一些符合条件的人开始计划生育二孩。

（四）学历

根据SPSS相关性分析，学历和是否有生育二孩的意愿显著相关（$p = 0.033 < 0.05$），且呈负相关，其中高等学历（大专、本科及以上）群体中，有54.5%的调查对象期望生育两个孩子，低于中等学历（中专、高中）的64.1%和初等学历（小学、初中）的67.5%，学历越高的更偏向于不愿意生育二孩。一是受到“独生文化”的惯性影响，在过去30多年计划生育政策的宣传与引导下，学历水平越高的群体接受现代社会价值观的熏陶，越来越淡化“多子多福”的传统观念，“优生优育”更可能成为他们的自觉选择。二是随着社会经济的发展及新生育观的普及，新一代人形成了新的生育观——生育并不仅仅为传宗接代，更要对下一代负责，体现为对孩子的理性需求，追求“优生优育”。学历水平越高的群体可能会针对培养孩子这一方面考虑得更周全，如果自身条件受限，他们可能会选择少生或者不生。

（五）个人月收入

数据显示，中等收入（2000～6000元/月）调查对象占53.1%，其生育意愿相比低收入者（2000元/月以下）与高收入者最低。根据2011年中国社会科学院社会学研究所CCGSS全国抽样调查数据，一线城市（北京、广州、深圳）中等收入为15000～60000元/年，占城市人口的67.1%。可见2000～6000元/月中等收入群体为广州市主要的收入群体分布，其对全面二孩政策的响应度将在极大程度上影响着未来人口的发展趋势。我们从文化与经济出发分析其原因。一方面，中等收入群体大部分具有专科以上学历，受过高等教育且思想受现代社会价值观影响较为深刻，随着中国开放程度的提升受到西方以个人为本位思想的影响，他们更加注重自身的生活质量，回归对自我的考虑，开始追求性的满足而不是以生育儿女为目的。另一方面，一部分中等收入群体由于经济的压力和事业上的理想而不愿意或者不想被迫生育二孩等。而对于月收入在6000元甚至10000元以上的高收入群体，虽然此类群体同样受过高等教育，思想开放，但其充裕的经济条件和事业的稳健发展，使其更多地考虑未来家庭的幸福和家族的传承，从以个人为本位回归“家本位”，重视对于家庭的责任，所以其生育二孩的意愿则相比更强烈。在访谈过程中，访谈对象都提到影响他们是否生育二孩最重要的因素是经济因素。访谈对象许女士说："现在在广州这些发达城市，培养一个小孩可不是一件容易的事，从小孩出生到上学，个人和家庭的收入80%都贡献给了养育孩子这一块，从小上这样那样培训班，就是一笔很大的支出，如果没有足够的经济基础给小孩提供良好健康的环境，就草率地决定生育小孩，我觉得这样对自己也是对孩子的不负责任。"

六 提高发达地区二孩生育意愿的建议

根据影响因素分析，经济因素（个人月收入）、社会因素（户籍性质、文化因素）、家庭因素（本人是否独生）、个人发展因素（学历、单位性质）是影响已婚适育群体二孩生育意愿的重要因子。对此，为了提高该群体的生育意愿，提出以下建议。

（一）实行"二孩"家庭教育等支出抵税的个人所得税改革

数据显示，调查对象中有54.1%"非常同意"和81.2%"同意"由于抚养孩子的经济成本太高，而降低他们的生育意愿。此外，根据上述分析，中层收入人群对全面二孩政策的响应度最低（53.1%），经济因素在很大程度上影响着人们的生育意愿，特别是中层阶级。依照中国目前个人所得税免征额3500元的标准，中层收入人群大多符合个人所得税征收标准。对于中层收入群体而言，多养育一个孩子压缩了其不宽裕的收入支配空间，而个税负担却无法相应减轻，这成为此类群体对全面二孩政策响应度低的重要原因。

因此我们认为，从2011年国家将个人所得税上调为3500元至今已有6年时间，随着经济通货膨胀以及新的计划生育政策出台，有必要进行个人所得税改革，将"二孩"家庭教育、医疗等支出抵用个人所得税，缓解潜在生育二孩的中层收入群体对经济负担的担忧，减轻"二孩"家庭的经济负担。

（二）加大对响应二孩政策的奖励和补贴力度

通过国家对生育二孩有奖励和补贴等对调查对象生育二孩意愿是否有影响进行分析，有75.1%的调查对象"非常同意"和69.6%的调查对象"同意"国家对生育二孩有奖励和补贴会提高生育二孩的意愿，且在量表（见表3）中，"如果国家对生育二孩有奖励和补贴等，我愿意生育二孩"的选项均值最高，为3.95，均值越高，赞同度越高。可见，国家对响应二孩政策的奖励和补贴在较大程度上影响着人们生育二孩的意愿，其作用与政府推行的二孩政策等行政干预手段应同样有效。因此，为了鼓励人们在更大程度上响应二孩政策和提高生育二孩的意愿，可以利用其他家庭的超生罚款合理奖励响应二孩政策的家庭，从而激励人们生育二孩，同时通过“奖惩制度”促进人们建立理性生育的观念。另外，对于生育二孩的家庭，可给予医疗、教育等方面的补贴，缓解二孩给家庭带来的经济压力，不断提高人们响应全面二孩政策的意愿。

表3　国家对生育二孩有奖励和补贴等对调查对象生育二孩意愿的分析

	如果国家对生育二孩有奖励和补贴	在“多子多福、养儿防老”观念的影响下，我愿意生育二孩	在“失独”的风险影响下，我愿意生育二孩	为了能生育男（或女）孩或儿女双全，我愿意生育二孩	为了响应国家政策号召，我愿意生育二孩
意愿均值	3.95	3.15	3.61	3.56	2.99
N	500	500	500	500	500

（三）用文化撬动生育二孩的意愿

推动国家全面二孩政策实施，加强人们对全面二孩政策的响应，文化的手段是一股潜在力量，可以用文化“撬动”生育二孩的意愿。

在全面二孩政策下，群众的生育思想观念在极大程度上影响着生育意愿甚至生育行为，人们是会受30多年形成的“独生文化”惯性影响形成“路径依赖”，还是会重新接受传统的“多子文化”，这对全面二孩政策的实施成效影响极大。推动全面二孩政策的有效落实，经济手段是坚实的“后盾”，同时要充分发挥文化宣传的作用，经济手段和文化宣传双管齐下。

SPSS相关性分析显示，“多子多福”“养儿防老”等传统观念与生育二孩的意愿相关性显著（$r=0.361$，$p<0.01$），传统“多子文化”对于生育意愿影响还是颇为深刻，但对于传统“多子文化”我们要取其精华，去其糟粕，与“二孩政策”相呼应。借助传统文化中“多子多福”的力量并赋予其新的时代内涵，由“多子文化”转变为“双子文化”，不再是像传统社会一样无节制地生育，不再是追求数量上的多，而是科学有规划地养育孩子，“二”到恰好。两个孩子共同成长对孩子自身的发展，对未来养老的保障等各方面都

发挥着重要优势，宣传“双子文化”有利于推动全面二孩政策的有效落实。宣传可以借鉴过去计划生育政策对优生优育文化的方法。

首先，用舆论宣传工作加强宣传工作的时效性。应该注重对近期颁布的一些相关政策和法规进行宣传，对政策法规进行明确解读，有助于群众更好地了解并创造出良好的舆论氛围。

其次，宣传对象要注重针对性。不同的年龄群体，行为方式、思想观念大相径庭，宣传标语、宣传内容上可以更有针对性，例如90后群体接受新事物能力强，可以采用新颖的标语引起其关注和热议。

最后，增强宣传手段多样性。随着信息传播技术的革新，互联网是传播信息和交流互动的主要媒介，在宣传工作过程中，既要运用传统的“拉横幅”“印刷小册子”等途径，也要发挥互联网的力量，例如微信公众号，推送与二孩政策相关的文章，利用互联网快捷、便利和覆盖范围广等优势，加强宣传工作。

（四）完善幼儿园、小学等基础教育设施

根据问卷调查，在问及全面放开二孩政策后，社会保障措施需要怎样的同步改进时，59.1%的人们期待幼儿园、小学等基础教育设施可以得以改进，8.3%认为妇幼保健等医疗卫生条件需要得到完善，期待养老、医疗等社会保障等福利制度的人占20.0%，认为应当改进工作环境、休假、产假等职工福利的占12.6%。由调查数据可以看出，绝大部分的调查对象期待改善幼儿园、小学等基础教育措施。反观现行的广州市关于幼儿园、小学的基础教育入学政策，幼儿园采取公办学校就近派位的原则，民办学校采取免试入学的原则。小学入学按照“人户一致”的原则，原则上在户籍所在地上学。全面二孩政策开放后，原来已经紧张的基础教育资源将面临更严峻的挑战。有关部门表示，在“单独二孩”政策出台的时候，已经进行适当的政策调整，对于符合全面二孩政策的二孩可享受地段生入学政策，尽管是这种情况，不少家长们还是对孩子的入学表示忧虑。

就“僧多粥少”的入学情况，我们提出以下建议。

1. 加快公办学校的建设，扩大公办学校的规模和数量

义务教育是国家规定每个公民法定的权利，每个公民都应享有接受义务教育的机会。但是随着城市务工人员增多，城市的教育资源发展速度相对滞后，不能与日益扩大的教育需求相配套，导致出现不少务工人员子女甚至本地人员子女出现“求学难”的现象。优质公办学校学位一位难求，部分学区

学区房房价疯涨，增大了适龄就学儿童的求学压力。面对如此困难的学区房争夺战，单是争取一个小孩的就学机会已经令很多家长心力交瘁，更何况是生下二孩后，家长还需要为第二个小孩争取就学机会。因此，“求学难”问题成为阻碍适婚适育夫妻选择生二孩的重要因素之一。解决“求学难”问题，扩大教育资源成为重中之重。增设公办学校，为广大适龄学生提供更多的就学机会。已有的公办学校可扩充规模，增强校园设施建设，提供更多学位，同时保障教学质量和教学设施质量。

2. 鼓励和促进民办学校的建设，提高民办学校的办学水平

民办学校作为公办学校的重要补充，是缓解“求学难”问题的重要手段之一。现有的民办学校教学质量参差不齐。一些优质的民办学校环境优美、师资雄厚，但是学费过高，令家长望而却步。另一些学费较低的民办学校则环境较差，学习的氛围较弱，不利于学生的学习。对此，相关教育部门可以加大对民办学校的管理力度，出台相关的制度规范民办学校办学。对天价学费的学校进行价格调控，对民办学校的教学设备及教学条件进行定期的检查。对于违反相关规定的民办学校，依法进行惩处并公告社会。

3. 提高福利水平，为学费负担有困难的家庭提供适当的补贴，保障儿童接受义务教育的基本权利

教育公平是全社会共同追求的目标。随着社会的发展，家长投入与子女的教育经费占总家庭的支持的比重越来越高。养孩子已从过去简单粗放式的养育方式变成现今优质的培养方式。教育经费的提高使很多家庭对于生育二孩呈观望态度。政府可以加大对教育资源的投入，对承担学费有困难的家庭提供补贴，保障儿童接受义务教育的基本权利。

Comprehensive Two Child Policy Response in Developed Areas Based on the Survey in Guangzhou

Li Baoxin　Zhong Yanjia　Ye Manyin　Zhang Xiaojun
Huang Qinghua　Deng Shaojun　Zhang Fan

Abstract: With the promulgation and implementation of a comprehensive two child policy, this policy has aroused widespread concern and heated debate. The research group selected Guangzhou which is the typical representative of developed area as the investigation site. We launched a field survey in the city's 8 District, including analyzed the current situation and influencing factors of Married Child-bearing group the fertility desire, and then put forward countermeasures and suggestions to improve the responsiveness of the two child policy of Married Child-bearing groups.

Keywords: Overall Two Children; Policy Responsiveness; Fertility Willingness

广东省在校大学生吸烟情况的调查与建议

曹艳华*

摘　要　通过高校内调查，了解大学生吸烟、被动吸烟及相关心理认知等情况，为相关部门制定有效控烟政策提供依据。结果显示：广东大学生吸烟率5.25%。首次吸烟的场所半数在学校，首次吸烟的烟源68.18%是同学。自评对吸烟危害了解很多和较多者合计53.46%；对于流行的各种吸烟理由，不认同的占比42.48%。戒烟的主要动力为个人健康，占比87.83%。62.65%的大学生，家中有长辈吸烟；而家中是否有人吸烟，“经常暴露于二手烟”的概率差异巨大。建议加速建立学校的健康教育主体责任制度，加快校园禁烟立法，充分发挥家长、学校、社工组织的作用，为学校控烟行动提质增效，促使青少年吸烟率快速大幅降低。

关键词　大学生吸烟　学校禁烟　家长教育　社工

“吸烟有害健康”这句话对中国人而言早已耳熟能详，但中国疾病预防控制中心发布的《2015中国成人烟草调查报告》显示，2015年中国15岁及以上人群的吸烟率为27.7%，其中男性52.1%，女性2.7%，吸烟者总数达3.16亿。中国宣传禁烟多年，但控烟成效很不理想。在健康中国上升为国家战略的态势下，广东省正在积极推进控烟立法工作。本研究通过高校调查，旨在了解大学生的吸烟现状、心理认知，为卫生、教育等相关部门制定控烟政策提供参考依据。

一　调查概况

本研究由笔者自行设计问卷，问卷分基础信息、吸烟相关问题两大部分共33条题目，经反复论证和征求意见后，转化为电子问卷，再将电子问卷的

* 曹艳华，女，广东省人口发展研究院人口研究部部长，副研究员。

链接或微信二维码广泛发送给广东省高校的计生协会青年联盟、学生会、大学辅导老师等，由他们发动学生填写。调查时间为2016年4～10月（历时半年），共收到来自广东20多所高校大学生的有效答卷838份。其中，男女生人数分别是365和473，各自占比43.56%和56.44%；独生子女228，占比27.21%；大一、大二、大三学生分别是285、217、247，各自占比34.01%、25.89%和29.47%；理工科、文科人数分别是410、335，各自占比48.93%和39.98%；来自大中城市、小城镇和乡村的人数分别是338、279和221，各自占比40.33%、33.29%和26.37%；大学生母亲的最高文化程度前三位的是初中及以下、高中和专科，人数分别是471、188和83，各自占比56.21%、22.43%和9.9%；目前学习成绩前三位的回答是良好、勉强不挂科、偶有挂科，人数分别是481、184、87，各自占比57.4%、21.96%和10.38%；大学生活是否愉快的回答中，“比较充实愉快”“一般般”“非常充实愉快”的人数分别是424、291、95，各自占比50.6%、34.73%、11.34%。

二　调查结果

1. 在校大学生对吸烟危害的了解认知

自评对吸烟危害了解很多和较多的大学生人数合计占比53.46%；对身体具体损害的认识中，肺、牙齿、肝脏位居前三，分别是93.44%、72.67%、59.79%（见图1）；知道“低焦油香烟、中草药香烟”并不能降低吸烟危害

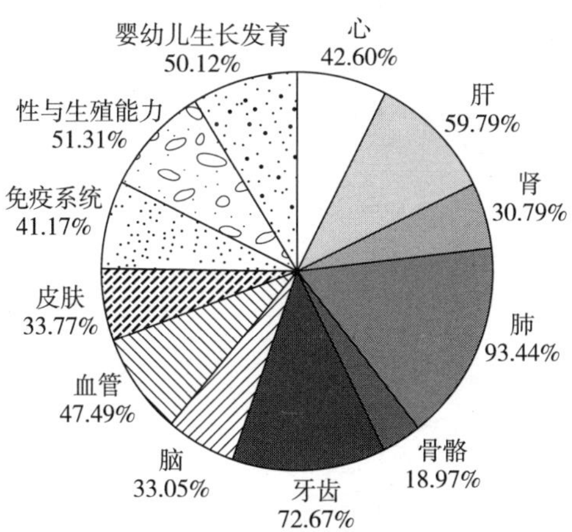

图1　大学生对具体吸烟危害的知晓率

的比例为52.27%，听说过三手烟概念的28.28%；对于社会上流行的各种吸烟理由，第一选择为“不认同”的占比42.48%，选择“人际关系需要”的占比29.12%，“可以醒脑提神”位居第三，占比6.32%；戒烟主要动力的选择中，个人健康居首位，占比87.83%。

2. 在校大学生对吸烟控烟的理念态度

大学生对控烟非常支持、支持的比例分别是59.19%、29.36%，合计占比88.55%；无所谓、保留、反对者分别占4.77%、3.7%、2.98%，合计占比11.45%；自己非常愿意、愿意戒烟或力劝家人戒烟的比例分别是55.61%和35.08%，合计90.69%；对目前不吸烟，将来是否可能尝试吸烟的问题，回答坚决不吸烟者占比73.15%，无所谓的占比8.11%，不愿意的占比1.19%。简言之，吸烟危害认知不够，对控烟态度也不甚积极。

3. 在校大学生主动吸烟与被动吸烟现状

接受调查的838人中，吸烟大学生44人，占比5.25%。其中，首次吸烟的年龄，20岁、18岁和15岁位居前三，人数分别是6、5和5，各自占比13.63%、11.36%和11.36%；首次吸烟者烟的来源，同学、自己偷来吸和社会朋友位居前三，人数分别是30、7和4，各自占比68.18%、15.91%和9.09%；首次吸烟的场所，前五位依次是学校、宿舍、其他地方、酒吧和家里，分别占比50%、13.64%、11.36%、9.09%、6.82%。此外，838份问卷中，家中有长辈吸烟的比例高达62.65%；经常和偶尔暴露于二手烟环境的比例分别是8.71%、37.11%。进一步的交叉分析表明，大学生本人是否吸烟，与其暴露于二手烟的机会呈正相关性，且关系密切（见图2）。而大学生家庭中有无长辈吸烟，与大学生本人是否经常或偶尔暴露于二手烟的关系也十分密切（见表1）。

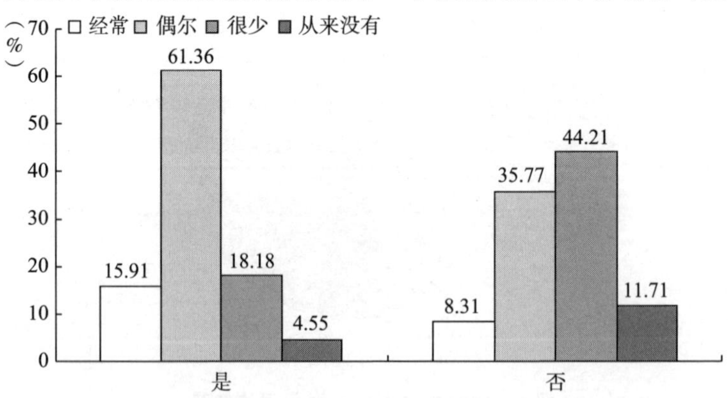

图2 大学生本人是否吸烟与其暴露于二手烟机会的比较

表 1　大学生同住的父母老人是否吸烟与其本人是否经常暴露于二手烟的比较

X \ Y	经常	偶尔	很少	从来没有	小计
没人吸烟	12 (3.83%)	86 (27.48%)	151 (48.24%)	64 (20.45%)	313
仅老人吸烟	14 (11.57%)	39 (32.23%)	57 (47.11%)	11 (9.09%)	121
仅父亲吸烟	48 (10.98%)	201 (46.00%)	165 (37.76%)	23 (5.26%)	437
仅母亲吸烟	0 (0.00%)	1 (100.00%)	0 (0.00%)	0 (0.00%)	1
父母都吸烟	3 (60.00%)	1 (20.00%)	1 (20.00%)	0 (0.00%)	5
父母老人都吸	6 (35.29%)	4 (23.53%)	6 (35.29%)	1 (5.88%)	17

三　主要建议

《柳叶刀》杂志近期报道称：亚洲居住着全球大部分吸烟者，印度尼西亚、中国和印度是吸烟者最多的国家，而吸烟仍然是排在高血压之后的全球第二大死亡原因。2015 年因与吸烟有关的疾病导致死亡的人数占全部病死人数的 11%，有 640 万人。[①] 今年 5 月 31 日是第 30 个“世界无烟日”，也是中国正式履行世卫组织《烟草控制框架公约》第 12 年。广东省的调查显示，2015 年广东省 15 ~ 69 岁常住居民吸烟率为 27.02%，其中男性为 50.84%，女性为 3.33%。[②] 尽管本次调查中广东省大学生总体吸烟率远低于全国和广东省的吸烟率水平，但无论是从保护孩子、呵护人才，还是从提高禁烟成效等角度考虑，青少年控烟禁烟都是大事要事，而且是事半功倍的大好时机，因此禁烟工作只能不断加强，不容有丝毫懈怠。

1. 加速建立健全学校的健康教育主体责任制度

对戒烟主要动力的调查显示，个人健康因素占比以 87.83% 高居榜首，广东大学生较强的自我保健意识与低吸烟率的行为显示出较强的一致性。以本

① 《中国男性吸烟者数量居全球之首》，搜狐网，http://mt.sohu.com/20170411/n487763453.shtml。
② 《广东男性吸烟率 50.84%》，《南方日报》2017 年 5 月 31 日。

地生源为主的客观事实，在一定程度上可以说明广东省长期致力于青少年控烟的努力卓有成效。中国疾病预防控制中心之前的调查结果显示，19.9%的初中生曾经尝试过吸烟，且82.3%的吸烟尝试发生在13岁之前[①]，本调查中大学生首次吸烟的第一烟源是同学、第一场所是学校的现实，都提示我们青少年保健意识亟待提高，学校的健康教育工作亟待加强。把健康教育纳入国民教育体系，把健康教育作为所有教育阶段素质教育的重要内容[②]，不应仅停留在文件部署、大会动员等层面。健康教育不仅是健康中国建设的规定要求，还是普及健康文明生活方式、塑造自主自律健康行为、提高全民健康水平的重要途径。建议加速建立健全学校的健康教育主体责任制度和考核监督机制，从而加大学校的禁烟力度，管教结合，减少甚至杜绝新的小烟民产生。

2. 烟草的危害教育亟待进一步深化和加强

对吸烟的危害，46.54%的大学生回答略知一二或知之甚少；47.73%的大学生不知道“低焦油香烟、中草药香烟”纯属炒作，实际危害不减；50.84%的大学生表示对二手烟的态度是“不喜欢但也不好出声”；更有71.72%的大学生完全没听说过“三手烟”的概念。至于吸烟的具体危害方面，只有肺损害深入人心，牙齿其次，对心、脑、血管损害的知晓率均不足50%。对烟草危害的了解不深、认识不足，在一定程度上造成了当事人对二手烟所持态度的暧昧不清和不敢拒绝，因而对控烟禁烟的态度也自然显得不够积极与配合。按照知信行理论，知识改变观念，观念指导行动。而从掌握知识到行为改变，不会一蹴而就，而是需要一个较长时间的转变过程。没有全民健康就没有全面小康，2018年广东要“率先实现全面小康”，可谓任务艰巨、时不我待。吸烟有百害而无一利，控烟宣传力度需要加大，控烟立法迫在眉睫。

3. 控烟立法非常迫切和非常必要

中国宣传禁烟控烟多年，但成效平平是显而易见的。《广东省公共场所和工作场所控制吸烟条例》虽然自2013年8月被纳入“十二五”立法规划，但至今未能成功立法。严峻的现实在于，目前中国的吸烟率、吸烟总人口都居世界前列，机场、饭店、路上，甚至工作单位，处处可见吸烟者，广大的农村地区更是无人管无人问。倘若禁烟控烟继续停留在宣传、倡导层面，或者即使地方控烟条例相继出台，但在执行环节也未动真格，那么，禁烟就可能

① 《中国青少年烟草调查2014》，中国疾病预防控制中心。

② 《健康中国2030规划纲要》第2篇。

永远不会成功。然而，没有健康哪来小康，没有个人健康何谈健康中国。因此，应加速禁烟立法、加大禁烟执行力度，以尽快在全社会形成禁烟合力，无烟家庭、无烟医院、公共场所禁烟、工作单位禁烟等，行动应加力、推进应加速。孩子的生活中不再见烟草，不再有烟味，才能最大限度地减少诱惑。作为树人育人的文明圣地——学校，在禁烟控烟行动中，应被格外重视和重点监控，不应也不能再是小烟民的生产地。

4. 家校联系中加强戒烟教育

几十年的独生子女政策，导致国人育儿观念发生了巨大变化，家长普遍对孩子呵护有加，甚至是细致入微。但本调查发现，838 名大学生中，同住的家长吸烟率高达 62.65%。家长吸烟，孩子暴露于二手烟的机会大大增加，父母都吸烟的大学生，自述六成经常暴露于二手烟，这与家中无人吸烟的大学生仅 3.83% 经常暴露于二手烟之间的差距之大，可谓触目惊心！值得引起学校、家长、控烟相关部门高度重视。此外，在对孩子的教育中，学校与家长的配合非常重要，禁烟控烟问题也一样。老师教的是一套，家长说的做的是完全不同的另一套，孩子的认知就容易发生错乱。只有当学校的教育与家长的行为态度两者基本契合甚至完全一致时，学校的禁烟教育效果方能充分显现。

5. 保护孩子免受二手烟之害，家长戒烟很关键

一般而言，孩子的生活模式比成人要简单得多，大多是十几年的家与学校两点一线。尽管随着人们保健意识的逐渐增强，家有孕妇或幼儿的年轻的父母对在家中吸烟已经有所克制和顾忌，但本调查的二手烟经常和偶尔暴露率结果显示，吸烟家庭的大学生显著高于非吸烟家庭的大学生，父母都吸烟的大学生，经常暴露于二手烟的比例甚至高达 60%。由此看来，家长的吸烟克制很可能随孩子的年龄增长而有所放松。在与孩子的朝夕相处中，吸烟的家长不仅是孩子自然而然的第一任老师，同时在无意中变成了孩子受二手烟危害的第一制造者。保护孩子免受二手烟之苦之害，家长理应成为第一责任人，吸烟家长最该警醒并首先主动实践家中戒烟。此外，因为中国就业率较高，绝大多数成人是单位人，故而单位禁烟显得尤其重要。实践证明，应把单位一把手吸烟与否列为禁烟考核重点项目。因为多数情况下，一把手吸烟则单位递烟盛行、烟雾缭绕是常态；反之，一把手不吸烟，单位则空气清新，烟味少见。倘能家内无烟，单位也禁烟，则吸烟家长的吸烟量会大打折扣，戒烟成功率也会大大提升。

6. 建议将大学生控烟教育列为高校社会工作重要的活动内容

广东省毗邻港澳，是中国大陆社工发展较快的省份，尤其是广州、深圳、东莞等市，其社工发展已经比较成熟。目前中国大陆共有 199 所高校开设了社工专业，涉及 29 个省份。但各省发展并不平衡，广东以 30 所高校开设社工专业远超北京市的 20 所，上海市的 10 所，更遥遥领先于省均 6.41 所高校的全国水平，高校社工人力资源优势非常明显。因此，建议高校社工组织关注大学生生活方式和身体素质问题，对大学生吸烟问题引起重视并积极介入，运用社工的专业知识手段，为高校控烟行动提质增效，大幅且尽快提高大学生的吸烟危害认知水平，帮助已吸烟者戒除吸烟恶习、未吸烟者坚定意志今后绝不吸烟。

Investigation and Suggestions on Smoking Among College Students in Guangdong Guangdong Academy of Population Development

Cao Yanhua

Abstract: Through the investigation, this study is to understand the current college students' smoking, passive smoking and related cognitive psychology, provide evidence for establishing effective tobacco control policy expectations for the health, education and other related departments. The survey showed that the smoking rate among college students in Guangdong province was 5. 25% . Half of the first smoking happened in school, and the source of tobacco of the first smoking was 68. 18% came from schoolmates. 53. 46% of the students knew well the harm of smoking in their self-assessment and the smoking damage to lung, teeth, liver are the top three, namely 93. 44% , 72. 67% , 59. 79% . Knowing that "low tar cigarettes" "herbal cigarettes" does not reduce the risk of smoking by 52. 27% . In the most popular reason to smoking, 42. 48% informants can not agree with. The main motivation to quit smoking is personal health, accounted for 87. 83% . The study also found that among Guangdong college students, the smoking percentage of elder family members (including parents and grandparents) who lived with them also was up to 62. 65% . And whether has elders smoking in the family, "often exposed to second-hand smoke" ratio is quite difference, respectively 61. 36% and 3. 83% , the school, parents, tobacco-control departments should draw attention to it. Suggested to establish and perfect the main responsibility system of school health education, to strengthen the smoking harm education for teenagers, to speed up the tobacco control legislation on school smoking ban. As for anti-smoking education to parents, it can be done by the parents school and parents meeting opportunities. With all these measures, hope to achieve a substantial reduction of tobacco harm on young people' physical health, a large and rapid reduction in adolescent smoking rate.

Keywords: College Students Smoking; Ban on Smoking; Parents Education; Social Work

人才培养

开放办学—项目驱动—协同育人*

——社会工作应用型人才培养模式探索与实践

周桂英**

摘　要　社会工作专业人才是加强社会建设、创新社会治理急需的专门人才。社会工作专业本质上的实践性、实务性和价值取向上的利他性决定其人才培养的应用性。在办学实践中，我们创造性提出开放办学、项目驱动、协同育人的应用型人才培养路径，具体表现在：一是开放办学，调动社会资源育人；二是项目驱动，创新育人实践方式；三是协同育人，培养复合型人才核心能力。在应用型社会工作人才培养模式的实践中，主要开展了四个方面：制定人才培养方案；创新教学方法，突出教学互动；科研活动 + 社会服务，提升学生复合能力；建立多元化、开放式评价方式。

关键词　社会工作　应用型　人才培养模式

应用型人才培养是高等教育适应经济社会转型发展的需要，也是地方本科院校内涵发展的理性定位。社会工作专业以其突出的应用性、实践性的专业性质，高度契合人才培养的应用型。如何实现应用型人才培养目标，构建高质量，有特色的应用型人才培养模式，是当前地方本科教育要探索和解决的重要课题。在近几年的办学实践中，我们致力于探索独具特色的社会工作专业人才培养模式，形成了开放办学—项目驱动—协同育人的应用型社会工作人才培养模式。

一　社会工作本质要求人才的应用型

社会工作是以科学知识为基础的应用性社会科学，是具有很强的实务性、

---

*　“地方性本科院校社会工作专业应用型人才培养模式研究与实践——以湘南学院为例”，省级教改项目 2013 年立项湘教通〔2013〕223 号。

**　周桂英，女，湘南学院教授。

可操作性的专业，其本质上的实践性、基本属性的实务性和其价值取向上的利他性决定了人才培养的应用性。社会工作的实践性本质决定其人才培养的应用性。

（一）社会工作的实践性本质

社会工作产生于实践，发展更要靠实践。社会工作产生于西方工业革命时期，起源于贫困救济实践，并随着工业革命的进程不断发展，伴随工业革命的发展走向专业化。社会工作的实践性贯穿于社会工作发展全过程。离开了实践性，社会工作助人本质无法实现，实践性是社会工作本质特征之一。实务性是社会工作的基本属性。2014 年国际社工联会员大会上对社会工作的定义是：社会工作是以实践为基础的职业，是促进社会改变和发展、提高社会凝聚力、赋权并解放人类的一门学科。社会工作的职责是实践性的，致力于解除社会不平等与不公平事件，化解基层各种矛盾，维护社会公平公正。实践性体现在人才培养计划中，根据教育部学位委员会的规定，社会工作的本科人才培养方案的课堂教学时数为 2300 学时，10 门核心课程①，而教育部规定的 10 门核心课程中有 4 门课是专业方法理论，如个案社会工作、小组社会工作、社区社会工作、社会工作行政。社会工作专业实践最低为 800 学时，这是国际惯例。社会工作的实践本质体现为教育教学及服务的多类型、多领域、多方式。教学方式灵活多样，如角色扮演、小组学习、社区探访、社会调查、专题研讨等；教育活动类型多样，如专题调研、公益宣传、扶贫帮困、心理健康知识普及等。社会工作专业实践性要求培养学生服务社会的职业精神，这也是民国时期的言心哲提出的社会工作专业人才培养目标之一：“培养社会工作学生深入民间、服务社会及不辞辛劳勇于办事的精神，即推己及人、仁民爱物的职业观。”②

（二）社会工作基本属性是实务性

社会工作的实务性是指社会工作者运用科学方法，与受助对象一起共同面对困难和问题，调整人与环境的关系，增进受助对象的社会功能。通过具

---

① 中华人民共和国教育部高等教育司：《普通高等学校本科专业目录和专业介绍》，高等教育出版社，2012，第 70～71 页。

② 周建树：《研究、服务、训练：民国时期高校社会工作专业人才培养机制的构建——以燕京大学、金陵大学为例》，《社会工作》2016 年第 4 期。

体的行动和服务来解决具体问题，这是社会工作不同于其他理论性社会科学学科的重要特点。社会工作实务的本质是社会服务活动，主要目的是回应和满足人类不断变化的社会需要，如上海市为回应非监禁社区服刑人员、刑释解教人员、社区吸毒人员、16～25岁“失学、失业、失管”等十多万人服务需求，开展社区矫正、吸毒人员社区康复、青少年社会工作等领域的社会工作实务。针对不同服务领域开设相应课程，如家庭社会工作、学校社会工作、青少年社会工作、老年社会工作、残疾人社会工作等。西方国家的社会工作实务已经形成体系，尽管说法不一致，其基本要素由五个部分组成：价值观、目的、授权许可、知识、方法。“价值观决定工作者的态度和取向。目的是社会工作实务的原因和理由。批准和授权是社会的指令，而且社会工作服务提供表达在结构性安排、法律和政策之中。知识基础为实务提供了事实、概念和原则，方法既是将理论应用于实务的科学，又是将理论应用于实务的艺术。”①

要求教师具有实务性，教师应该有实务经历。为此，民政部从政策上倡导高校教师办社工机构，中国社会工作教育协会组织研讨助推社工教师办机构。一方面，引领社工实务发展，丰富教师经验实务，教师在项目服务中增强了实务能力，提高了实务教学能力；另一方面，推动社会工作职业化，教育先行，教育推动职业发展。

（三）社会工作价值取向上的利他性

社会工作的利他性，体现在“以人为本”与“助人自助”的专业价值观上。社会工作专业教育和人才培养要着力传承社工价值理念，弘扬社工人文精神，培育和引导学生以社会工作人文精神感染人的心灵，以社工人文精神传递助人的精髓，以社工人文精神丰富中国社会工作的内涵和外延。社会工作职业是以助人为宗旨，运用专业理论和方法、协调社会关系、预防和解决社会问题、促进社会公正的专门职业。专业社会工作作为一种人性化、科学化的管理和服务方式，在落实社会政策、了解群众需求、改进社会服务、协调利益关系、化解社会矛盾、增进社会和谐、推动社会进步等方面都有其独到的作用，社会工作无疑是社会转型期的减压阀和安全阀。社会工作专业价值

① 刘继同：《英美社会工作实务模式的历史、类型与实务模式演变的历史规律》，《社会工作》2014年第5期。

观要求培养的专门人才，一是培育专业社会工作者“利他主义”职业观念，一切皆从服务对象的需要和利益出发，承认每个人的价值和尊严，帮助个人适应社会的变化，接纳不批判、不评价。二是具备社会工作者的职业道德，严格遵守行为标准和专业守则、所说所做真诚且一致、尊重个人的独特性、保护个人的隐私和意愿。①

二 社会工作应用型人才培养模式的路径

应用型人才培养模式是学校在实现应用型人才培养目标理念指导下建立起来的比较稳定的大学人才培养活动的结构框架和活动程序。② 湘南学院确定的办学定位是应用型本科，大力发展应用技术教育；确立了“在服务地方的过程中发展壮大自我，在壮大自身的同时促进地方经济更快更好地发展”的办学理念。③ 在办学理念的指导下，结合社会工作专业实际，探索社会工作应用型人才培养模式，初步形成“开放办学、项目驱动、协同育人”路径。

（一）开放办学，调动社会育人资源

开放办学是总体思路。社会工作本科教育在三个层面开放，做到“三个面向”，包括面向发达地区开放、面向地方经济社会开放、面向行业开放等。一是利用区位优势开放办学。湘南学院地处号称湖南的南大门郴州，与社会工作职业、教育均比较发达的广州、深圳为近邻，离香港澳门也不远，被称为“粤港澳的后花园”。又位于南北大动脉京广线上，交通十分便利，高速铁路畅通，有利于广州、深圳和香港资深督导来校指导和讲学。同时，也便于学生就近实习实践。二是面向行业开放。在社会工作专业办学过程中，与广州、深圳、上海的近20个社工机构建立了长期联系，觯选了有实力的12个民办社会工作机构签订合作协议，经常聘请沿海发达地区机构负责人或督导来学校交流指导。三是向社会开放，发掘本土资源。主动与地方民政部门、

① 高云飞：《社会工作人才培养特有属性解析》，《长春理工大学学报》（社会科学版）2011年第4期。

② 章伟坤：《地方性院校应用型人才培养面临的困境及破解思路》，《牡丹江教育学院学报》2011年第6期。

③ 周桂英、林海波：《合作共建、互惠双赢——以湘南学院与郴州市中级人民法院联合培养应用型法律人才战略的实践为视角》，《湘南学院学报》2015年第3期。

司法部门、卫计部门等合作，提炼行政化的社会工作经验，发挥本土化社会工作优势。与民政部门合作进行了农村养老机构调研，低保户入户调查，参与困境未成年人社会保护服务项目，开展社会工作服务等。以社会工作专业理念和方法参与基层社会治理服务，培养本土化、特色的社会工作专业人才。开放的办学思路，弥补学校师资不足、实务欠缺的短板；开放办学就是要学习发达地区办社工专业的经验，让我们少走弯路，吸取经验、快速发展；开放办学有利于密切联系社会，服务社会，在服务地方经济社会中发展专业。经过5年办学实践，湘南学院社会工作专业的本科招生人数在全省最多，与外界的交流频次最多，学生受到的实践训练多，毕业生对口就业比重高，用人单位称赞湘南学院社会工作专业毕业生的专业价值观强。

（二）项目驱动，创新育人实践方式

项目驱动是发展动力。项目驱动是指教师学生在社会工作服务项目和科技实践活动实践中主动学习和专业成长。早在20世纪的二三十年代，燕京大学社会学与社会服务系在探索社会工作人才培养本土化过程中，提出将社会调查研究、社会服务与学生实习训练相结合培养社会工作专业人才机制，取得了很好的成效。湘南学院办社会工作专业过程，与燕京大学不谋而合。首先，社会专业教师领办机构，承接政府购买服务项目，老师带领学生团队做项目，学生全程参与项目（课题）方案制定、计划的实施。如机构获得市民政局资助的社区青少年项目，在一年项目期，老师督导工作143工时（天），学生投入工作量389工时（天），产生效益48450元。其次，开展新农村建设调查课题，3位老师（一位教授，两位博士）带领14名学生，寒假田野调查，开学期间利用周末补充调查，前后历时半年，最终完成调查报告，形成38万字的专著，即《流动的乡土——郴州市新农村建设实证研究》，吉林大学出版社2015年出版。由此还产生了4项大学生“挑战杯”科技作品，并获省三等奖2项、学校二等奖3项；形成9篇学生毕业论文，其中7篇被评为优秀论文。教师指导学生科研，理论与实践相结合，把论文写在田间地头，写在希望的田野上。

（三）协同育人，培养复合型人才核心能力

协同育人是指学校、社会、行业机构等多方协同合作，形成长效合作机制，构建育人平台。大学是育人活动的主阵地，属人才的供给侧，在合作育

人中具有主导地位，发挥主体作用，负责人才培养方案的制定、基本课程设置、师资力量配备、必要的教学设施设备。社会是人才需求端，也应该为人才培养提供相应的资源支持，包括提供实践实训场所、实务专家指导和督导、必要的物质支持。通过专业认知、课程见习和实训、毕业实习、毕业论文、社会调查实践等课程设置，以及教学实践环节落实，在与政府机关、企事业单位、社会工作机构全方位的深度合作基础上，建立合作育人基地，实现对接第一课堂，弥补第一课堂，延伸第一课堂，将教育的统筹、整合、协同三个功能应用在企业、基地、高校和市场中，协同培养既具有良好专业理念又有较强技能和理论基础的复合型人才，集认知能力、沟通能力、服务能力、创新能力“四位一体”的社工复合型人才。

三　社会工作应用型人才培养模式实践

在开放办学、项目驱动、协同育人路径指导下，经过七年的办学实践，不断完善人才培养模式，取得了一些成果。

（一）制定应用型人才培养方案

根据人才培养要求，以技术应用能力和基本素质为主线设计课程体系，理论教学以切合实际应用为主旨，基础课理论够用，专业课程理论实用，淡化学科界限，组建综合课程，形成了社会工作本科专业“一三四五”的人才培养模式，即一条主线、三大平台、五大课程模块和四种能力。课程体系设置围绕培养社会工作专业应用型人才的一条主线，搭建理论教学、实践教学和素质拓展三大平台，形成公共课（必修、选修）、学科（专业）基础课、专业课（必修课程、选修课程）、集中实践教学（毕业实习、毕业论文）、课外科技实践和自主创新实践等五大课程模块，着力培养学生的认知能力、沟通能力、服务能力、创新能力等四种能力。

湘南学院修订的2016版社会工作专业的人才培养方案，调整并优化了课程结构，突出了社会工作实践能力培养。实践教学总学时872学时，占总学分的37.9%，872学时实践体现在课内实践（理论课设置一定比例的实践教学152学时）、集中实践即毕业实习12周（480学时）、课外实践（包括专业认识、社会调查、志愿服务共约240学时）等三大块，克服了种种困难，已经基本落实。人才培养方案不断完善，在2015级培养方案中增开具有前瞻性的“医务社会工作方向”，在郴州市第一人民医院的支持下，成功实施了第一批医务社工实习，取得了良好的社会反响。

（二）创新教学方法，突出教学互动

积极进行社会工作专业理论教学和实务教学方法改革，探索互动式教学、参与式教学等多种课堂教学模式，综合运用案例教学、角色扮演、场景模拟等教学方法。社会工作专业教师的课堂教学大量运用体验式、角色扮演、场景模拟和案例教学方式，课堂互动性强，学生动手机会多，学生学习主动性强，教学效果好。如个案工作课堂教学运用萨提亚家庭临床治疗模式，以提升学生自我价值感为目标，用画冰山、家庭图、家庭雕塑等工具，培养学生个案工作的基本素质和技巧，课堂教学效果十分显著。如社会调查方法课，在田野点调查中完成，田野调查实践激发学生强烈的学习兴趣，引发学生参与社会调查的热情。社会工作评估课程，聘请广州社工协会的实务专家，以其丰富的家庭综合服务中心评估和幸福社区评估经验用于课堂教学，信息量大、应用性强，可操作，通过设置评估情境，实战式互动，深受学生欢迎；法社会学外聘资深律师何教师上课，何老师丰富的社会阅历和专业的法律思维，开启学生思想，训练学生的思维，启发学生对社会问题的关注和思考。在专业教学的过程中，加强课内外实践、社会调查、毕业实习等实践，培养集认知能力、沟通能力、服务能力、创新能力“四位一体”的社会工作专业复合型人才。

（三）科研活动+社会服务，提升学生复合能力

社会工作专业学生人人参与科研和社会服务。一是踊跃参加大学生“挑战杯”科技作品竞赛。两年一度的大学生“挑战杯”科技作品竞赛，由学校选拔后参加全省比赛再到全国参赛，包括提交科技作品、制作作品介绍展示板、现场答辩等环节。每届社工专业学生参赛的有五六个团队，学校社科类一二三等奖都是社会工作专业学生包揽，每年都能从省里抱回几个奖项，曾获得过湖南省特等奖，国家二等奖的好成绩。学生在比赛过程中得到很好的锻炼，科研能力、写作能力、语言表达能力均有提高，凡是参加过比赛的学生显得大方、自信。二是指导学生社会问题调查。由有能力有专长的教师，确定选题，选定调查点，组成学生调查团队，进行调查培训，如指导学生查阅文献资料，进行规范科技论文写作培训，在充分准备的基础上，由教师带

队到田野点驻点调查。通过访谈和参与式观察收集第一手资料，在师生团队集体讨论确定写作提纲，学生根据提纲进行写作。学生完成几万字的作品，她们自己既自豪又吃惊，都感到难以置信。辛苦了指导教师，成长了学生。三是学生直接参与社会工作服务项目。社会工作是实践性、实务性很强的专业，要求学生不仅要具备专业理论和知识技能，也要具备服务能力，解决社会问题、化解社会矛盾的能力，包括与各类服务对象建立专业服务关系，预估服务对象的问题，制订服务计划，运用专业方法和技术协助服务对象解决问题。还应熟悉与社会工作业务相关的法律、法规、政策和行业管理规定，这些能力只能在实际社会服务中培养和获得。我们通过社工机构承接政府购买的服务项目，教师带着学生团队做项目，从服务项目设计开展，全过程参与，学生在服务中巩固了专业理念，强化了专业技能。

（四）建立多元化、开放式评价方式

人才培养效果评价是一项极其复杂的工作，教学评价对整个教学活动具有导向作用。目前，高等教育制度中除学习成绩评价外，有其他方式但不管用。我们力求对应用型人才提出新要求，如应用性、技能性、可操作性等理论要求。应用性建立在深厚、扎实的理论和知识基础上，为实务提供事实、概念和原则，否则无以为用。技能性即方法技术、能力，应用于实务的科学和艺术。可操作性强调能解决问题、管用。根据应用型人才培养新要求，发挥教学评价的功能、保证教学质量，关注学生活动评价、确保学生管理质量，拓展科技实习实践评价、提升学生科技服务能力，收集用人单位评价、把握学生职业能力。通过多维度定性评价，全面探索建立应用型人才培养质量的评价指标体系。

Open School-Project-Driven-Collaborative Education: Exploration and Practice of the Training Mode of Social Work Speciality

Zhou Guiying

Abstract: Social work professionals are the needed specialized talents for strengthening social construction and innovation of social governance. The basic property of practicality and practices and the altruism on the value proposition decides applied talents training of Social work speciality. We creatively put forward open education in school-running practice, project driven, collaborative education of application-oriented talents cultivation path, specific displays in: the first is the open education which mobilizes social resources. The second is project driven which innovatives educational practices. The third is collaborative education, cultivating talents for core competencies. This model has been drawn up plans for cultivating talent, innovated teaching methods, stood out the interactive teaching and scientific research activity + social services, enhanced students' competence of composite, established the evaluation methods of diversification and open.

Keywords: Social Work; Applied Talents; Talents Training Mode

试论游戏的社会工作专业教育作用*

尹保华　杜京帅**

摘　要　游戏在社会工作教育过程中扮演着重要角色，是日常教学活动中不可或缺的一部分。本文主要运用参与式观察法与访谈法对游戏的社会工作专业教育作用进行了初步探讨。游戏在社会工作专业教育中的作用主要包括：游戏有助于培养学生的社会工作专业价值观，理解社会工作专业理论知识，掌握运用社会工作方法技能，感悟人生哲理以及提高专业认同感。

关键词　游戏　社会工作　专业教育　游戏依赖　游戏堕怠

无论是在社会工作教育过程中，还是在社会工作实务过程中，游戏都扮演着重要角色，是日常教学活动和实务活动中不可或缺的一部分。在学术界，已经有越来越多的学者开始关注游戏与教育的话题，探讨游戏与社会工作专业教育之间的关系以及游戏在专业教育教学中的应用，但总体上看，将游戏引入社会工作教育教学活动中尚属初创阶段，相关的理论研究亦处于零散不系统或碎片化的状态。笔者于近年更加关注这一领域的实践探索，在专业教学中试图将这一理论系统化。通过收集分析文献资料发现，关于游戏在社会工作专业教育中的研究，无论是在国内还是在国外，研究者们就这一话题的探讨的确不够系统和深入。比如，本文的作者之一曾于 2014 年 1 ~ 5 月，在英国伯明翰大学进行了近半年的短期学习。在学习期间就此话题与伯明翰大学社会工作专业的相关教师做过持续性的探讨。他们认为，“这是一个非常有趣新颖的话题”，并对此话题非常感兴趣，认为这一领域的实践以及研究课题的提出也给他们的社会工作教育教学带来了启示，同时鼓励我们要把这一方

---

* 本文为中国矿业大学研究生教育教学改革研究与实践项目的阶段新成果，项目编号：2017Y06。

** 尹保华，中国矿业大学公共管理学院教授；杜京帅，现为美国堪萨斯州立大学硕士研究生，攻读家庭治疗专业。

面的研究深入做下去。

本文主要运用参与式观察法与访谈法对游戏的社会工作专业教育作用进行了初步探讨。首先，就参与式观察法的运用而言，本文的两个作者分别作为社会工作专任教师和学生，兼具实践者和研究者的双重身份，随时随地融入被研究者群体中，在现实的教学活动情境中直接观察和体验，进而收集有关信息。在这一过程中，研究者既可以与课程教学中的学生通过游戏互动来观察每个人的情感、行为变化，并通过交谈了解每个人的感受和收获；同时，研究者也可以反观自身的所作所为，反思自己的双重身份，反思作为游戏群体一员的自我在整个活动过程中的行为与感受。其次，就访谈法的运用而言，一是以中国矿业大学社会工作系 2009 级、2010 级、2011 级的本科学生为主要访谈对象进行自由式访谈；二是在伯明翰大学短期学习期间对伯明翰大学社会工作系的专任教师和学生进行了一定程度的深度访谈。在上述访谈的过程中分别整理出了中国矿业大学社会工作系学生访谈记录、伯明翰大学社会工作系师生访谈记录。另外，作者还整理出了中国矿业大学社会工作 2010 级《社会工作导论》试卷中关于游戏考试题目答案的摘录、中国矿业大学社会工作系 2009 级《学校社会工作》试卷中关于游戏考试题目答案的摘录等资料。

需要说明的是，社会工作教育是一种对个人的专门的教育训练，是完成个体专业社会化的过程，它是一个贯穿社会工作人员整个职业生涯的过程，它包括课堂教学活动和有督导的直接服务于案主的实践教学过程。[①] 现代教育一般认为，课堂教学活动是专业教育的主要阵地。因此，本文基于课堂教学讨论游戏对社会工作专业教育的作用。

一　游戏有助于培养学生的社会工作专业价值观

社会工作是一个蕴含着高度人文关怀本质的专业[②]，具有强烈价值涉入的性质[③]。在社会工作的知识、价值和技术构成的“金三角”中，价值是社会工作的核心和灵魂[④]，因此，专业价值观的养成对于培养社会工作学生专业素

---

① 王思斌：《社会工作导论》，高等教育出版社，2004，第 235 页。

② 尹保华：《高度人文关怀：社会工作的本质新释》，《学海》2009 年第 4 期。

③ 阮新邦：《强烈价值介入论视野下的社会工作实践》，《社会理论学报》2003 年第 2 期。

④ 夏雪銮：《社会工作的三维性质》，《北京大学学报》2000 年第 1 期。

质的重要性不言而喻。而在现在教学过程中，这往往是最缺乏或者是十分不足的一个环节。比如，在专业教育中，有时社会工作价值观只是停留在纸面上，老师并不知道学生是否认同这些理念，是否已经培养起社会工作价值观体系。而有的学生，也对自己是否具有社会工作理念而感到不自信。有的同学认为：

> 我觉得我不适合做社工，我感觉我根本就没有社会工作的价值理念，我去做社工，根本不合格。

但是，社会工作价值观并不是先天所有人都具有的，它可以通过在实践中慢慢培养。在教学过程中引入角色扮演、小组活动等游戏方式，有助于社会工作学生在互动中认同社会工作价值观，意识到尊重、倾听、接纳等的重要性，并运用在实践中。

在所访谈的30名社会工作学生中，其中有16名同学认为游戏过程有助于他们理解并认同社会工作价值观，并逐渐内化为自己的价值观。在对考试资料做的内容分析中，有一半以上学生认为专业课中的游戏活动有助于培养社会工作价值观，其中有学生写道：

> 游戏在小组工作中所体现的价值和社会工作的基本价值理念是紧密联系的。承认人的价值和尊严，承认人的独特性，承认人有改变的能力，承认人的需要，接纳和非批判的社会工作价值观在不同的游戏内容和环节中得到体现。

也有同学将自己的内心独白分享给大家：

> 我在班级中很少说话，大家也很少注意到我，所以我总是很自卑。我每次想要做出改变，但是又没有改变的勇气和自信。对于游戏活动，一开始我也有点不好意思参加，但在老师和同学的鼓舞下参加了“优点轰炸”游戏。我感觉融入大家真的让我非常开心，大家说了好多我一直没有意识到的优点，让我明白大家在心目中并没有排斥我，而是接纳我，欢迎我。我感觉我的自信心正在一点点得到改善。

这位同学的内心变化向我们形象地展示了游戏在价值观上所带来的积极

力量，促进个体发生转变。

在伯明翰大学访谈一名叫 Marta 的同学，Marta 谈到角色扮演对理解培养社会工作专业价值观作用（以下原为英文，由笔者翻译成中文）：

> 我们在课堂上会经常运用角色扮演这一游戏方法。在这个过程中，我们三人一组，分别扮演社会工作者、案主以及观察者。一般 15 分钟以后，社会工作者和案主的扮演者会更换一下，而观察者的作用就是观察两人的时间观念、访谈技能以及是否在扮演过程中体现了社会工作的核心价值观等。因为在扮演中，我们彼此看见对方的表情和肢体语言，那我就可以知道我是否尊重到“案主”的想法和是否接纳到“案主”的问题。当我不经意间流露出批判的意思时，对方的反馈让我意识到我没有很好地尊重、接纳她。而当换作我扮演“案主”角色时候，对方用同样的态度和我对话时，我感觉很难受，我没有被尊重、被倾听，对方不相信我有改变的潜力。这样通过角色的转换让我反思自己在价值观方面存在的问题，然后在不断的角色练习中认同并培养。

笔者就这个问题访谈伯明翰大学 Louise 老师的看法，该老师在邮件中回复（以下原为英文，由笔者翻译成中文）：

> 让社工学生参与游戏活动可以带来两个好处。首先，社会工作学生也是普通的人，和其他人一样会有焦虑、紧张、烦躁等消极情绪，游戏的运用有利于社工学生进行排解与释放；最重要的是，游戏可以创设一个非常安全的环境，在这个环境中大家互相接纳和尊重。发展同理心很重要的一个方法就是你曾经体验或经历过类似的事情。同样地，这样有助于学生在实践中与案主建立一个真诚、信任的关系，从而有利于发展介入策略等。

游戏追求自由平等，相信个体的价值和尊严，在游戏教学过程中，学生最大限度地体验被关爱、被接纳、被相信的感受，并内化这种信念和价值观，从而运用到社会工作实务中。

二　游戏有助于学生理解社会工作专业理论知识

对社会工作专业而言，理论对专业人员的工作理念和实践方法具有重要影响。理论的建设和发展将促进实践的发展，同时，只有在理论的指导下，才能更好地开展专业实践，确保社会工作的方向。

下面笔者以《极速60秒》游戏来说明游戏在帮助社会工作学生理解理论知识上的作用。本游戏规则如下：①首先将队员分成两组；②在一个2米的圆圈内放置30张卡片，卡片背面朝上，这30张卡片分别代表1~30的数字；③两队分别选择站在圆圈中的唯一一名队员，其他人只能站在圈外。两队轮流进场，各有两次机会；④站在圈外的队员要努力将所识得的卡片告诉圈内人，但是不能递给圈内者；⑤每队进场的时间为60秒。在60秒内，圈内人要按照顺序将数字卡片交给圈外负责者，其他人不能代交。

在实际的游戏过程中，笔者所在的班级分为甲和乙两组。整个游戏过程可谓非常激烈紧张，同时，又状况百出。首先有的学生反映“参与的学生太多了，太乱了”；其次在游戏快要进行完的时候，由于学生第一次接触这个游戏，而这个游戏又具有一定的难度，因此大部分学生认为应该修改第二条游戏规则，将两次进场机会更改为三场机会；而最为严重的一个状况是，由于甲组成员过于关注将正确的纸牌递给负责者，而忽略了只能“站在圈中的组员才能给负责者，且一次只能给一张”这个规则，甲组组员慌慌张张地全部将手中的卡拿给负责者，并且声音很嘈杂，这给组织者带来了很大的压力，结果组织者在混乱中误将甲组正确的结果宣判为错误的结果。甲组原本有机会赢得这个游戏，但是因为甲组没有遵守规则，反而输掉了游戏，而游戏结束后，甲组成员还对组织者怀有一定的消极情绪。

在游戏结束后的分享环节中，有一位同学将游戏体会上升到社会政策的理论角度，认为通过游戏的参与过程，让他更好地理解了社会政策的一些知识点。他说：

> 我发现游戏规则和社会政策在很大程度上是相通的。游戏可以说是浓缩版的社会政策，通过对游戏规则的审视，可以帮助我们更好地理解社会政策。
>
> 首先，当我们开始修改第三条游戏规则的时候，这表明游戏规则在一开始并不是最完善的，是在游戏过程中通过组员互动反馈来逐步完善的。游戏简单易行，所以在实际游戏活动时，即使游戏规则在一开始并不完善，大家也不介意。但是在社会政策领域，却不能和游戏一样，社会政策的复杂性注定其谨慎性，必须严密论证，制定后，往往要在条件较为成熟的地方试行，然后再推广实施。

其次，当我们因为没有遵守游戏规则而导致失败时，这其实和社会政策是一个道理。一项社会政策从酝酿到试行再到推广，是一个极其复杂的过程，有时我们总会指责政府部门办事不力，没有制定出好的政策，制定出政策又没有切实执行，但是我们作为社会政策对象，我们的执行力在哪里？这是一个双方互相建构的过程，我们不遵守社会政策，这无形当中就给政府部门很大的压力，我们所施加的压力又激发了政府部门“恶”的一面，结果社会政策制定者实施者和公众之间陷入了不可逆转的恶性循环当中。好的政策需要我们民众配合，意即遵守规则。

最后，我们感觉人数太多以致游戏现场很混乱。这说明制定游戏要考虑人的规模和人的需求、特点。同样，社会政策在颁布之前也必须熟知受众群体规模，并且要根据不同群体有针对性地制定老年人社会政策、妇女社会政策、未成年人社会政策、残疾人社会政策等。

社会政策是社会工作学科中的核心课程之一，其理论知识比较宏观且抽象，但掌握社会政策知识对实务社会工作者很有必要。在游戏中同学们以小见大，通过游戏的过程对社会政策的基本知识有了很好的理解和把握——尽管有些说法和理解不是那么科学或准确。

又如，有同学认为游戏活动有助于理解社会学中的抽象理论：

游戏活动有助于进一步理解“镜中我”“社会符号互动”理论等，在互动中理解别人是如何看自己的，自己是如何看别人的，如何形成自我概念、自我意识的，从而进一步深化理解该理论。

再如，有同学提出游戏是“一种轻松的理论实践”的观点：

在课堂上，理论学习可以丰富我们的知识面，而类似的游戏则可以在轻松的氛围中，潜移默化地将理论加以理解，算是一种较为“轻松的理论实践”吧。

笔者就游戏对于学生学习社会工作知识的益处访问了伯明翰大学社会工作系 Dawn 老师。在访谈中 Dawn 阐述了游戏能够帮助学生有效学习知识的原因，列举了自己在课堂上使用游戏的情形，并且表达了要学习笔者班级教学运用游戏的经验，在社会工作课堂上运用更多游戏的想法（以下原为英文，由笔者翻译成中文）：

> 游戏给我们带来很多乐趣，但这并不能否定游戏在使用过程中的专业性。给服务对象提供服务以及教授社会工作学生是可以以一种有趣的方式进行的。当我们玩游戏的时候，我们将所有的元素整合在一起。沙子、水、纸、颜色等任何能用到的东西，我们将之创造在一起。我认为游戏非常重要，这也是我在课堂上使用游戏的原因。因为不同的人采用不同的方式学习，而游戏就恰恰帮助同学们以一种不同的方式去学习，而不仅仅通过讲课或者讨论，显然，是通过游戏的创造过程。并且我们用游戏来促进交流、表达和理解，同时来建立自信和社交关系。我通常在一学期或者一门课的开始来使用游戏，作为一种破冰活动，来帮助同学认识彼此以及放松。另外一个例子，我们有一门课叫作“公民与社会身份”，在这堂课上，我们采用了一个游戏……我是一个女孩，他是一个男孩，但是我们都有棕色的头发；你可能是棕色头发，我是黑色头发，但我们的性别都是女。我们通过这个游戏让学生来理解“社会身份”的知识。我们通过不同的方式与人们发生、建立联系。尽管我们有不同点，但是我们仍然共享社会身份，每一个人都与不同的身份联系着。或许我们应该向你们的上课经验来学习，在我们的教学过程中使用更多的游戏，显然，这是一种放松有趣的方式来学习知识并且锻炼社工技能。

三　游戏有助于学生掌握社会工作专业技能方法

社会工作是以解决问题为导向的，专业技能方法是解决问题的基本和重要手段。而在现实状况中，社会工作面临的问题又相当复杂，所以社会工作者需要综合运用各种方法，动员和连接各种资源解决问题。因此，掌握不同的专业技能方法尤其重要。

从社会工作方法理论分类上，社会工作方法分为个案工作、小组工作、社区工作和社会工作行政。而具体到社会工作每一个工作方法实践中，包括基本的询问技巧、沟通技能、组织技能、计划技能、评估需求技能和社会交往技能等。

根据笔者的访谈资料总结归纳得知，同学们普遍认为，在参与游戏以及组织游戏过程中，有助于提高自己的分析探讨问题能力、团队合作能力、竞争能力、创新能力、反应能力、组织协调能力、领导能力、表达能力、控制场面能力、果断决策的能力，还可以学习到准备组织游戏的技巧和方法等，例如，有同学发表了这样的看法：

> 作为游戏带领者，我学会了要提前做好准备，要考虑人数问题，要有领导能力和表达能力。在开始时，要讲清楚游戏规则。在游戏过程中，要维护好游戏秩序，如果有突发状况，要学会做好预案准备。有的同学不喜欢我组织的游戏，所以下次，我要根据参与者的人数、对象等有针对性地选择游戏。

又如，对案主需求和问题的评估能力是一个很重要的实务技能，在实际的社会工作实务过程中，准确定位服务对象的需求和人数规模是最基本的技能。游戏恰恰也能够锻炼学生对案主需求和问题评估的能力。有同学在《谁是卧底》游戏中认为：

> 如果将参与者看作案主，通过这个游戏有利于对案主的问题进行更好更准确的评估，能更好地锻炼自己的眼力和洞察力。我们需要从别人的语言、表情和动作中寻找信息，从而准确发现案主的潜在和现实的问题，有利于社工有针对性地开展服务工作。

再如，针对游戏能够发展团队合作能力，其中一名同学详细描述了他第一次参与游戏时由开始的不知所措到通过团结合作完成任务的过程：

> 这个游戏的名字叫《我和你》。刚开始看到游戏规则觉得那是不可能完成的。两个人面对面站在一起，一个人的左脚踩着另一个人的右脚尖，另一个人的左脚踩在一个人的右脚尖，两人手放在背后，然后向任意方向移动。两个人互相被踩着怎么能移动啊？看到另外两个同学的示范，我才相信。我自己和队友试了一下，刚开始很困难，不知道该怎么办，以为两人一动，脚就会分开，或者人就失去了平衡。渐渐地我们发现了技巧，当两人移动的时候，放在一块的脚一定要同时移动，而且放在下

面的脚一定要尽量用力，上面的脚则不必太用力，但必须用力，否则两只脚都会动不了，还会导致身体失衡。这是一个需要双方密切合作、需要很高的默契来完成的游戏，两个人的动作都必须保持一致，一不留神就会失败。尤其是当两组竞争的时候，既需要保证不犯规，又要有足够的速度。这就要求双方既要密切合作，又要有一个良好的心理素质，一旦一方出了问题就会前功尽弃。

可见，该同学在这个游戏过程中不仅锻炼了自己的团队合作能力，提高了对团队合作重要性的认识，也在一定程度上锻炼了参与竞争能力等。

在伯明翰大学访谈 Barbara 老师过程中，Barbara 老师认为：

游戏是一种很好的学习工具，可以帮助同学们理解记住课堂上的知识，并且同学们可以将课堂上运用的游戏技巧运用到实务中去，比如所学到的对话技巧、询问技巧、规划计划的能力等。

四　游戏有助于社会工作学生感悟人生意义和哲理

有研究认为，作为社会工作者首先需要解决的问题便是在重新认识过去经验的基础上回答“我是谁”，因为这样才能让助人者看到自己助人动机是否符合纯利他主义要求，即只有当自己是一个健康的个体，才可能充当他人成长的一面镜子。[①] 这里指出，社会工作者要有正确的人生观和价值观，要不断考问并反思自己的人生定位和价值，然后才能给予服务对象正面的引导。同时，社会工作是与各种各样的人打交道的职业，这要求社会工作者必须懂得先做人后做事的道理。良好的做人素质和原则才能打动案主的心，在其引导之下，慢慢做出改变。

人们常说“人生如戏，戏如人生”，这说的就是游戏与人生的关系。在笔者访谈过程中，有学生认为《优点轰炸》的游戏有助于“培养发现美的眼睛，

---

① 周婷：《体验式学习视角下的社会工作教学过程——以“社会工作概论”课程研究为例》，硕士学位论文，首都师范大学，2009，第 44 页。

懂得以‘优势视角’来看待人与世界”；有学生通过《大风吹》游戏总结出社会工作者应当具备的素质：“灵活、开放、果断和敢于创新”，并进一步总结出做人的道理，认为要“以集体利益为重，要把握学习机会和展现机会，要积极争取等”；有学生通过“阿水的故事”认识到“在日常生活中，做事情不能想当然，不能仅仅按照自己的想法来思考，要打破思维定式”；也有同学通过《蜈蚣翻身》的游戏反思到“人生就是一个大舞台，游戏就是生活中的一部分。我们要学会以游戏心态来对待事情和人生，不能过于死板”。在《谁是卧底》的游戏中大家的感受也十分丰富：有的同学认为“要坚持自己的判断与观点，克服从众心理，要有自己的主张和观点”；有的同学从游戏中明白“很多成功的背后必定是付出了很大的代价，就像游戏中一定要互相踩着对方的脚才能完成任务一样。很多时候成长的道路上需要自己去学会独自承担并不是任何都会有人去帮助的，就像在游戏中，双手背在后面，即使要倒了也不能扶任何人”。

有研究者通过在课堂组织小组游戏，写了《小组游戏，感悟人生》一文，文中指出，通过小组游戏，我们对于人性又有了更深刻的认识。从中我们可以体悟，任何事情，没有完全意义上的简单，只是我们用一种很简单的眼光去看待。我们要了解一个人，就应该把他放到集体中，让他们在学会独自生存的同时学会集体生活，这对于我们构建一个大团体，一个和谐的社会有很现实的意义。①

五　游戏有助于增强社会工作的群体凝聚力，提高专业认同感

群体凝聚力是指群体对成员的吸引力和成员对群体的向心力以及成员之间关系的紧密度。班级凝聚力是群体凝聚力的一种，在一定意义上说，可以从社会工作班级凝聚力这个特定的层面管窥整个社会工作群体的凝聚力。因此，关于游戏有助于增强社会工作的群体凝聚力以及提高专业认同感的讨论，可以选择以社会工作班级群体为例展开说明。

中国的社会工作职业以及专业教育到现在仍然处于初步发展的阶段，它要受到各种外在的社会环境因素和教育内部各种因素的影响，由此，许多社会工作专业的学生对所学专业认同感比较低，表现在自己所在的学校学习期

① 北雁：《小组游戏感悟人生》，《社会工作》（实务版）2007 年第 12 期。

间，一开始的时候班级的群体凝聚力往往不足。但实践已经证明，在新生入学阶段以及随后的专业课程教育教学中，借助游戏的形式很快能够发生积极的变化，也就是说，在游戏过程中，学生获得接纳认可和尊重，拉近了彼此之间的距离，增强感情交流，有助于增强班级凝聚力。对此，有学者就认为，游戏当中可以增加组员身体的开放度，身体的开放也会促进组员心灵的开放，释放自己的内心情感从而相互接纳包容，增加凝聚力。① 而班级凝聚力的增强，有助于学生在班级内找到归属感和认同感，从而提高对专业的认同感——笔者在课堂上运作的《我爱 family》游戏小组也可佐证之：

本小组参与成员为班级上的所有学生，小组目标是通过游戏活动加深同学们对家庭的认识，理解父母对自己的爱意，懂得感恩并回报父母。游戏小组有“分享大家彼此的家庭照片”“倾听家庭乐曲”“分享彼此名字背后的故事”“对未来家庭的展望”等游戏环节。游戏中，大家始终围坐在一起，一开始通过播放照片和音乐就铺设了一个很温暖的班级氛围，在接下来的分享环节中，大家更是敞开心扉，自我暴露程度大大增强。甚至有一名比较敏感自卑的男生，在大家面前公开分享自己家庭的单亲故事，倾听着每一个同学家庭背后的故事，大家的感情越来越深厚，好多同学说到、听到情动之处更是哭了，这个环节将大家的感情带入高潮地带。在笔者准备游戏过程中，更是有一个意想不到的收获。笔者所在组的一名组员分享了自己的感受：“我们在搜集照片的过程中将班级同学的感情联系在一起，尤其是我们女生宿舍这一边，从这个宿舍窜到那个宿舍，从那个宿舍窜到另一个宿舍……而值得一提的是，我们宿舍和隔壁宿舍关系并不是很好，而恰恰因为我们搜集照片的过程中，我们之间的冰融化了，我们的关系和好如初。”有一名参与同学在事后分享道：“我很感动，刚才我说话一直是哽咽着，我在这个过程中似乎感受到‘用生命影响生命’的社会工作理念，大家每一个人分享的故事对于我来说，都是一次积极的影响和成长，而这也是社会工作所带给我们的力量。我对于社会工作有了更新的认识。”通过此次游戏小组过程，班级同学间的感情深厚了，班级凝聚力增强了，而同学们也更加热爱这个专业了。

---

① 王廷坚、张阳阳：《游戏让心灵更靠近》，《社会工作》（实务版）2011 年第 7 期。

在笔者访谈的30名学生中，其中有20名同学表达了游戏对于增强班级感情和凝聚力的作用，他们认为游戏有利于拉近距离，增进了解，提高熟悉度，增加交流和互动，增强班级凝聚力，提高专业认同感，例如有同学表示：

> 游戏的学习加深了我对社工专业的理解与认识，极大地增强了我的专业认同感。

另外值得强调的是，班级感情和凝聚力的提高不仅表现在同学之间，游戏过程中大家与老师的关系也更加亲近了。在笔者所在班级中，由于长期的上课过程中许多游戏是由老师与学生合作完成的，因此也就通过游戏手段进一步拉近了师生的心理和情感的距离，比如同学们都已经习惯了以亲切的"小名"来称呼自己的专业老师，而老师也正是在游戏活动的过程中发现每一个同学的"外号"并用来称呼同学们等。如此这般的细节都在促进师生关系密切化和感情的深度融合，社会工作专业学生对一些专业任课老师发自内心的喜爱乃至高度认可，能够极大地促进社会工作群体凝集力的发展以及专业认同感的提升。

综上而言，游戏在社会工作专业教育中的作用是多方面的。但需要注意的是，如果把握不好，游戏教学也会出现诸如游戏依赖、游戏堕怠、价值误读、主体错位、意义缺失等问题。① 由此就需要教育者艺术性地把握游戏教学的方法和技巧，使得游戏教学获得应有的成效。

Function of Game on the Professional Education of Social Work

Yin Baohua　Du Jingshuai

Abstract: Game plays a key role in the process of social work education and an indispensable part of social work teaching. The function of game in the social work professional education are as follows. It facilitates social work students to form their

① 尹保华、杜京帅：《游戏在社会工作专业教育中的运用刍议》，《科技展望》2014年第24期。

professional values, conceptualize the social work theories, grasp the social work skills, reflect on the philosophy of life and improve their sense of professional identity.

Keywords: Game; Social Work; Professional Education; Game Dependence; Game Burn-out

博弈论视角下的社工实习生满意度分析

——以广东地区为例

张伟俊 谢 颖*

摘 要 博弈论是研究特定情境下多个参与人交互策略的选择的学科，在社会科学领域的应用越发广泛。在对广东地区部分机构实习生进行实习满意度调查后，发现机构管理制度是影响实习满意度的重要因素。本文结合博弈论，先从实习生的角度出发，研究实习生想法和行动选择，找出实习期间内实习生存在的问题及形成原因。再从机构管理的角度出发，思考问题的解决办法。最终研究得出，与实习生订立具有约束力的实习契约，延长实习生的实习时间，并在实习期内提供充足的教育资源，促进管理制度改善，实习成效增强。

关键词 博弈论 满意度 社会工作 实习管理

一 引言

目前的社会工作教育中，实习部分的教学未能满足专业发展的需要和人才队伍的培养需求是各位社会工作教育者和管理者面临的困境。社工实习是专业教育体系中关键的一环，它可以让学生在实践中真正地运用和理解理论知识，深化对理论的理解；同时实习还让学生接触社会工作实务，践行专业的实践性，提高学生自身的实务能力。广东是中国社会工作发展的较为发达的地区，拥有丰富的实务经验，但社会工作实习却仍处于一个发展缓慢的状态，实习的质量不高和实习基地缺乏等都是广东社会工作面临的问题，同时是全国社会工作发展面临的问题。

已有部分学者对社工实习问题展开研究。刘淑娟发现社工学生实习的教

* 张伟俊，广州大学社会学系学生；谢颖，广州大学社会学系副教授，研究方向为社会工作。

育面临着专业教师重视程度不足、专业机构资源缺乏、实习督导环节薄弱和实习经费不足等问题。[①] 普艳杰则指出实习教育中学生还面临着对专业方法的怀疑、负面情绪自我处理能力较弱的困境。[②] 周腊梅还指出实习教育中学生面临着社会认同度不足等问题。因此，实习问题需要有新的理论和方法解决。[③]

本文基于博弈论模型，重点从实习生之间的关系博弈入手分析实习生内在的问题，从而提出机构对实习生的管理策略。博弈论作为一种研究参与者如何在复杂工作条件下最合理的策略，以期实现自身效用最大化的理论，能很好地解释实习生在实习过程当中的工作态度的选择以及变化。随着博弈理论的日渐成熟以及在社科研究领域中的地位不断提高，正在被广泛社会科学学者应用在研究上。本文以社会工作机构实习生在实习过程中所形成以及运用的人际关系为研究主体，通过各个参与者之间在不同阶段所对应的不同关系的博弈模型的拟合以及对不同博弈模型的实际情况下嵌套进行使用分析，以期达到解决问题的目的。

二　文献综述

博弈论是指研究多个体或团队之间在特定条件制约下的对局中利用相关方的策略，而实施对应策略的学科，主要利用行为科学的实验模型和行为科学的数量分析对社会交往关系博弈进行研究。[④] 现在博弈论较多地应用在人力资源的管理上，查亚锦等学者主要研究博弈论在企业管理上的应用，他们认为企业管理本质上就是一种博弈，具备了博弈的三大基本要素——参与者、策略和支付，管理可以理解成人与人关系的调整。[⑤] 社会工作机构亦具有企业的部分性质，社会工作机构对实习生的管理实质上也是企业对员工的管理。

陈雪莲提出企业达到共赢局面需要公司发展和员工发展并行，现代管理模式已更新换代，公司与员工关系不再是简单的雇佣关系和对立的关系，而

---

① 刘淑娟：《社会工作专业实习教育面临的困境及对策研究》，《成人教育》2010 年第 3 期。

② 普艳杰：《社会工作专业实习中存在的问题与反思——以 M 市救助管理站实习为例》，《改革与开放》2016 年第 20 期。

③ 周腊梅：《我国社会工作专业实习教育存在的问题与对策探讨》，《大观周刊》2012 年第 18 期。

④ 程广云、韩璞庚：《社会博弈理论及其应用》，《社会科学研究》2003 年第 5 期。

⑤ 查亚锦：《博弈论在企业管理中的应用》，《湖北经济学院学报》（人文社会科学版）2010 年第 12 期。

是一种相互依赖伙伴关系。[①] 丁夏齐、田坤和杨崇森则认为人力资源管理的每一个环节中都存在不同程度的信息不对称，如果企业能清楚地了解员工的能力，对员工的行为有着完全的监督，那么员工就难以滥竽充数。[②] 对社工实习生的管理同样如此，如今随着社会的快速发展，教育的质量也随之提高，学生在学校除了习得技能以外，更培养出了独立的人格与思想，对外界的事物保持自己的看法，这是新时代学生的一个重要特质。因此在对社工实习生进行管理的时候，已经不能再用强制安排的模式对实习生进行管理，而是需要用一种相互促进的视角去对待实习生。

因此，想要实现实习生和机构在平等的状态下相处的目标，就需要研究实习生和机构的关系，而部分学者也利用了博弈论对人际关系进行研究。刘姗、胡仁东提出管理者应以非权力性影响力引导员工健康成长，并且建立员工监督制度督促管理层履行职责，最后以平等对话机制促进双方互信合作。[③] 徐中华则指出企业的运作中能力不同的人员搭配是常态，但也应营造一个和谐的员工氛围，所以管理人员需要不断分析员工关系管理过程中遇到的各种实际问题，并创新管理方式。[④]

制定更好的管理制度是为了创造更高的工作效率，从而创造更大的效益。因此有相当数量的关于绩效考核的博弈论研究。赵峰提出加强企业文化建设，提高凝聚力和建立人性化的绩效管理机制。[⑤] 孔志强、邢以群则建立了一个以“自我效能感”为核心的核心员工激励模型，以求充分发挥员工的积极性和能动性。[⑥] 高迎平等人则提出绩效考核标准需要根据企业情况不断完善，让考核内容更加清晰和量化，并且考核部门需要总体协调。[⑦] 张朝孝则指出精神激励

---

① 陈雪莲：《基于博弈论的人力资源管理问题的研究》，硕士学位论文，广东工业大学，2007。

② 丁夏齐、田坤、杨崇森：《博弈论在人力资源管理中的应用分析》，《人力资源管理》2011 年第 6 期。

③ 刘姗、胡仁东：《博弈论视角下的导师与研究生关系探析》，《学位与研究生教育》2015 年第 5 期。

④ 徐中华：《博弈论在发电企业员工关系管理上的应用研究》，硕士学位论文，华北电力大学，2013。

⑤ 赵峰：《基于博弈论的高新技术中小企业绩效管理与激励机制研究》，硕士学位论文，北方工业大学，2008。

⑥ 孔志强、邢以群：《基于博弈论的核心员工激励模型的探讨》，《技术经济与管理研究》2003 年第 6 期。

⑦ 高迎平、沈志诚、马艳萍、韩志杰：《基于博弈论的企业绩效考核评价模型研究》，《河北工业大学学报》（社会科学版）2009 年第 4 期。

和经济激励都是企业激励员工的重要手段，企业应当综合运用以达到最优效果。①

三 社工实习满意度问题剖析

为了解社工实习生满意度情况，本研究开展了关于社工实习生满意度的调查。本次调查通过问卷调查与走访交流的形式，对主要为广东地区正在进行社会工作机构实习的实习生或曾有过社会工作机构实习经验的学生进行了解。通过对数据处理之后，为探究影响满意度的变量之间的关系，特对数据进行了回归分析（见表1、表2）。

表1 实习生自我满意度影响因素的回归分析

变量名称	Coef	T	P	VIF
常数	0.34	1.77	0.08	
报酬	0.16	2.60	0.01	1.72
机构管理体制	0.39	4.30	0.00	2.82
员工关系	0.35	5.06	0.00	2.01
P = 0.00；R^2 = 0.6408；Adj R^2 = 0.6328；F = 80.28				

表2 实习生机构满意度影响因素的回归分析

变量名称	Coef	T	P	VIF
常数	0.32	2.42	0.01	
机构管理体制	0.61	11.37	0.00	2.00
员工关系	0.28	5.81	0.00	2.00
P = 0.00；R^2 = 0.7904；Adj R^2 = 0.7874；F = 256.50				

经过分析后，得出了如下实习满意度的问题和信息。

第一，广东地区社工机构实习生满意度总体水平处于中等偏上，但还需要从结构上巩固提高实习满意度。机构需要把实习生的自我满意度和机构满意度作为出发点。除了数据调查，访谈也是获取资料的重要手段。通过与部分实习生进行交谈所收集到的信息表明，在实习中对自我感到不满意的原因

① 张朝孝：《基于博弈论的员工激励与合作的机制研究》，博士学位论文，重庆大学，2003。

包括：工作中缺乏社会支持和社会理解，对所学知识的不牢固导致在实务工作中的难度增加，缺少安全感、成就感，对社工行业充满负面评价，生活中存在紧张、失落、迷茫等负面情绪。而对机构不满意的原因则包括实习报酬低，工作压力大，机构布置的任务与所学知识相关性不大，机构归属感不强，机构管理体制死板等。因此要提高实习生的实习前心理引导质量和工作环境质量，进而提升整体主观幸福感。

第二，专业与实习满意度相关，不同专业的实习生在实习满意度上有显著差异。回归分析后的数据显示，这种结果主要体现在不同专业的实习生在机构满意度上的差异。数据呈现出理工类专业的实习生的实习满意度要比文科类专业的实习生要高，这种结果与“专业对口能做得更加令人满意”的看法不一致，但从实际上，这个现象又是合理的。学生对专业的认同度低是一个影响因素。以广州大学 2013 级社会工作学生为例，被调剂的学生占全班学生的 60%，即大部分人不是自愿选择社会工作专业的，因此对专业的认同度低。同时，大部分社会工作实习是被强制安排的，而不是自愿选择的，因此对工作的厌恶感又加深了一步。恰好相反，有社工机构实习经验的理工类专业学生都是自愿选择的，理工科类学生对社会工作专业都是充满期待，带着对社会的责任感和使命感工作。实习挑选的是与自己专业无关的工作会让学生更有新鲜感和冲劲，即使工作上的小成功对于他们来说都是巨大的鼓励。因此理工科类学生要比文科类学生的实习满意度要高。

第三，广东地区社工实习生在实习期间获得的人际支持和实习机构的机构管理制度成为社工实习生实习满意度的主要制约因素。通过回归分析得知，相对其他影响因素，机构管理体制和员工关系要对实习满意度的影响力更强。机构管理体制是机构运作是否成熟、机构是不是值得被信任的关键因素。通过与部分实习生的访谈了解到，大部分社工机构的管理体制存在一定的弊端，例如，加班制度不明确，额外工作得不到相对应的回报等。还有实习生表示，机构管理制度的固化，导致在工作的开展当中呈现出了形式主义、“冲指标”的现象，根本没有从工作中找到成就感，更不用说对实习机构产生归属感了。实习生的人际支持对实习生的满意度同样重要。在实习中，机构的正常运行排在第一位，而忽略了对实习生的支持和指导。社会成员对社会工作职业认识少，几乎一片空白，导致在社工实习生开展工作时其提供的支持微乎其微。

四 问题解决与模型选择

机构管理制度是影响实习满意度问题的最主要的因素。从上文的数据分析当中可以得知，无论是从实习生的自我满意度来分析还是从实习生对机构的满意度来分析，机构管理制度都是最主要的影响因素，管理制度决定着实习生的实习行动与实习收益。因此，下文将着重对机构管理制度因素来展开分析和讨论。在实际情况中，机构管理制度的建构需要按照一定的理论模型为基础，因此，本文为解决机构管理问题引入了博弈论及相关模型。

博弈论是研究个体在结构环境中相互作用的理论，其主要内容是对行为主体行为的预测和观察实际行动中的偏差，进而提出主体间竞争过程的优化策略。博弈论模型是博弈策略的具体化表现。本文主要涉及两种博弈论模型，分别是“囚徒困境”模型和“智猪博弈”模型。

（一）“囚徒困境”模型

“囚徒困境”是博弈论中较为经典的案例。该模型描述了这样一种情形。一个犯罪团伙中的其中两个人在一次犯案中被抓获后关入了监狱，两人分处在独立的房间，无法进行交流。这个案件中，判罚的标准如下：如果两名罪犯不相互揭发对方，则由于证据不确立，每个人都只坐牢一年；若一人揭发，而另一人拒绝认罪，则揭发者因为立功而立即获释，拒绝认罪的罪犯因不诚实而被判死刑；若互相揭发，则因证据确凿，二者都判无期徒刑。由于囚徒无法信任对方，因此倾向于互相揭发，而不是同守沉默。“囚徒困境”中的博弈矩阵见表3。

表3 “囚徒困境”博弈矩阵

囚犯B / 囚犯A	坦白	抵赖
坦白	无期徒刑，无期徒刑	无罪释放，死刑
抵赖	死刑，无罪释放	有期一年，有期一年

实习工作可以视作一种“囚徒困境”。在实习工作当中，实习生便是局中人，他们在实习工作中所做出来的行为就是行动，而在实施行动之前实习生的想法就是他们的策略。最终，机构对实习生的评价就是博弈当中的结果。

以上所有最基本的要素组成了一个完全的博弈。实习是一个过程，因此这还是一个重复的囚徒困境。在这种重复的博弈中，每个行动者都有机会去根据对手上一回合的背叛行为而对其做出惩罚行为。由于局中人内部惩罚机制的出现，博弈的结果更趋向于合作和均衡。

（二）“智猪博弈”模型

“智猪博弈”是另一博弈论中较为经典的案例。该模型描述了这样一种情形。假设猪圈里有两头猪，一大一小。猪圈的一头有放食物的地方，另一头安装着控制猪的食物供应的按钮，按一下按钮会有10个单位的猪食进槽，但是哪一只先按按钮就要首先付出2个单位的成本，若大猪先到槽边，大小猪吃到食物的收益比是9∶1；同时到槽边，收益比是7∶3；小猪先到槽边，收益比是6∶4。“智猪博弈”中的博弈矩阵图见表4。

表4　“智猪博弈”博弈矩阵

大猪＼小猪	行动	等待
行动	5，1	4，4
等待	9，－1	0，0

实习工作当中会出现非常多“搭便车”的现象。“智猪博弈”原沿用在企业管理服务当中研究企业的花费开销。而在实习工作当中则指出了其中的懈怠工作和推卸责任的现象。这种现象在学生群体当中非常易见，因为学生仍在学校，尚未感受到强烈的社会压力，学生的责任感也较为薄弱。

五　模型运用分析

（一）“囚徒困境”模型

通过“囚徒困境”博弈分析得出，每个实习生都追求自己的利益最大化，而损害了团体的利益，因此每个实习生都不愿意努力工作，其具体分析过程如下。

在囚徒困境博弈中，每个实习生都成为博弈策略中的局中人且能力相等（能力相等是因为每个实习生此前都没有共同实习过，因此实习生不知道相互的能力水平，在此时视作能力相等），而在实习工作中，他们存在合作竞争的关系。在本文中，为了论述的清晰性，我们设定没有其他影响因素存在，实习生有相同的工资（w），相同的奖励（p），相同的提升空间（e），以及相同的空闲时间（t）。

那么，每个实习生在实习中所有可以获得的效用U：

$$U = U(w) + U(p) + U(e) + U(t)$$

经过与部分同学实习后的情况交流，结合自身的实习体验，笔者从以下的角度出发来解释本文单位效用的规定。①填报志愿的自愿程度。本专业有过半的学生为专业调剂，可视为对专业的认可度不高，所获得的实习效用也不高。②对专业课程学习的深入程度。社会工作专业是一门专业性极强的课程，其工作的开展都需要社会工作者掌握牢固的专业知识。但从课堂的考勤率、课堂上的互动程度、对考试的认真程度以及课程最终得分来看，本专业学生对社会工作专业的知识掌握程度欠佳，因此从实习当中获得的效用不高。③课后实践情况及就业意愿。本专业学生课后实践与社会工作专业相关性差，可看出其对社会工作的重视度不高；而经过访谈交流得知，本专业学生的对社会工作的就业意愿不强，毕业后真正相当社工的学生为数不多，因此从实习当中的获得效用不高。④学院的实习安排。学院对学生实习的机构进行强制安排，扼杀了学生对于实习的就业自由，加深了学生对实习的厌恶程度，因此从实习当中获得的效用也不高。⑤实习机构自身的专业水平。实际上，有某些实习机构自身的专业水平就没有达到社会工作机构的标准，这体现在实习机构的硬件配置、实习机构人员的专业水平、实习机构的行政制度等方面都稍有欠缺，因此这也很难提供一个较高的实习效用。

综上所述，本文做出如下假设。①不管什么工作，一个人努力工作所获得的效用总是会比懒惰工作所获得的效用高，因此我们假设 $U(p) + U(e) > (t)$ 以及 $U(w) > U(t)$。在实习工作当中所获得的知识和技能的提高，或者是机构的额外奖赏以及机构对你的表现给出的就业机会都是实习生努力付出后的结果，这是偷懒空出来的个人时间效用所不能比的。②但是，假如个人时间足够多的时候（如通过请假，逃避实习来空出个人时间），学生又能够利用这些充裕的个人时间来完成自己的事情，达到学生想完成的目标。上文说过，社工专业实习生的从事社会工作专业的意愿性不强，学生的个人时间都在为从事别的行业做准备，因此我们假设 $2 \times U(t) > U(e)$。

现在，我们观察其中一个博弈局面：假设在实习工作中，存在实习生A和B。实习生是可以相互交流和协议对工作的态度的，一般来说，实习生会倾向于在实习工作当中少付出一点劳动而增加自己的效用。而机构看见实习生的偷懒一定不会视而不见从而做出一些行动或举措去打破这样实习生偷懒的局面。因此，我们假设机构将每个实习生分隔开来，每个实习生不知道其他实习生的工作策略，只能独立做出行动决定，且每个实习生都是理性人。通过上面的假设分析，这一个局面就是一个由两个参与者组成，有限个策略构成的完全信息静态博弈。在此前提下，以下为博弈分析。

（1）（A偷懒，B偷懒）情况：在没有额外的工作任务的情况下，两个人仅能完成最低层次的工作任务，两个人表现没有区别。在缺少对比的情况下，机构人员找不出他们有什么错误，也不知道他们之中谁的能力更为出色，因此两个实习生都可以获得基本的工资。但是，由于两个实习生在完成工作的过程中付出的劳动较少，两个人还能得到额外的时间效用t去完成自己的事情，所以两个实习生获得的总效用为[U(w)+U(t),U(w)+U(t)]。

（2）（A勤奋，B偷懒）情况：在这个情况下，机构所给予的任务能够有较高的质量，同时，机构能够发现两个实习生之间表现的差异。为了给其他实习生一个榜样示范，机构会给予勤奋的实习生A一定的额外奖励p，并提高了对实习生A的期望；而对于偷懒的人，机构为了告诫其他实习生不要偷懒，机构会对偷懒的实习生B做出相应的惩罚，所以两个实习生获得的总效用为[U(w)+U(p)+U(e),U(w)-U(p)]。

（3）（A偷懒，B勤奋）情况：同（2）所述，两个实习生获得的总效用为[U(w)-U(p),U(w)+U(p)+U(e)]。

（4）（A勤奋，B勤奋）情况：由于实习生的勤奋，机构所给予的任务能够超质量完成，机构十分满意实习生的工作。但是机构人员对他们两个表现并没有发现显著的差异，反而觉得这个是他们正常的表现，因此没有给予额外的奖惩。那么在这种情况下，两个人仅仅能得到正常的工资收入，不仅没有了回报p，还没有得到认可和期望e，同时还失去了部分自己的时间t，所以两个实习生获得的总效用为[U(w)-U(t),U(w)-U(t)]。

下面用博弈矩阵来表示以上的博弈分析（见表5）。

表5 囚徒困境博弈矩阵

实习生A \ 实习生B	不努力工作	努力工作
不努力工作	U（w）+U（t）， U（w）+U（t）	U（w）-U（p）， U（w）+U（p）+U（e）
努力工作	U（w）+U（p）+U（e）， U（w）-U（p）	U（w）-U（t）， U（w）-U（t）

通过以上博弈，我们可对模型做如下分析。

为了让内容更为简捷，我们设定U(w)=2,U(t)=1,U(p)=3,U(e)=1。简化后的博弈矩阵见表6。

表6 囚徒困境博弈矩阵（简化）

实习生A \ 实习生B	不努力工作	努力工作
不努力工作	3，3	-1，6
努力工作	6，-1	1，1

从实习生A的角度来分析，不管实习生B是努力工作还是不努力工作，实习生A选择努力工作所获得的单位效用都是最大的（假如实习生B选择努力工作，实习生A选择不努力工作，实习生A所获得的单位效用为-1个单位；实习生A选择努力工作，实习生A所获得的单位效用为1个单位，那么努力工作这个策略更佳；假如实习生B选择不努力工作，实习生A选择努力工作，实习生A所获得的单位效用为6个单位；实习生A选择不努力工作，实习生A所获得的单位效用为3个单位，那么还是努力工作这个策略更佳）。所以"努力工作"这个策略是严格优势策略，作为理性人的实习生是会选择这个策略的，因为这个策略可以令自己所获得的单位效用最大化。但由于每个人都追求自己的利益最大化，而损害了团体的利益，执行"不努力，不努力"达成这次博弈的纳什均衡。

而达成囚徒困境中的纳什均衡的原因有如下两点。

1. 非合作博弈状态

到社工机构实习的学生并不是每个人都是自愿的，部分被强制安排实习的学生一开始就会产生消极的工作态度。尽管如此，某些外部的因素还是会让学生争取自己能有更好的表现（例如与绩点的挂钩的实习评分）。因此，尽管实习生对实习有所不满，但是为了利益和成功，实习生还是会配合着机构的管理制度去好好表现，以争取机构的加分评优。

2. 优势策略的存在

在该实习生博弈中，对于任何一个实习生来说，无论其他人采取什么样的策略，自己努力工作，总是自己的最优策略。在这样的策略下，不仅可以在实习过程中实现自身效用的最大化，而且可以处在让自己更为出色更有优异的战略优势地位。通常情况下，在社会工作机构中，由于办公场地较小，实习生一般是在临时的工作室工作，实习生之间的联系较为紧密，沟通就会变得频繁起来，这在一定程度上构成了实习生一起偷懒的基础。但是在实际情况中，机构的管理人员会通过不同的手段来控制实习生偷懒的局面。这样导致的结果就是，每个实习生都会根据形式的不同而选择选择有利于己方的占优策略行动。

（二）“智猪博弈”博弈

通过一个阶段的实习，实习生们通过工作中的自我感受和私底下的交流已经基本掌握其他实习生的能力情况。那么在这个实习阶段当中，机构就可以分成两类博弈者：努力认真的实习生和偷懒粗心的实习生。我们假设，努力认真的实习生 A 有较强的工作能力以及良好的工作态度，而偷懒粗心的实习生 B 则能力较弱。那么实际的工作中，能力强的实习生所获得的效用自然会高一些，这意味着他所付出的劳动成本低一些；而能力弱的实习生所得的效用则会低一些，这意味着他所付出的劳动成本就会比能力强的实习生要多一些。在这个阶段的博弈，我们仍然假设参与博弈的实习生不知道彼此的行动策略。那么，这两类博弈者会进行类似“智猪博弈”模型一样的博弈。

我们假设：这两类博弈者被两两被分到同一个组，他们需要合作完成一个任务。任务完成便可以总共获得 10 个单位效用。作为主导一方的实习生 A 单独完成该任务的成本为 2 个单位，而能力较弱的实习生 B 单独完成任务的成本则为 6 个单位。如果两个人能够合作完成工作，那么他们两个所应该付出的成本分别为 1 和 3 个单位。假如两个人都不愿意劳动，被动地完成工作，那么他们所应该付出的成本为 0。但同样的，如果他们不付出劳动去工作，任务就会完不成，两个人则得不到任何的效用。根据上述假设，以下是博弈分析。

（1）（A 主导，B 勤奋）情况：在两个实习生的合作之下，机构给的任务能够很好地被完成。因此，两个实习生得到规定好的完成任务的 10 个单位效用。但由于实习生 A 能力较强，占有主导地位，因此所分得的效用也会相对应地比实习生 B 高一点，有 5.6 个单位效用，而实习生 B 则有 4.4 个单位效用。减去他们所付出的劳动成本，实习生 A 最终获得 5.6 - 1 = 4.6 个单位效用，而实习生 B 最终获得 4.4 - 3 = 1.4 个单位效用。

（2）（A 主导，B 消极）情况：由于实习生 B 的偷懒，机构给的工作任务只能靠实习生 A 的个人努力来完成，所以最后两名实习生还是能得到完成任务后给的 10 个单位效用。实习生 A 凭借着他出色的个人能力获得大部分的效用，有 7 个单位，而实习生 B 只能够分到较少的单位效用，只有 3 个单位。减去他们所付出的劳动成本，实习生 A 最终获得 7 - 2 = 5 个单位效用，而实习生 B 最终获得 3 - 0 = 3 个单位效用。

（3）（A 消极，B 主导）情况：虽然实习生 B 态度较为消极能力较弱，但是由于主导者的偷懒，实习生 B 不想因为任务完成不了而受到责备，所以实习生 B 仍然付出了较多的劳动去完成了机构给予的任务，所以最后两名实习生还是能得到完成任务后给的 10 个单位效用。但由于实习生 A 的能力较强以及处于主导地位，即使偷懒实习生 A 仍然能够获得 4.9 个单位效用，而实习生 B 则获得 5.1 个单位效用。减去他们所付出的劳动成本，实习生 A 最终获得 4.9 - 0 = 4.9 个单位效用，而实习生 B 则获得 5.1 - 6 = -0.9 个单位输出。

（4）（A 消极，B 消极）情况：两个人同时消极对待实习，因此机构的任务不能被完成，两个人也因此得到机构的责备。由于两个人的消极，他们付出的成本为 0，同时获得的效用也为 0 个单位。

根据以上分析，上述博弈矩阵可见表 7。

表 7　“智猪博弈”博弈矩阵

实习生 A ＼ 实习生 B	主导	消极
主导	4.6，1.4	5，3
消极	4.9，-0.9	0，0

因此，积极的实习生必须积极，懒惰的实习生一直偷懒，是“智猪博弈”中的纳什均衡。从上表看出，在此博弈之中勤奋者并没有严格优势策略可以执行，但是懒惰者有。懒惰者选择“被动”的时候，他是在博弈之中占优势的，因此他会选择并执行“被动”的策略。按理来说，勤奋者也应该跟从懒惰者的优势策略才对。但是，在这次博弈当中，假如勤奋者选择“被动”策略，而懒惰者选择“主导”策略的时候，他反而会亏损收益（亏损的形式可

能是机构的责骂、懒惰者受赞赏而产生的心理落差等)。所以为了保住收益，勤奋者会选择“主导”策略。这就是实习中的懒惰者“搭便车”现象，懒惰者会想，就算我不干，这个工作还是会有勤奋的人干的，那么我为什么要干而不静静地玩手机熬过去呢?“搭便车”现象在生活当中极其普遍，是影响机构企业效率的一大问题。

而造成“智猪博弈”中的纳什均衡的原因有两个。

1. 工作态度

社工机构的实习生普遍对实习工作保持着一个得过且过甚至消极的态度。形成这样的工作态度的原因有以下几点。①实习生专业构成复杂。调查数据显示，社工机构的实习生并不仅有社会工作专业的学生，而且包含着各种专业队的学生，有些专业与社会工作完全不相关，这种复杂而特点鲜明的实习生结构，决定了实习生要求多样性和复杂性，而要求的不同必然导致不同的工作态度。②专业对口实习生持有更消极的工作态度。经过和部分实习生的交流沟通，笔者了解到某些社工实习生对社会工作专业持有的是一个迷茫、不解的态度，甚至有的是抗拒和讨厌这个行业，其根源是，某些实习生是被分配进入社会工作专业而不是自己喜欢的专业，本身就对所读专业的讨厌，再加上实习工作是被强制分配的，就加深了他们的厌恶情绪。

2. 能力差异

社工机构的实习生能力差异较大。而造成这样的一种能力差异大致有如下原因。①实习生构成复杂。根据样本的描述统计，社工实习生除了专业复杂程度高之外，在性别上也是十分不均衡，女性实习生人数是男性实习生人数的两倍；社工实习生的学历复杂程度也很高，这样的实习生构成决定了实习生能力的差异巨大。②实习生的专业知识掌握能力不一。学生的理论知识在很大程度上影响学生在实务工作上的能力。但是目前的社会工作机构在聘请实习生的时候，并没有对实习生做一个严格的理论知识检验，仅凭几个简单的指标以及面试官的主观态度决定是否聘请该实习生，这样的一个状况也决定了目前机构实习生之间能力差异较大。

六　策略建议

构成一次有效果和有意义的实习，是需要实习生和机构双方的努力的。而如何协调实习生和机构之间的关系，令实习生能够从实习工作中真正得到成长和机构自身获得发展以及完成人才的发掘，则是一个值得深究的问题。首先，实习生自身就存在一些缺点：①对社会工作专业的不认同；②内在的实习积极性欠缺；③对实习安排的不认同；④对实习机构所提供的实习回报不认同。上述因素仅仅是在研究过程当中得出的比较突出的一部分结果，现实情况更为“糟糕”。个人因素是没有办法在短时间内改变的，笔者认为，能够控制的是实习生们的实习策略。

解决博弈模型当中困局的本质是一定要改变参与者的收益。前文已经论述了实习生们实习中的博弈策略，他们所呈现的是经典的“囚徒困境”模型和“智猪博弈”模型，因此如何解决两种博弈模型当中的困局成为这一部分重点讨论的问题。在阅读大量相关文献的基础上可得出以下三种办法：①订立具有强制力的契约、合同等；②重复博弈；③教育。

（一）与实习生订立具有约束力的实习契约

契约是一种十分好的规范行为的工具，也能够有效地帮助解决实习生的“囚徒困境”。但是笔者认为，契约一定要具有约束力，缺乏约束力的契约形同虚设。经过了解，大部分的机构对实习生是使用机构的管理制度的，但遗憾的是，他们使用却没有重视这块方面。首先，机构急于给实习生分派任务，只注重内容上的安排管理，而没有对机构的运行状况、机构的日常管理制度等做一个总体的介绍，仅仅将出勤制度告知给实习生，难以让实习生有真正的“工作”的感觉。其次，机构对制度的执行力度也不足，机构并没有把实习生用正式员工的标准看待，在制度的执行方面睁一只眼闭一只眼，也给实习生找到制度漏洞来逃避实习以可乘之机，所以实习出勤率不容乐观。

笔者认为，一份具有约束力的实习契约需要具备以下的因素（见图1）。

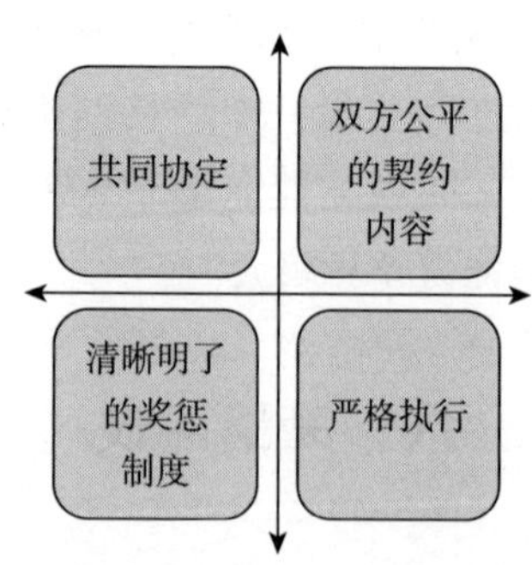

图1　具有约束力的契约应具有的要素

第一，共同协定。契约的内容需要由实习生和机构共同协定，可以基于机构管理制度订立，但是一定要双方共同协商。通过双方的交谈，机构和实习生才能够了解双方理想中的期待，从而根据实际情况调整期待。这样才能够令双方对实习期内的管理有一个明确清楚的认识，同时真的让实习生有一个踏进社会的责任感和使命感。

第二，对双方公平的契约内容。这个内容公平指的是实习生和实习机构都认同的实习管理内容，这样做最大的意义是让实习生更快地融入机构，让实习生自己有一种“一分子”的感觉，尽快消除陌生感。同时，这也体现出机构对实习生的尊重，实习机构虽然有绝对的领导权，但要让实习生知道机构对他们是重视的，而不是仅仅当一个实习生是一个过客。

第三，清晰明了的奖惩制度。奖惩制度是针对实习生的积极性而设置的。对劳动有一个清楚的标准界定更利于实习生有目标性的进行实习，除了奖励，更重要的是对利用制度漏洞来逃避实习的实习生进行惩罚，让他们对这种错误的行为有一个认识。

第四，严格执行。这个是所有要素里面最重要的一点。缺乏执行力是大部分实习机构的通病，不管一个制度多么完美，只要不严格执行都是没用的。因此，契约严格落实才是提升制度最重要的步骤。

（二）给予实习生足够长的实习时间

“足够长的实习时间”并不是指延长实习期，而是指让实习生能够接触到更多的实务工作当中。要通过学习加深学生对行业的喜爱，以及在实习过程当中认清现实，从社会中认识社会工作。

当实习博弈为有限次数的时候，本质等同于一次性博弈，其最优策略则还是“不努力”，即相互间推卸责任。但当实习博弈的次数为相对多的时候，实习生会发现短期偷懒行为的收益相比起长远的发展来说是没有意义的，实习生会有积极性为自己建立一个勤奋积极、善于合作的形象，同时会积极地表达对偷懒者的不满而不是纵容或者同流合污的态度。基于理性的自私考虑在很多情况下，能够产生合作解。

但从笔者所了解到的情况来看，部分机构对实习生的任务分配极其不合理。这体现在：①任务量本身的不足；②任务与专业性不强；③集中式的实习时间与考试冲突等。因此，实习期间会出现实习生玩手机、无聊发呆的情况。因此笔者给予如下建议。

第一，增加实习生的任务量且平均各个部门实习生任务量。由于各个部门所做的工作不一样，因此机构分配给实习生的任务需要经过考虑，若部门间的工作量相差太大则会出现“我做一天，你做一天”的情况。“交换管理”是一种很好的解决方案（见图2）。

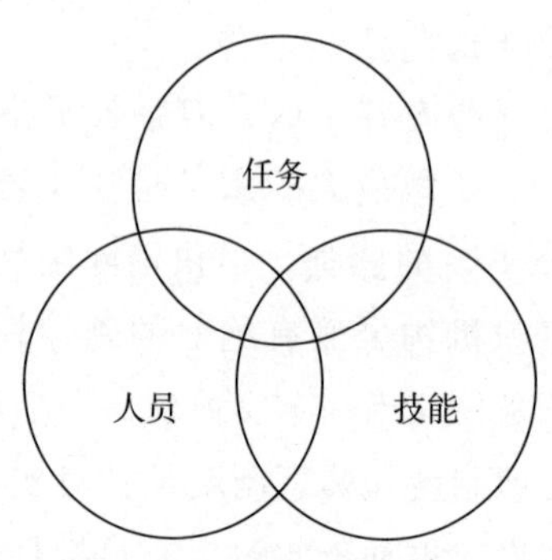

图2　交换管理模式

“交换管理”是指定期的把实习生所在部门进行交换，以达到渗透学习的目的。交换部门，可以体验到不同部门的工作任务，接触更多新的实务；可以与机构的不同社工进行经验交流学习；可以检验自己知识技能的全面程度。最后形成实习生渗入机构，机构也渗透了解实习生能力的互助互利的工作模式。

第二，增强实习生任务的专业性。把实习生当成打杂的是公司企业常见的问题，社工机构也不例外。在校接受了长时间的理论知识和技能培养，来实习却丝毫用不上，这对于实习生来说是浪费了时间，对于机构来说也是浪费了资源——这源于机构对实习生的不信任。

（三）给实习生提供经验教育资源

教育是可以导致实习生收益改变的重要手段，改变收益能影响实习生对实习博弈的策略思考。实习是一个持续性的过程，机构和学校完全可以将机构转变为“第二课堂”，除了让学生完成实务工作之外，让学生在中心上课，补充理论知识。笔者认为，实习生的教育需从两个方面同时进行：学校方面及机构方面。因为实习生在实习中最常接触的便是这两个地方，从身边入手更能发挥教育的作用。

从学校层面可以提供以下资源。

1. 价值观培养（专业认同度）

培养社工的底层意识和阶级感情，增强学生的专业认同度。专业认同度是学生未来从事专业对口的工作的前提和基础，只有学生对自己的专业认同度高才会愿意进一步了解自己的行业与发展自己的技能。社会工作专业正处于一个社会认同度低、专业认同度低的处境。社会工作要走出困境，需要尽量曝光在社会群众的眼前，普及社会工作专业的相关状况，更重要的是留住现有的人才。

2. 理论知识培养（专业技能培训）

课堂需要打造学生良好的理论基础，让学生了解社会问题，掌握对社会问题的理性分析力。社会工作专业是一门实践性强、可操作性强的专业，它是以科学的方法来开展服务的。课程应更多以“理论与实务”的形式进行，让更多的实际案例来代替能够从网络搜索到的历史知识。另外，学校除了要教授实务工作中所运用的理论知识，还需要教导学生在实务工作中时刻注意自己的人身安全，培养自己的安全意识。

3. 职业发展现状

让学生认清现实，解决学生“为什么要读社工”的问题是学校的责任和义务。有些学校在论述社会工作现状的时候，是从一个未来式的角度来教授学生的，用社会工作专业的前景来代替社会工作的现状。实习生在机构工作或多或少都能了解到真实的社会工作行业现状，在实习生的心中，学院就像是在“欺骗”。

从机构层面可以提供以下资源。

1. 职业素质培养

在实习中，实习生最容易接触到的是机构中的员工，加上多数机构实行“师徒制”的指导模式，员工和实习生的关系便更加密切了。因此，机构员工本身的职业素质便很重要，只有当员工拥有好的职业素质，才能够给实习生树立一个好的榜样，正向引导实习生进行社会工作实习。

2. 技能的实践与应用

运用技能进行实践，在实务工作中探索本土化的社会工作实务模式。实习不仅是对学生学校所学知识的检验，而且是补充所缺知识最好的途径。在机构的社工应当对实习生在开展服务中所用的知识和技巧进行指导，若有错误的地方应及时地指出及纠正；对实习生的工作进行详细的记录，及时做出工作总结，能有效快速地让实习生获得成长。

3. 职业观念的正确灌输

实习机构和学校有着同样的价值观教育功能。这要求机构员工对实习生有正确的认识态度以及定位。就笔者亲身经历而言，实习机构便对我们说出“我知道你们以后不当社工”“你们以后不会走这条路”这样的话。这对有意向发展社会工作的学生来说是一种强烈负面刺激，只会降低学生的实习收益。

4. 工作氛围与感受

给予实习生真正的尊重和认同有利于增强实习生对机构的认同，这是一种双向的互动。如今，除了工资，人们越来越看重工作环境与工作氛围，因此，机构对员工的凝聚力和吸引力建设也是当前人力资源工作学研究一个重要课题。社会工作机构也不例外，和其他企业一样，也是需要给予员工一点重视和关怀的。

Analysis from the Perspective of Social Work Interns' Satisfaction of Game Theory: A Case Study of Guangdong Area

Zhang Weijun　Xie Ying

Abstract: Game theory is a discipline which studies the choice of multiple participants' interaction strategies in a specific situation, and is used more and more widely in the social sciences. After investigating the internship satisfaction of some institutions in Guangdong, it is found that the institutional management system is an important factor affecting internship satisfaction. Based on the game theory, this paper starts with the perspective of interns, studies the ideas and actions of interns, and finds out the problems existing in interns during the internship period and the reasons for their formation. From the point of view of institutional management, we should consider the solution to the problem. Finally, the study concluded that a binding practice contract with interns, extending interns' internship time and providing sufficient educational resources during the internship period could improve the management system and improve the practice effectiveness.

Keywords: Game Theory; Satisfaction; Social Work; Internship Management

短信专递

广州大学社会学学科简介

广州大学2002年开始从事社会工作专业教育，2003年经教育部批准，设立社会工作本科专业。社会学学科建设始于成立社会学系的2004年。2007年，社会学学科被评为校级重点学科；2011年，社会学一级学科被评为校级重点学科，主要开展社会学、人口学与社会工作研究。通过多年来的精心规划和扎实建设，广州大学社会学学科整体上取得快速发展。2012年，广州大学社会学学科在中共广州市委宣传部和广州市社会科学规划办的大力支持下，建立“广州市社会工作研究中心”，并于当年经广州市社会科学规划办批准，成为广州市人文社会科学重点研究基地。总体来讲，该学科有以下几个明显特点。

一　团队结构合理，实力较为雄厚

广州大学社会学学科团队共有系内专职教师17人，其中教授3人，副教授8人，讲师6人。教师中有博士生导师2人，硕士生导师11人。所有教师均具博士或硕士学位，其中博士15人，占88.2%；硕士2人，占11.8%。教师中，有美国、加拿大、澳大利亚等海外著名大学学习经历的教师7人，占41.2%。教师中46～59岁的5人，36～45岁的6人，35岁以下的6人。学科团队成员年龄结构合理，最年长者为59岁，最年轻者27岁；专业结构合理，主要专业为社会学、社会工作和管理学专业。职称结构合理，以年轻副教授为学科团队主体，所有教师都具有从事社会学与社会工作研究的充沛精力和旺盛活力，并具有丰富的社会工作教学、督导、管理和实务经验，发展潜力巨大。社会学学科还经由学校聘有国外教授5人，其中美国4人，加拿大1人，这无疑进一步提升了本学科教师团队的国际化水平。

二　科研项目众多，项目层次居高

2006 年以来，广州大学社会学系共申报获得国家社会科学基金项目 16 项。其中，国家社科基金重点项目 3 项，一般项目 7 项，青年项目 6 项（其中国家社科基金·教育科学单列项目 1 项），另还主持国家社科基金重大招标项目子项目 1 项。值得一提的是，2012 年，全系共获得国家社科基金类项目 3 项；2014 年全系一次性获得国家社科基金项目 4 项，被学界传为佳话。在部省级项目方面，2006 年以来申报获得教育部人文社会科学项目 7 项，其他中央部委科研项目 4 项；申报获得广东省社会科学规划项目近 10 项；申报获得广东省高校人文社会科学重大攻关项目 1 项；申报获得广东省高等学校创新强校国家重大培育项目 2 项；申报获得广东省教育厅人文社会科学、教育科学研究项目，以及申报获得广州市社会科学规划项目、教育科学规划项目多项。总体上不仅科研项目较多，而且层次居高。

三　科研成果丰收，科研获奖突出

广州大学社会学学科不仅高度重视科研工作，而且高度重视科研的投入产出，非常注重多出成果，出好成果，出有用成果，出有影响力的成果。2006 年以来，总共出版专著教材近 20 部，发表论文 100 多篇。随着“广州市社会工作研究中心”这一市人文社会科学重点研究基地建设的三轮推进，本学科精品成果显增，多种论著获全国和省市级科研奖励，其中获 2017 年全国社会学类专业优秀教学成果二等奖 1 项；全国第六届高等学校科学研究优秀成果奖（人文社会科学）三等奖 1 项；获广东省哲学社会科学优秀成果奖一等奖 1 项、二等奖 32 项、三等奖 1 项；获广州市哲学社会科学优秀成果奖二、三等奖 4 项；获广州市优秀中青年社会科学工作者称号 1 项。同时，还获国家社科基金项目结项鉴定良好等级 2 项；获广东省社会科学规划项目结项鉴定优秀等级 1 项，良好等级多项。

四　长于应用研究，富于广州特色

社会学学科深入贯彻理论联系实际原则，在搞好理论研究的同时，切实加强针对社会现实问题、服务广州社会建设的研究。除努力完成国家社科基金项目研究外，主持承担了40多项体现广东广州特色的社会建设、社会管理、社会工作、社会服务等方面的研究课题，受到广州市党政部门的高度重视。2010年承担的广州市社科规划重点委托项目“网上虚拟社会建设管理工作机制研究”，其成果得到时任市委书记等4位常委的批示，并要求尽快付诸实施；2011年承担的广州市人民政府决策咨询专家研究课题“加强和创新社区服务管理研究”，其成果得到陈建华市长的批示；2013年提出通过社会建设促进广州经济建设，科学经营大学城的建议，得到陈建华市长的批示，并由市政府办公厅发文全市六区及20多个局委办参照执行。同时，该学科还完成广州市社会工作与社会建设的综合咨询研究项目“民生本位视域中的社会建设——以广州为例的战略思考”和“广州市率先实现社会主义现代化的社会体系研究”等。

五　重视人才培养，取得优良效果

广州大学社会学系一直以来高度重视人才培养。一方面是重视对青年教师的培养。近几年间，引进多位名牌大学毕业的优秀博士来系工作，并分别派出4位年轻副教授到英国谢菲尔德大学、美国普渡大学、奥本大学、加拿大卡尔加里大学、澳大利亚西澳大利亚大学等进行高访。另一方面，在学生培养方面，2013届本科毕业生考上研究生比例接近38%，全年级90人考上研究生者32人，而且全都是“211大学”和“985大学”，另还有2名学生考到国外读研。广州大学学生考研受到中国人民大学、复旦大学、南京大学等的高度重视。2013年，广州大学社会学系在统计学一级学科下设有社会统计与社会政策博士专业方向；2014年，经国家学位办批准，广州大学社会学系成为社会工作硕士（MSW）专业学位授权点；同年还在公共管理一级学科下设有社会工作与管理科学硕士专业；2015年，经广东省民政厅批准，广州大学社会工作专业成为“广东省社会工作专业人才培育基地”，更使本学科在社会工作人才培养中能发挥重大作用；2016年，广州大学社会学系增设社会学本科专业；2017年获社会学一级学科硕士学位授予权。

六　学术地位较高，社会影响颇大

广州大学社会学学科拥有第三届教育部社会学学科教学指导委员会委员1

人；广东省人民政府决策咨询顾问委员会专家委员1人，广州市人民政府决策咨询专家1人；广州市重大行政决策论证专家2人，广州市社会创新咨询委员会执行主席1人；中国社会学会常务理事1人、理事2人，中国社会学会网络社会学专业委员会副会长1人；广东省社会学学会副会长1人，常务理事3人；广东省社会工作学会副会长2人，常务理事3人；广州市社会工作协会、社会工作学会、社会学与人类学学会副会长3人；广州市残疾人事业研究会副会长1人，常务理事3人。2011年，在《人大复印报刊资料》转载高等学校二级院所学术论文排名中，广大社会学学科脱颖而出，在全国高等学校中获得转载量排名第8位、综合指数排名第7名的佳绩。2015年广州市人文社会科学重点研究基地首轮建设评估，广州市社会工作研究中心获得优秀等级，并在19个重点研究基地中排名第二，直接进入下一轮重点研究基地建设；2017年在广州市人文社会科学研究基地第二轮建设评估中，再次获得优秀等级，直接进入第三轮重点研究基地建设。

目前，广州大学社会学学科正按照党的十九大精神，结合广东及广州的实际情况，切实加强发展社会学、应用社会学与社会工作研究，以期不断提高学术水平和社会服务能力，为中国社会发展社会建设、社会治理、社会工作做出应有贡献。

《广州社会工作评论》稿约

《广州社会工作评论》是广州市人文社会科学重点研究基地广州市社会工作研究中心、广州市社会工作信息中心、广州市广大社会工作服务中心、广州大学公共管理学院社会学系、广州大学“广东省社会工作专业人才培育基地”等联合编辑，由社会科学文献出版社出版发行的社会工作综合性学术集刊。

《广州社会工作评论》秉持“倡导公益精神、创造健康社会”的社会理念，追求本土化、个性化、国际化的办刊方针，崇尚原创研究、实证研究、深化研究的学术精神。设有“卷首纪事”“特稿专刊”“基础研究”“服务创新”“绩效评估”“组织管理”“人才培养”“成果评介”“短信专递”等栏目。欢迎社会工作领域的专家学者和广大实务工作者赐稿。

《广州社会工作评论》诚望赐稿符合学术规范，凡采用他人成说的，务请详细注明文献出处。中文稿件文后参考文献及脚注中的文献，均请按照国家标准《文后参考文献著录规则》（GB/T 7714－2005）的格式著录。外文稿件文后参考文献及脚注文献的著录格式则尊重国际通用规范或作者所在国习惯。

本刊只接受中文稿件和英文稿件。来稿应包含以下信息：（1）文章标题；（2）作者及单位（姓名、单位、省市、邮编）；（3）中文稿件的英文标题、作者姓名及单位，英文摘要和关键词；英文稿件的中文标题、作者姓名及单位，中文摘要和关键词；（4）课题来源（基金项目）和作者简介的首页脚注；（5）文后参考文献。

来稿请以 Word 文件形式发送到 swrgz2016@163.com。来稿一经正式采用并出版，编者即向作者奉寄刊物 2 册，并致薄酬。

广州大学公共管理学院社会学系

图书在版编目(CIP)数据

广州社会工作评论. 第3辑 / 谢俊贵主编. -- 北京：社会科学文献出版社, 2018.3

ISBN 978-7-5201-2171-2

Ⅰ.①广… Ⅱ.①谢… Ⅲ.①社会工作-广州-文集
Ⅳ.①D632-53

中国版本图书馆CIP数据核字(2018)第016147号

广州社会工作评论（第3辑）

主　　编 / 谢俊贵
副 主 编 / 谢建社　程　潮

出 版 人 / 谢寿光
项目统筹 / 宋月华　韩莹莹
责任编辑 / 韩莹莹　孙连芹

出　　版 / 社会科学文献出版社 · 人文分社（010）59367215
地址：北京市北三环中路甲29号院华龙大厦　邮编：100029
网址：www.ssap.com.cn
发　　行 / 市场营销中心（010）59367081　59367018
印　　装 / 北京季蜂印刷有限公司

规　　格 / 开　本：787mm×1092mm　1/16
印　张：15.75　字　数：266千字
版　　次 / 2018年3月第1版　2018年3月第1次印刷
书　　号 / ISBN 978-7-5201-2171-2
定　　价 / 89.00元

本书如有印装质量问题，请与读者服务中心（010-59367028）联系